小学館文庫

活字のサーカス　上

椎名　誠

小学館

CONTENTS

目次

活字のサーカス

活字博物誌

活字のサーカス

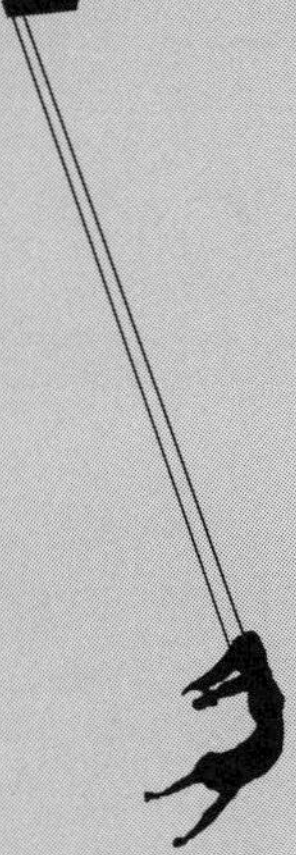

カバンの底の黄金本

世の中には直面するのを楽しみにしたい〝問題〟もある。

旅に出るときにどんな本を持っていくか、という問題などは非常に難しいけれど非常に楽しい問題であり、わたくしなんぞは何時でも何回でも直面したいものだと思っている。

とくに一ヵ月以上の外国旅行というようなことになるとその適正分量とともに品揃えのバラエティという問題が大きく立ちはだかってくる。しかしこの品揃え、というのも実際にやってみるとなかなかこころときめくもので、わたくしなんぞこの問題も常に大きく立ちはだかっていてもらいたいものだ、と思っている。

外国へ持っていく本は基本的には文庫本、せいぜいいって新書判ぐらい、というのが形式的には一番よいようだ。ぼくは一ヵ月の旅ということになるととりあえず十冊、というふうに考えている。その内わけは翻訳ミステリー三冊、翻訳SF二冊、時代劇もしくは歴史小説一冊、ノンフィクション二冊、軽いエッセイ一冊、古典の名作もの一冊、というのが標準ラインである。十冊というのは三日に一冊、という割合から出しているのだが、それは旅の内容や状況によっては随分差が出てくる。

たとえば一九八四年の秋にオーストラリア北東部の広大な海を、ダイビングボートでニューギニアの方に北上していく、という旅に出た。船の中で生活していくのだからこれはおそろしく時間が余ってしまうだろうと思って、いつもの一カ月分の倍、二十冊ほどを持ち込んだ。しかしこれは大きく目算がはずれてしまった。この船の旅は毎日ポイントを見つけてはアクアラングで海中に潜っていく、ということを続けていたのだが、海に潜っているととにかく疲れるもので、フネに上がってシャワーを浴び冷たいカンビールなど飲むと、あとはもうすぐねむくなってしまって、とても本など読んでいられない、という状態だったのである。二十冊持っていった本のうち満足に読んだのは一冊半、という訳なのだからひどい話である。

逆にそのあとのシベリア横断の旅では読む本がなくなってしまって苦しい思いをした。シベリアは冬期二カ月、夏に一カ月というものだったのだが、マイナス五十九度という息も凍る極寒地帯を行くので、モノを食ったり睡《ねむ》ったりするので精いっぱいで本を読む余裕などとてもないだろう、と思っていたのが誤算だった。冬のシベリアというのは太陽がろくに地表に昇ってこないので夜が一日二十時間もあるのだ。息も凍る極寒の中を夜中に行動するのは危険だからというので、外が闇の間はじっとうずくまっている、ということになり、その間は何をすることもなく、結局じっと静かに本を読んでいるのが一番よろしい、ということになってしまったのだ。持っていった本はたちまち読み干してしまった。今ちょっと気になったのだが、「読み干す」なんてコトバがあっただろうか。「飲み干す」は聞いたことがあるが、どうも読み干すはないような気もする。しかし気分としてはまさにそんな具合だったのである。

ぼくの持っていく文庫十冊セットのミステリー三、SF二、時代歴史もの一、ノンフィクション二、エッセイ一、古典一、の配分比は長い旅行生活からあみだした必殺の黄金比なのだが、注目すべきはこの「古典一」というやつである。これには理由があって、ぼくは学生時代あまり正しい勉強はしなかったので日本および世界の古典文学というのをほとんど読んでいない。まあ読まずにきてしまったのだから今になってあわてて読む必要《こと》もないだろう、とは思っていたが、それでも三銃士とかモンテ・クリスト伯といった程度のものはぜひ読んでおきたい、という気持がある。しかしそうは思っても毎週どっと発売される新刊のミステリー、SFの方にどうしても目が行ってしまって、なかなか古典名作にまで手が出ない、というのが実際のところである。

長い旅行に持っていき、ミステリーやSFを読んでしまって、ああ、あと何かないか！　というときにヒョイとこれを〝最後の一冊〟というような按配で手にしたら、仕方なく読みだすのではないか、ということで、この黄金の配分比の中にいつもかならず名作古典を我ながらじつにわざとらしく、かつさりげなく一冊だけしのび込ませることにしているのである。

しかしそれでもなかなかこいつは読まない。けっこうはかがいってどんどん読んでしまっていっても、最後の一冊にこれが残る、というきわどいところまでにはなかなかいかないものなのだ。

ところがこの冬のシベリア横断の旅ではついに古典一冊『嵐が丘』を読んでしまった。長すぎる夜だらけの国の中で、わが読書状況は危険ラインいっぱいのところまできてしまっていたのである。

そうして遂に読むべき本がなくなってしまったところでどうにかやっとモスクワに着いた。旅はまだ半月も残っているのだが、モスクワには日本人のジャーナリストが結構沢山いる。その人たちのモスクワ支局などには日本の雑誌なども届いているということを聞いていたから、ぼくはハアハアとすこし息を荒らげるような気分で知りあいの日本人ジャーナリストのオフィスに行った。そこで『週刊朝日』や『オール讀物』『文藝春秋』などを貰い「くふくふくふ……」といった怪しげなヨロコビ声をあげてホテルに戻っていったのだ。しかしそこでまた面白い現象に気がついたのである。

一カ月以上も日本の情報から隔絶されたところを旅していると、週刊誌に書かれていることがたいして面白くないのである。というよりもなんだか妙にシラけてムナシイ、という気分になってしまうのだ。カラーグラビアあたりでこっちむいてニコッと笑っているアイドルタレントの顔などは「ぼくたちよくわかんないけどシアワセなんでえーす」と言いつつ二秒後に白眼むいてアワでも吹きだしかねないような本格的なアホ顔に見えてしまう。『オール讀物』に書かれている男女からみつきあい小説もひどく空虚なものだった。

「淳一が真利子の肩に両手を置くと、彼女は前へにじり寄り、彼の腕に手をからめた。真利子は未知の経験へのめくるめくような期待に気圧《けお》されたかのように激しく息を弾ませていた」

なんて書いてあるのを見ると「そうかそうかそれでどうしたい」などという気分になってしまう。

もっと人間の腹の中にぐっと重みをもって迫るハードなものが読みたい、人間や自然に対して「どがっ」もしくは「ずがっ」という感じで正面から勝負しているものが読みたい！　と切実に思ってしまうのである。

しかしそれは厄介なことに名作古典といったものではない。もっとアクティブで同時代的なものだ。実に難しい。かといって岩波文化人好みの知恵と思索の〝正しい本〟というものでもない。実に難しい。セレクトのラインが超個人的なところに引かれてしまっているからだ。

このときぼくはレニングラードのホテルで日本の友人から送っておいてもらったアラン・ムーアヘッドの『白ナイル』に満足した。久しぶりにゆったりした都市ホテルのベッドにもぐり込み、ジージーと絶えず気ぜわしい音をたてるスタンドランプのあかりの下でこいつのページをめくった時に実に正直にシアワセを感じたものである。しかしその割にはものの三十分もしないうちにねむくなってしまってほとんど読むことができなかった。

こういう時にありつきたい本を系列でくくっていくとたとえば『馬に乗った水夫』アーヴィグ・ストーン、『スペース』(上・下)ジェームズ・ミッチェーナー、『インドの民俗宗教』斎藤昭俊、『悲しき熱帯』(上・下)レヴィ=ストロース、『自然界における左と右』マルティン・ガードナー、といったあたりになるだろうか。系列といったけれどもとよりこれは超個人的な〝気分の線引き〟なので一般的な尺度からいったらなんの共通項もない。

旅をしながら本を読んでいて気がついたのは、場所が本を選ぶということがたしかにあるようだ、ということである。それからまたどんな旅をするか、ということで持っていく本、読みたい本がくくられていく、ということもある。

一九八五年の秋、久し振りに日本にいた。一九八三年から八四年と二年続けてぼくは秋から冬にかけて日本にいなかった。日本の一番いい季節は十一月ではあるまいか、と思っていたのでこれはすこしくやしいことであった。そこでこの年の秋は日本中を旅行ばかりして歩いていた。しかもその旅の方法がみんな違っていた。

秋のはじめは北海道の海岸沿いを馬で回っていく、というちょっと時代錯誤の旅だった。サラブレッドの産地、日高から出発して襟裳岬を回って十勝まで約二百キロを八日間で回った。やってみてわかったのだが、いまの道路交通法では馬は軽車輌並み（自転車やリヤカーと同じ）の待遇というかなんというか、まあつまりは規制を受けているのである。要するに軽車輌並みに道路交通マナーを守れば、日本中どこを歩いてもかまわないのである。なにかと規制禁止好きの国だから「馬ハ舗装道路オヨビ通学路オヨビ人車ニ迷惑ナル道ヲ通行スルコトヲ禁ズ。オヨビ通行中ノ大小便ヲ禁ズ」などというようなことになっているのではないか、と思ったのだが意外やノーマークに等しかったのである。襟裳岬をぐるりと回る黄金道路や砂浜を馬で走っていくのは楽しかった。風を自分の体で切り裂いていく旅というのは今はほとんどなくなってしまったのだなあ、ということを懐かしみながら毎日宿で読み続けていったのが『警察署長』スチュアート・ウッズだった。この本は8ポ二段組みハードカバー四三二ページのドカベンタイプ。親子二代四十年間にわたる時代の流れの中でひとつの殺人事件を解決していく、というストーリーで、本の形状および内容がじつに頼りがいがあるのだ。一日の旅が終って風呂に入るとぐったりしてしまい、たいして読み進めなかったから、八日目に目的地に着いた時でも半分までしか読み進めなかった。帰りの飛行機で読みついでいったけれど、今でも本棚でこの本の背表紙を見ると馬の背にゆられていたちょっと風変りなこの旅の感覚を思い出してしまう。

秋の中頃は四国の四万十《しまんと》川を仲間五人とカヌー（折りたたみ式のファルトボート）で下った。海まで四泊五日。毎晩河原にテントを張りそこで寝食していくので、持っていく本が難しくなる。テントの中のヘッドランプの光で読む本というと文庫本が一番いいのだが、カヌーの旅は重量に非常に気を使うので、何冊も、というわけにはいかない。それから雨に濡れたり、水に落ちてふやけてしまっても惜しくない本、という条件も加わってくる。さらに言えば読み終ったあと焚火のするどいタキツケになる本であればなおよろしい。「うーむ」と考えてすぐ思いうかんだのがずっと以前買っていて何かの都合で読む気を失ったり、読むのを忘れていた文庫本である。本棚の上の方を捜すとそういうのはけっこういくつもあるものなのだ。『糞尿博士・世界漫遊記』中村浩、『年刊SF傑作選NO6』ジュディス・メリル編、『海洋文明学入門』日下実男、の三冊をバックパックのポケットの中に入れていった。

五人の男たちはそれぞれ一人用のテントを持っていて、その日の幕営地に着くとそれぞれ自分の好きな寝場所を決めてテントを張る。焚火を囲んでの酒盛りと夕食が終ると、まだウイスキーを飲む奴、テントの寝袋にもぐり込むやつと、大体二派にわかれる。ぼくはその日の気分屋なのだが、これはどっちも仲々魅力的で迷ってしまう、というのが本当のところだ。

川の流れる音を聞きながら巨大昆虫のヌケガラ、もしくはちょっと天井の高いカンオケを連想させる一人用テントにもぐり込み、寝袋のファスナーを胸のところまでひきあげて、ヘッドランプの位置を調節し、さてこれから、電話の音や不意の来客、突如の停電、隣りのババアのうめき声、女房のジャブ攻撃等々あらゆる妨害を一切受けることなく、自分の本を読んでいける——という状態というのは川を下る男の悦楽でありますぜ！　ということになっていくのだ。

ぼくはこの旅で三日目の午前中、転覆して荷物を流してしまった。友達の一人は激流の岩にひっかかって、カヌーが真中からバキリと折れて使いものにならなくなってしまった。いろいろなアクシデントはあったけれど、燃えるものはもやし、流すものは流し最後はきれいに身ひとつになっていける旅というのはなかなかさっぱりしていていいものだ。

秋のおわりは沖縄のケラマ諸島、座間味《ざまみ》の島へダイビングの旅に出た。十一月のおわりの頃だったけれど、驚いたことにこの島はまだ夏だった。二カ月前に北海道を馬で回ったとき、もうそろそろ紅葉がはじまっていた、というのになかなか日本という国も奥がふかく、なんとはなしの恥じらいに満ちていていいものである。

ダイビングの旅は馬やカヌー以上に疲れるものだ、と知っていたので本はあまり持っていかなかった。羽田空港の売店で買った面白いかどうか見当のつかない国産ミステリーを一冊、ダイビング雑誌を一冊、である。ところが二日目に突如として小さなあらしがやってきて一日宿で停滞ということになってしまった。買ってきたミステリーはあまり面白くなかったのですっとばし読みをし、部屋のすみに放り投げた。ダイビング雑誌は来る時の飛行機であらかた読んでしまった。島には本屋は一軒もない。

「うーんまいった！」と思いつつ小雨になった港の近くを歩いていたら公民館があって、そこのロビーに本が何冊かころがっていた。入っていって固い肘かけ椅子にすわり、カラーボックスの中に乱雑に突っこまれた本を覗くとそれはすべて「ふくいん社」というところから出版された創作童話であった。何もないときは心やさしく童話でも読むか、と思ったが実際には手は出ず、再びまた「うーむうーむ」とひくくつぶやきながら宿にもどった。部屋にもどるとき、食堂のテレビをちらりと見ると、福島で雪が相当積もっている、というニュースをやっていた。ぼくは部屋にもどり布団をひっぱり出して寝るフリをした。すこしムナシイ気持だった。

旅にもっていく本を選ぶということは、いつだって気を抜けないものなのである。

蛭《ひる》的問題

何時もどうせ何処かへすっとばしてわからなくしてしまうので、新聞のスクラップなどというのは殆どやったことがないのだが、ひとつだけヤニワニ切り取った記事がある。朝日新聞の「天声人語」だった。何時頃の新聞だったかよく憶えていない。二、三年前だったような気もするし、五年ぐらい前の記事だったような気もする。が、どちらにしても日付はあまり重要ではない。

その細長い切り抜きはぼくの机の引き出しの中に放り込まれて、年に一〜二回発作的にやる「机の中突如的掻き出し掃除」にもきちんと生き残り、保存されていたのだ。

ぼくがこの記事にひかれたのは、そこに書かれている天声人語子（長いので以下天語さんとする）が目撃した怪しく不気味な生物にひどく興味をそそられたからである。

話の舞台は雨があがったばかりの秋の奥多摩である。天語さんはここで長さ三十センチあまりの〝怪物〟に出会う。天語さんの記述によると怪物は「背が黒、腹がだいたい色で、ひらべったくて細長い」のである。一体これは何だ？　と思って見ていると、やがてこいつは長さ十センチぐらいのミミズを追いはじめる。どう見ても目がないようなのだが、その体内にミミズの行方を探る何らかの装置があるらしいのだ。
「たけだけしく頭を振り、また頭を土や小石にぶつけては逃げる獲物のあとを追っていく。逃げ切れず、すくんだ形になっているミミズに触れたとたん怪物は大きな口をかっと開く。ミミズはあがきもせず、二つ折りになって吸い込まれるように消えて行った」
書かれてある情景を想像するだになんといやらしい生物だろうと思った。だいたい細長くてひらべったくって腹がだいだい色のものがくねくね動いていく、というところだけで、ぼくなどは「ぐわっ」とくる。ああいやだいやだ、と思う。
その天声人語欄の一番最後のところにこの不気味くねくね者の正体が書かれていた。「クガビルでしょう。あのヒルがミミズを食べるのは見ていて怖いですね」天語さんの質問にその山のあたりをよく知っているらしい知人はそう答えている。
ああやっぱりそうか、と思った。世の中にはさまざまに気持の悪いものがいるが、ぼくはとくにこのヒルというのが一番嫌いである。蛭という文字を見ただけでオゾケが走る。一匹でも怖いのに、こいつが群をなし、
蛭蛭蛭蛭蛭蛭蛭蛭蛭蛭
などとなったらもう駄目だ。文字を書いているだけで気持が悪くなってしまう。ペンを置いて布団にもぐり込みたくなってくる。

誰かに聞いたのだが、人間の嫌悪の領域は通常「蛇派」と「クモ派」に大きくわかれているそうだ。蛇が嫌いな人はクモについてはそれほどでもなく、クモと聞いただけでビャッと逃げていく人は蛇にけっこうな理解を示すものだという。

そうするとぼくなどは異端分派の蛭派ということになるようだ。なるほどぼくは蛇もクモもそんなにおそろしくはない。

蛇蛇蛇蛇蛇蛇蛇蛇蛇

などと何文字だって平気で書ける。書きながら気がついたのだけれど、蛇がこんなに行儀よく一列に並んで行進してくるわけはないから書くならまあいやらしくみんなでからみついているところだ。

蛇 蛇 蛇 蛇 蛇 蛇 蛇 蛇 蛇

と、こんな具合になるのだろうが、それだってちっともこわくはないのだ。

蜘蛛蜘蛛蜘蛛
蜘蛛蜘蛛蜘蛛

なんて並んでみてもけっこうかわいらしい。ゴハンのふりかけにして食べちゃってもいいくらいだ。落語の『饅頭《まんじゅう》怖い』で似たような話が出てくる。その人が何を一番嫌いになるか、というと、最初にその人のエナの上を通っていったもので決まるといいますなーと饅頭怖いでは言っていた。小さい頃これを聞いていて「エナ」というのがよくわからなかった。後年《あとで》辞書を引いてみたら「胞衣」と出ていた。胎盤のことである。そうするとぼくのエナの上を最初に這い進んでいったのはヒルということになる。おお気持が悪い。

ぼくが蛭を嫌悪するのにはいくつかの理由がある。まず第一は形態嫌悪だ。蛭の形態を生物学解説ふうに記述すると、全身は三十四個の環節から成り、最初の六節は吸盤つきの頭部をなし、最後の七節が後吸盤をつくっている。顎《あご》ビルはのこぎりのような歯のある顎板をそなえ、これで脊椎動物の皮膚を切り開いて吸血する。

蛭がおぞましいと思う第二は、この「吸血」というかれの主たる生活手段である。頭と尻に吸盤を持ってこれでびたびたと皮膚に張りつき、のこぎり的な歯で嚙みついて血を吸っていく、というこいつのやりかたというものに、ぼくははっきりいってこの虫の邪悪な悪意といったものを感じたのだ。

『砂のすきまの生きものたち』(伊藤定則著、海鳴社)というなんとも魅力的なタイトルの、しかしぼくの能力からすると実に難しい内容の本を苦労して読んですこし考え込んでしまった。この本に出てくる腹毛類とか蠕虫《ぜんちゅう》類とか顎口《がくこう》類といった単純な虫たちに脳がある、ということを知ったのである。砂のすきまにあてもなくただもう無闇に動きまわったり、ただもう一日中丸くなったりしている顕微鏡レベルのおかしな形態をした虫たちに脳があって、かれらはかれらなりに何かそれぞれいろんなことを考えているらしい、ということを知ったとき、大袈裟にいうといささかショックですらあった。まあ「考えている」といってもかれらの場合は「動いてみっか」とか「ここでちょっととまってみっか」という程度のおそるべき単純思考なのだろうが、それにしても、脳がある！　というのはおどろきだった。

小学館の学習百科図鑑第四十六巻『珍虫と奇虫』を眺めていると、たしかに虫どもは絶対に何かを考えているに違いない、と思うようになる。

この本の冒頭は世界のいろいろなカマキリが出てくるのだが、花に集まってくる虫を捕食する全身ピンクと白のツートーンカラーになってしまったハナカマキリなどを見ると、ヒトは誰でも絶対に何か言いたくなってくる。「あのなあ、おまえなあ……」とか「君ねえ……」といった類《たぐい》の言葉だ。写真を文字で説明するのは難しいけれど、とにかくこいつは花のように優雅でやさしくあでやかで、そしてあろうことかあるまいことか色っぽいのである。

このピンクカマキリがピンクの花の上にとまってこっちをじっと見つめている写真を眺めていると「うっふん」などという甘い声が聞こえてくるようなかんじなのだ。嘘だと思ったら本屋で捜してとにかく眺めてほしい。子供関係の書棚にある。

このほかの楕円形の体に木の葉の紋様をそっくりうつしとったコノハムシとか、細い木の枝そっくりになってしまうナナフシなどの隠蔽的擬態生物を見るとき、こやつらは単なる虫的動作でただやたらに動き回っているだけでは絶対にこういう姿におのれを変えていくことはできないだろう、と思わずにいられない。やつらは絶対に何かいろんなことを考えて生きているのだ。

すると「蛭も思考しているのか!」という戦慄《せんりつ》すべきところに思いが回転していった。ワムシ、センモウ虫、棘皮《きょくひ》虫の類までが何かを思考しているとしたら、それよりはるかに巨大なヒルの類がモノを思考するということは十分考えられそうだった。しかしそれにしても「考えるヒル」などというのはなんというか実に考えたくない話ではないか。

一九八五年の夏、北東シベリアのヤクート自治共和国で夏のタイガの中を馬でうろつき回った。そこには同じ年の冬にも行ったのだが、冬マイナス五十度台だった白いタイガはすっかり花が咲き、小動物の跳ね回るよろこびの夏になっていた。しかし一歩その中に入るとおびただしい数の獰猛《どうもう》な蚊の大群に悩まされた。馬で湿地帯に入ると、蚊の絨緞《じゅうたん》の上を踏んだような具合になって、唸り声のする濃厚な煙のように蚊どもがいっぺんに襲いかかってくるのだ。

夏のシベリアのタイガはこの蚊とダニ、そして山蛭が人間の敵だった。ダニは体にとりつくと皮膚を喰い破って体の中に入ってしまうので、すぐに針などで取り出さないと危険だ、と現地のヤクート人に注意されていた。このダニもいやだったが、ぼくは山蛭の頭の上からの襲撃というのをもっとも恐れた。シベリアの山蛭が襟元から背中に何匹も入ってきたりしたら、ぼくは大勢の仲間の前でとてつもない醜態を見せなければならないな、と思った。

実際には繁殖季節がズレていたのか蚊と巨大なブヨにしか襲われなかったが、このときも木の上からヒトをめがけて落ちてくる、という山蛭のやり方に憎々しい「悪意の思考」といったものを感じたのである。

このタイガを一緒に歩いたフィールドワークのカメラマン山本皓一に「果して山蛭というものは、身投げ的肉弾攻撃のように獲物の通過とその落下タイミングを考えながら落ちてきているのだろうか？」と聞いたことがある。山本皓一はもっと凄まじい吸血うぞうむぞうどものいるアマゾンのジャングルを何度か歩き回っていたことがある。

「おそらくそのくらいのことは計算しているのだと思うよ。目が見えなくても熱で察知するとかね。あの手の虫どもには人間の想像できないような特殊な獲物探知能力があるに違いないとにらんでいるんだ」

と、山本皓一は明確に言った。そして彼はそのあとすぐにアマゾンのカンジエロの話をした。

アマゾンにはカンジエロという小さいくせに獰猛でいやらしい食肉生物がいる、という話は、アマゾンの探険ものを読むとかならず出てくるのでよく知っていた。一番最初におそろしいやつだなあ、と思ったのはレヴィ＝ストロースの『悲しき熱帯』（中央公論社）を読んだときのことだ。

「さらに男たちの言い張るところでは、流れで小用を足すような迂闊《うかつ》者の膀胱の中まで、噴出する液体を遡って入り込む、あの極《ご》く小さな魚にも用心しなければならない……」

小便の水流を遡って膀胱まで入り込んでしまう魚とはどんなやつだ！　うそかまことか判別しないままに、この生き物のことがずっと頭の中に残っていた。

「カンジエロはドジョウの一種らしい。ヒトが川に落ちると、あっという間にそいつが穴という穴に入り込んできてしまう。耳とか鼻とかケツの穴とかね……」

と山本皓一は言った。

たしかにどうもそうらしい。『オーパ！』（開高健著、集英社）には傾向と対策が書かれている。カンジエロは穴の中に入り込むと鰓《えら》を逆立てて頑張り（鰓ではなく棘《きょく》という説もある）尾を力まかせに引っぱってもヒトの肉が切れ血が出てくるだけで、切開するしか引っぱり出す方法がない。こいつは女の穴にも好んで入り込むので「助平魚」とも呼ばれている。あんなところに入り込まれて切開されたりしたら大変だから、アマゾンの女たちは川に洗濯にいく時などはタンガと呼ぶ三角形をした防護器をつける——。

山本皓一はアマゾンにはもっとヘンなのがいる、と言って「森林梅毒」の話もしてくれた。こいつはジャングルの中に生えている草で、葉で体を傷つけられたりするとそこから毒がひろがって、ちょうど梅毒と同じような症状を示して死んでしまうオソロシイものなのだ、とオソロシイ顔をして言った。こんなので死んでしまうとしたら本当に無念ではないか。

食肉どじょうカンジエロに話を戻すけれど、この、ヒトの小便をつたってしゅるしゅるとのぼり、膀胱に入ってしまう、というカンジエロのやり方にも、蛭に似た非道の悪意を感じるではないか。

『アマゾン河』（神田錬蔵著、中公新書）には、鉄砲で射ち落とした猿を拾いあげてみると、もう猿の眼にカンジエロが入り込んでいて、両眼から一匹ずつそいつのシッポがぶらさがっていたという話が淡々とした筆致で書かれていてすごくおそろしい。

アマゾンにもう十回ほども行っている巨大ナマズ獲りの男、松坂實にアマゾンの蛭の状態を聞いたら、またまた気持が悪くなってしまった。ちょっとした川を渡っていくとふくらはぎのあたりに十センチぐらいの蛭がブドウの房のようにくっついていたことがあった、などとこともなげに言うのである。水の中をザバザバと歩いていく人間の足にそうやって的確にくらいついていく蛭どもの獲物探知能力というのは本当に一体何なのだろうか、としみじみ考えてしまうのだ。しかし考えてみると、もともと蛭は水の中の生き物らしいから、水中の方が獲物探知力および行動力にすぐれているのかもしれない。海の生物で一番おそろしいのはウナギである、とヘイエルダールの『コン・ティキ号探検記』に書いてあったので「えっ」と思った。

「彼らはウナギが綺麗な水の中をやってくるのを見て大きな珊瑚の塊の上に跳び上がった。そのまわりと下を、ウナギがうねりまわった。そのぬらぬらしたけだものは人間のふくらはぎのように太く、毒蛇のように緑と黒の斑点がついていた。小さな頭、意地悪そうな蛇の目、長さ二センチ半の突錐のように鋭い歯。男たちは自分のほうへうねって来た小さな揺れる頭を刀で切った」

すさまじい実験航海をした勇者たちがどうしてウナギごときをこんなに怖れるのだろう、と長いこと疑問に思っていた。ぼく自身もアクアラングで世界のいろいろな海に潜っているが、ウナギなどはちっとも怖いと思ったことがないからだ。

ところがつい最近ジャック・クストーの『海・神秘の世界』（講談社）でやっとそのわけを知った。ウナギというのはヤツメウナギのことで、クストーのその本にはまことにもっておぞましいヤツメウナギの写真がでていた。こいつは顎のない吸盤状の口に沢山の歯が生えていて、泳いでいる魚の胴体に吸いつき、鋭い歯とヤスリのような舌で厚いウロコを嚙み砕き、長い時間をかけて魚の体液をすっかり吸いとってしまう、という海の吸血および吸液鬼だったのである。吸いつく相手は魚ばかりでなく人間でもおかまいなし、というからなるほどこれは怖ろしい。簡単にいえばこいつは海中巨大ヒルのようなものなのだろう。クストーの本を読む前は、ぼくが海の中で出会う相手で一番いやだったのは鮫であったが、またもうひとつ激しく厭なものが増えてしまったというわけである。

オトコの夢

新宿御苑にある仕事場で週刊誌の連載原稿を書いていた。一回分四百字詰原稿用紙で十五枚。七メートルの電話のコードをぐーんとのばして、机から一番遠い場所に置き、そこに厚手のパーカーをすっぽりかける。防音装置である。

電話のベルも雑念も若干の喉の渇きもみんなころして、ぐっと神経を集中できると、一時間に四枚から五枚のペースで書いていける。自分で書いたのに自分で判読できなくなるメモと格闘し、参考本を二冊ほどぱらぱらやって三時間半の勝負がおわる。ああやれやれ、と書いた原稿を束ね、両端を持って机の上でコンコンと叩くときがヨロコビの一瞬だ。そうしてフト外を見る。

そのときだった。冬のさなかの、都会のまん中にしてはちょっと申しわけないほど蒼い空に、ぽかりと飛行船が浮かんでいたのだ。

「あっ」

と思った。三時間半の思考集中作業があったので、一瞬、考える力がマヒしていたらしく、一秒の何分の一、というくらいのアヤウイ時間、ただもう黙ってその風景を眺めていた。しかし思考のマヒはすぐ回復し、間もなくぼくはその飛行船がどこかの企業による宣伝、デモンストレーションによるものなのだろう、と思った。そのことに気がつくと、真冬の東京の空に浮かぶ飛行船も、そんなに意外な風景ではなくなっていた。もうすこしぼんやり素直に「ああのんびりしていていい風景だなあ……」というような気分で眺めていることができたらいいのになあ、とそのときつくづく思ったのだ。

一九六〇年代はぼくにとってSFの十年間だった。毎日SFばかり読んでいた。そのじぶんはSFというと、文学のママコ、鬼っ子扱いの頃で、新刊の出版点数も少なく、新しいのが出るとすぐ買ってすぐ読み、SF好きの仲間とその本についてのコナマイキな感想を述べあい、そうして息をひそめて次の新刊を待つ、というような、思えばそれはそれでまことに素直でときめきに満ちたいい時代だった。

そして新宿の仕事場で、ふいに飛行船を見てしまったとき、ぼくはその頃読んだ小松左京の短編小説を思いだしていた。雑誌『SFマガジン』に載っていたのだ。その後どの短編集に収録されたのかまったくわからない。しかもその小説の題名もおぼえていないのだ。ひどい話である。

話はもうひとつの、もしかすると、そういうことになったかもしれない日本の姿を描いた話で、設定は二十世紀の江戸、というようなかんじになっている。文明、科学の発達具合が目下の状況とはちょっと基本のところで狂ってしまったらしく、風俗や生活ぶりは江戸文化そのもので二十世紀末を迎えてしまったのだ。

江戸の風俗をしているけれど、科学は江戸文化ふうにやっぱり確実に進歩し、表の通りには機械仕掛けで動く「駕籠」が走っている。そして空には「天狗船」と呼ばれる江戸文化の臭いをそのままにした飛行機が飛んでいる。天狗船はどうも千石船に似た飛行艇のようで、海で離着水するのだ。この天狗船のとびかっている、もうひとつの二十世紀日本の空を、ぼくはかなり熱い気持で空想した。

「そうだよな、何かひとつどこかの歴史の進行ネジが狂っただけでそういうことになっていったかもしれないものな……」

仕事場の窓から見た飛行船はその頃のそんな気分を思い出させた。十五枚の原稿にとことん熱中しているうちになにか自分の体の中で突如的異相現象のようなものがおこり、外に出ると空には飛行船が沢山とびかっている、ということだってまったくないとはいえないものな、とその時思った。思いながらそういうことは一〇〇パーセントおこらない、と確信してしまっているのが悲しいところだが、しかし、それでもつかの間の〝作為的な夢気分〟を味わうことはできた。

こういうことを書くのは少し恥ずかしいのだが、寝るときにぼくは夢がぐっとふくらむような、なにか気分の底の方がぐっと大きくなるような本を読んだり音楽を聞くことにしている。夢といっても、寝てから見る夢という意味ではなくて、要するにココロのスケールの方の夢ですね。

十年ぐらい前によくFMで「ジェット・ストリーム」という番組を聞いていた。夜の十二時からはじまる音楽番組で、日本航空がスポンサーだ。ナレーターの城達也が思い入れたっぷりに世界の街のいろんな片手間風景といったようなものを、澄んだ音楽をバックに話す。そうするとユメはたちまちマドリッドの小道やハンブルクの街角にとんでいってしまう。ぼくもまだ外国へ行きはじめたばかりの頃だったので、あのムードにはひどく弱かった。夢見る女の子のような心境である。ところがそれから十年後、なんとぼく自身がその番組の一時間前に毎日十五分の音楽とトークのレギュラー番組を持つようになり、そこで連日ボソボソといろんなことを喋るようになった。ぼくの番組は寝ているブタがうなされる程度のレベルなので「ジェット・ストリーム」を引きあいに出すのは失礼なのだが、しかし自分が立場かわって話の送り手の方になると、スタジオの現場というのは夢のカケラもないものだ、というのがわかってしまった。

だからもうこの頃は寝る前の音楽というのはあまり聞かない。やはりぐっと心の底をひろげてくれるのは本の世界である。

これまでいろいろな「寝る前に読んでユメを広げる本」を試してきて一番すごいなあ、と思ったのは『絵で見る比較の世界』（ダイアグラムグループ編著、草思社）という本である。週刊誌よりひと回り大きいA4判二四〇ページは、寝ころんで見るにはすこし大きすぎるけれど、中に沢山の絵や図が入っているので、このくらい大きくないとまずいのだ。

この本のサブタイトルは「ウイルスから宇宙まで」となっている。要するにこの世の中にあるあらゆるモノの「長さ」「高さ」「深さ」「大きさ」「広さ」「重さ」「速さ」などをそっくり全部比べてしまう、という本なのである。

「跳躍した距離」という項目の〈人間はどこまで高く跳べるか〉というところを見ると、走り高跳びの男女世界記録の図にまじって馬の高跳び記録が、実際に馬が跳んでいる図になって出ている。人間の二・三四メートルを上回る二・四八メートルを跳んでいる馬の姿は単純な説明図であっても妙に感動的だ。馬がこんなに高いところを跳べるなどと思いもよらなかった。その脇に人間の走り幅跳びの世界記録八・九〇メートルがやはり図となって出ている。同時にノミのジャンプ三十三センチ、カエル五・三五メートルも一緒にとんでいる。人間をはるかに上回るのはカンガルーのひとっとび十二メートルである。そういうものがこの本にはいろいろ出ているのだ。

航空機のところに飛行船も出ている。ヒンデンブルグ号二四六・七メートルがジャンボ機やサターン5型ロケットと較べていかにケタはずれに巨大であったか、というのが正確な比較図でひと目でわかる。二四六メートルといったら戦艦大和ぐらいの長さである。そして〝胴まわり〟は大和の十倍以上もあるのだ。そんな巨大なものが空中に浮かんでいる時代があって、そのまわりをいくつもの小型飛行機が行きかっていた、という風景など、もうぼくの頭の中では完全に〝もうひとつの地球〟というかんじである。小松左京の〝天狗船〟の世界だ。

しかしこの〝比較の世界〟という本の中でぼくが最も惹かれるのは「太陽と星」という項目である。まずここでは太陽と地球の大きさの比較が効果的な図によってなされている。地球の横に太陽のフレア（ガスの噴出）が描かれている。地球はまるで焚火で焼かれようとしている玉子ぐらいだ。「太陽のフレアは、地球から月までの距離をしのぐこともある」と、その解説に書かれている。太陽がとてつもなく巨大である、ということはわかっていたが、そこまででかいとは思わなかったから、これには単純におどろいた。

次のページでは、宇宙にはもっともっと巨大な恒星があって、この太陽とそれらはどのくらいのスケールの差があるか、ということが示される。ハナクソほどの太陽の脇にゆるやかな弧を描いた巨大星が並んでいる。一番大きいＩＲＳ５という恒星は円弧の一辺というよりもほぼ直線に近い。上と下にこの円弧がずっとどこまでも伸びていってやがて巨大な円を描くのだ。ハナクソのような太陽に比較して、この星の大きさは、ではいったいどれほどのものになっていくのか。さらにまた太陽よりもはてしなく小さい地球とくらべたらどうなるのか？　日本とくらべたらどうなる、後楽園の何倍になるんだおんどりゃあ！　などと考えれば考えるほどおそろしくなり、凶暴にすらなってくるのだ。そしてユメははるか彼方の暗黒星雲にまでひろがっていってしまうのである。

袋戸棚を整理していたら絵本が沢山でてきた。数年前まで子供が読んでいた絵本だ。子供が大きくなって完全に絵本ばなれをしたあたりで殆ど処分してしまったような記憶があったので「やや？」と思ったのだが、細紐をといて何冊か手にとってみると、ここに残されていた理由がすぐわかった。

自分の好きな絵本を束ねて残しておいてあったのだ。三十冊ぐらいあった。子供が生まれ、絵本を理解するようになると、ぼくは面白がって沢山の絵本を読んでやった。その中で大人の自分が見ても十分にこころときめいて面白い絵本が随分沢山ある、ということを知ったのだ。

残されていた三十冊のちょうどまん中あたりに入っていた『もりのなか』（マリー・ホール・エッツ文・絵、福音館書店）もその一冊だ。

絵本だからお話はまことに単純で、紙の帽子をかぶった少年がラッパを持って森の中に入っていく。そしてそこで出会うライオンやゾウやカンガルーなどが次々に少年のあとについてくる、というだけの話だ。

しかしクレヨンのタッチを連想させる粗いスミ塗りの絵がじつに悲しくなるほど静かで、森の中の話はそのまま夢の中の話のようである。この絵本を読んでもらっているぼくの子供は、少年のあとを追って次々に森の動物たちがついていくのを無邪気によろこんでいた。彼はおそらくそのことだけが面白かったのだろうが、もしかすると彼は彼で、そのなんとも静かで幻想的な絵の中の夢のような気配に無意識のうちに触れていたのかもしれない、と今になって思ったりするのだ。

というのは同じ頃、歯医者の待合室に置いてあった、小学館か講談社の原色に近い沢山の色がふんだんに使ってある、日本むかし話絵本のようなものは一度読んでおしまいだったという体験的事実があるからだ。

この『もりのなか』は何十回となくくりかえして読んでも彼は彼でそのたびごとに十分楽しんでいた。

『もりのなか』はおしまいの方で、少年についてきた沢山の動物たちとかくれんぼをする。少年がオニになって眼をつぶっているうちに、動物たちの姿が消えて、かわりに少年の父親が立っている。「いったい誰と話していたんだい。もうおそいから家に帰ろう」と少年の父親はいうのだ。少年の森の中の夢は、主人公もそれを見ている者もこうしてやさしく現実の中にもどっていく。今あらためて読んでみると、この最後の場面で、自分が少年であり同時に父親である両方の眼から、この風景をひどくやるせない気分になって眺めていることに気がついた。

『スーホの白い馬』（大塚勇三再話、赤羽末吉絵、福音館書店）もたまらなく好きな絵本だった。モンゴルの平原をかける少年と白馬の悲しくそして美しい話なのだが、横長のページを左右いっぱいに使った赤羽末吉の絵がとくに素晴らしい。

その後ぼくは世界のあちこちで馬に乗り、世界の大平原を馬で突っ走る、というようなことをよくやるようになったが、そのときに頭に浮かぶのはいつもこの絵本で見た風景だった。馬で平原を突っ走る、というのは誰もかれもの「オトコの夢」であり、そういう夢をこうして堂々と眼の前にひろげてくれる絵本の世界というのはなかなか素晴らしいものではないか、と思うのだ。

紐にくくられていた三十冊の絵本はこのほかに『アンディとらいおん』『八郎』『ちいさいおうち』『はなのすきなうし』など、みんなそれぞれ大人の自分が楽しみ、つかの間の夢をめぐらせた懐かしいものばかりだった。この三十冊はまた丁寧に袋戸棚にしまわれたのである。

手塚治虫の長編漫画『アドルフに告ぐ』全四巻（文藝春秋）の第二巻のおわりの方で、

若狭湾追ヶ浜あたりのいっぱいのみ屋が出てくる。店の名前はわからないが、表の暖簾《のれん》に「お酒、どて鍋、めし丼物、関東煮」と書いてあるからせいぜいそんな程度の店だ。ここに年の頃三十二〜三歳、鼻筋通って口もとの締まった緋牡丹のお竜のような実にいい女がいるのだ。

女はその豊満な胸に竜の刺青《いれずみ》をしている。しかしやくざというわけではなく、戦死した亭主の帰りを一人で待っている間に、ほかの男に走ったり襲われたりしないように彫った竜なのだ。戦死してしまった亭主を、刺青までして待っている、という日本海漁師町の飲み屋の女、しかもそれがふるいつきたくなるほどのいい女、というのはもうひとつの「オトコの夢」であるような気がする。

ぼくなど海岸べりの小料理屋でなくてもいいから、せめて新宿の裏通りのどこかにそういう店がないだろうか、となんとなく捜しているのだがなかなか見つからない。ぼくの望みは胸に刺青なんかしなくていいから、小さくて、たまにふらっと寄ると気分よく酒と肴《さかな》を出してくれて、酔ったら二階に寝ていけるような、枕もとに酔いざめの水がそっと置いてあるような、そんな店なのだ。しかしなかなか見つからない。年の頃なら三十二、三、おやちょっといい女だなと思うとたいていそのうしろに半白ワニ眼の亭主がいたり、「あたしゃ生涯一人ものよ」という女主人は五十八歳ヘルニア持ちだったりする。「オトコの夢」の実現というのはやっぱりなかなか難しいのである。

明るいインド

インドのバナーラスにいったとき、日本のジャーナリズムのインチキ性をすこし見破ったような気がした。

「ふふふ、見たぞ見たぞ……」

と、思った。

インドのバナーラスというのはバラナシと呼んだり、ベナレスと呼んだりしていろいろだ。日本ではインドの観光本などをみるとたいていベナレスとなっている。ひとつの地名がこんなふうにしていろいろ呼び方のニュアンスが異なってしまうのはやはりインドの神秘性によるものなのだろうか――などと考えるのはいささか甘いようだ。

インドを実際に歩いてみたらすぐわかってきたのだが、インドは神秘よりも「したたか」のほうが優る国である。それと同時にインドという国はかなり虚飾されている国である。虚飾はインド自身によるものでなく、インドを見る観光資本の眼によるもの、といったらいいだろうか。

バナーラスには〝聖なる河〟ガンジス河が流れていて、その聖なる流れをめざして集まってくるヒンドゥ教徒の沐浴の場としてよく知られている。

インドには一九八三年に行った。インドに限らず、ぼくははじめて行く外国について事前にくわしく調べていく、ということはほとんどしない。

理由のひとつには、行く前にその国についてあまり固定した印象をもってしまうのはつまらない、ということがあるからだ。オランダは風車、エジプトならピラミッド、カナダですと誰がなんといってもナイアガラですぞ、というような決まり構図というのがいろいろある。あれが結構弊害になることが多いのだ。

理由の二番目は単純に面倒くさいから。未知の土地の紀行ものは自分が行って実際に見てきてから読んだ方がその本のウソや誇張がよくわかって面白い。

ところがこのインドのバナーラスというのは、何もインド本を読んだわけでもないのにいつの間にかその街の情景が目に浮かんでくるのである。まだ見たこともないくせになんとなくタタズマイを知っているのである。これにはおどろいた。

しかし間もなくそれは「富士山現象」と同じようなものである、ということに気がついた。

インド、というとかならずこのバナーラスの沐浴風景が載せられていることが多く、外国人が「日本!」というと迷わず富士山をイメージづけてしまうように、バナーラスの沐浴はインドの代表的風景になってしまっているようなのだ。

しかもこのバナーラスの沐浴風景の表現というのが妙に暗い。果してこれが同じこの世か？　と思うくらいに陰々滅々とし、ヘンに荘重でマッコーくさく、深刻で苦渋に満ちていて、いたるところ瞑想っぽくて神秘的である。

そうしてとどのつまりはこの沐浴風景で、これですっかり全部インドの全体をイメージしてしまう、ということになってしまうようなのだ。

ぼくがそうだった。インド本を何も読まないうちに、インドというのは暗くて苦悩にみちていて神秘的で、どこを歩いても悠久三千年の死の歴史と呪縛による目に見えない圧迫がある……と、そんなふうに考えていた。

ところがいざこの眼でインド神秘の象徴、バナーラスの沐浴風景を見ると、それはこれまで知らず知らずのうちに日本のジャーナリズムに予備学習されていたイメージの世界とは随分違っている、ということに気がつくのだ。

第一に暗くない。ちっとも暗くない。ちっとも荘重にしてかつ沈重ではない。驚悸《けいき》にして森厳神秘ということでもない。

むしろ全体のイメージは騒々しくてホコリっぽい。そして汚くてあくどくてずいぶんと明るい。明るいというのは物理的に空がガンジス河の上にぐんと抜けて広くて明るい、ということと、イメージ的に〝陽気〟である、という両方の面から言えるのだ。

日本に紹介されている写真のかずかず。バナーラスの憂鬱と難苦に満ちた、昼なお暗い魔界近邇《きんじ》の風景気配というものはどこにもない。どこをどう見回してもまるでない。

「おい、あの風景はいったいどこをどうやって撮ったものなんだい？」

と、改めて真面目に聞いてみたくなるほどの〝話の違いかた〟なのである。

なんとなくその答えはわかっている。バナーラスにやってきたジャーナリズムや写真表現者たちは、この風景を撮るときにどうも意図的に暗く暗く、必要以上に切なくあやしくおどろおどろしく撮影表現してしまうようなのだ。

いまの写真技術は、フィルター操作や、フィルムの選定、撮影時のテクニック等によって、ぎらぎらの昼を夕景のように見せてしまう、なんていうことは簡単にできる。

昼を夜にまで変えてしまう、という御苦労さまなことまではしていないだろうが、この地を撮るならできるだけ暗め暗めに、重く重く、より一層神秘的にあざとくあやしく……という表現者たちの意図が、一方向に傾斜している、というようなことはおそらくきっと十分にありうるような気がする。そうでなければ、日本人プロフェッショナルが撮るガンガー（ガンジス河の別称）の沐浴風景の写真ひとつひとつがどうしてみんな悲しいほどに重くて暗いのか、ということの説明がつかない。

『インドの大地で』（五島昭著、中公新書）を読んだとき、インド本の新しい代表作が出てきたな、と思った。この本の著者は毎日新聞の記者だ。インドで一九八〇年から一九八四年までの四年間、ジャーナリズム活動をしている。

この本の凄いところはまず非常に具体的である、ということだろう。インドの地に生活していたジャーナリストの眼が、きわめて冷静かつアクティブな視線として「インド的なるもの」を縦横に切り裂いていく。

インドから帰ってきて随分沢山の〝インド本〟を読んだけれど、これだけ情に流されず、きっちりと正面からこの不可思議ゾーンを攻め込んでいる本に出会ったのははじめてだった。

著者は、インドで知りあった様々なインド人の話や、彼らが考えていることから、インドの実像を組み立てようとしている。

そしてぼくがとりわけ興味を引かれたのは次の一文だった。

「インドで体験する衝撃の多くは、いったん衝撃にたじろぎながらも、それに耐えて冷静に見つめなおすと、そこに〝当然の営為〟を認めうる場合がしばしばある——」

この文章はバナーラスの沐浴場（ガート）あたりの火葬場や、川を流れる幼児の遺体や、それらを食うハゲタカやカラス――などの風景に対してとりあえずそう語られている。

たしかにはじめて見る者にとっては衝撃なのだ。カメラを覗く眼が、ペンを持つ手がこの風景に対してヒステリックに高揚する。その実感はたしかにあった。

けれどそれをただやたらに不可解だ、強烈だ、残酷だ、神秘だ、とやっていたのではインドは五十年たっても我々には同じ風景にしか見えないだろう。

五島昭の本はインドを見る作家や写真家たちのこれまでの、どちらかというと旅人としての思い入れの方がつよい、いくつかの作品を引きあいにして「そんなに驚嘆し、考え込まなくてもいいのではないか」と語っている。この本の随所にあるこういう視点がぼくにはとてもフェアで新鮮に思えた。

インド本の代表作はこれまで『インドで考えたこと』（堀田善衞著、岩波新書）であると聞いていた。そんなこと誰に聞いた、などと言われてもこまるのだが、なんとなくインド本業界（そんなものがあるかどうか知らないけど）ではそういうことになっているのだ。

そこでインドの旅から帰ってきたぼくはあわてて大胆かつ無謀と知りつつも『インドでわしも考えた』（小学館）という本を書いた。

高名な詩人・小説家がインドについて考えたすぐあとを長屋の八ッつあんも考えてみた、というたいへんな修羅場本になってしまったので、その本にオノレが何を書いたか、ということにはまるで触れない。

ただそのインド旅行のときに、バナーラスのガートから実際に自分もガンガーに身をひたしてみた。そうして抜き手で百メートルほど泳いでいき、河の中から振りかえって岸のガートを眺めたのだ。

そのときぼくはインドの神秘はけっして暗くない！ ということをつよく確信したのである。

河の中から岸を見ると今まで見えなかったいろいろなものが見えた。左右二ヵ所にある火葬場では薄ムラサキ色の煙があがっていたし、その横にブリキで大きくコの字に囲ってある中では赤と黄色の水泳帽をかぶった青少年たちが「水球」の練習をしていた。すこし離れたもうひとつの囲いの中では子供たちが水泳を習っていた。

小船のトモのところに白い布でくるまれた死体らしきものも浮かんでいたが、よく晴れた青い空の下でバナーラスの沐浴場はじつにあっけらかんと明るく活気に満ち、そして楽しそうだった。

沐浴し、朝日にむかって祈りをささげ、あるいは瞑想するガートの上のおびただしい人々も、よく見ていくとみんな楽しそうだった。

ガンガーでの沐浴はインド全土から集まってくるので、一族郎党ひきつれてやってくる人が多い。そしてこの家族集団旅行それ自体がすでに一生に一度といったレベルの「おまつり」になっているのだ。

だから父親や母親のガンガーまいりについてきた子供たちは最高にコーフンすべきうれしいうれしい日々なのだ。もちろん、死んでガンガーの川の底に行きつくことを最大の至福と考えているヒンドゥ教徒であるから、いささか体の弱った老人たちも、聖なる川の風に吹かれて実に満足そうな顔をしている。その顔は、たとえていえば昔あった船橋ヘルスセンターで憩う顔にかなり近い。両親たちは、家族を連れてガンガーまいりができたことを誇りに思い、これでとうちゃんはきちんと世間並みの生活してんだかんな、というわが子に対するおのれの人生へのとりあえずの満足感にひたっている。子供も老人も親たちもみんないい気分なのだ。見わたすとこのガンガーのいたるところにいる人々がみんなそうやってよろこんでいるのである。誰も苦しんでなんかいないし、誰も絶望なんかしていない。インドのこの地をこれまでとにかく暗く暗くあやしく苦しく写してきた写真家たちよこの前に出てこい、文章家たちよペンにフタをしてここにきちんと名乗りでてきなさい！

とまあ、とにかくそういう気持にさせるような「明るいインド」がそこに厳然とひろがっているのだ。

インドを書いた本で面白いのにもうひとつ『河童が覗いたインド』(妹尾河童著、新潮社)がある。この本は舞台美術装置家の著者による、天井あたりの高さからの俯瞰《ふかん》的イラストルポだが『インドの大地で』を書いた五島さんとはまた違った現場主義で、克明にインドとその人々を描いている。

バナーラスの項では、カッパさんも旅行前に家族に言われていた禁をおかし、ガンガーの中に入っていく。そうして結局は腹をこわして七転八倒するのだが、カッパさんも自分でガンガーの水に触れ、いたずらに神秘ぶったり苦悩したりしないところがじつにいい。

注意してみていると、インド本というのは毎年じつに沢山でてくる。単なる旅行記であったり旅行思想記であったり研究書であったりいろいろだが、これらの新しいインド本がでてくると、ぼくは無意識のうちにこのバナーラスやガンガーでの沐浴について触れているところを読むようにしている。そうするとまあおおよそその著者の、思考や視覚の位置というのがわかるような気がするのだ。

『インドの民俗宗教』(斎藤昭俊著、吉川弘文館)はインドに住む人々がどんな神を崇拝しているか、ということを網羅的に分析した本で、すこぶる面白かった。この本でぼくはインドには聖なる河の逆、〝死の河〟があるということを知った。ヴァイタラニーというマヤの国との境界にあって、人々はこの河に汚物や血を流すのだという。

ガンガーに人々が入って頭から水をかぶったり、口をすすいだりしているのは、その河がインドに数ある聖なる河の中でもっとも強大な、つまりは由緒と伝統のある聖なる河の〝河の中の河〟であるからだが、それはあくまでもイメージとしての〝聖〟であり、異教徒にはむしろ気味の悪い河だ。遠くから見ているとただの暗褐色の巨大な流れだが、中に入ってみると実にさまざまなものを混濁させた大河である、ということがわかる。

しかし〝聖なる〟という思い込みは何ものよりも強く正しく、ガートの近くに人のものか犬のものか判然とはしないけれど、黒いクソの固まりが流れてきても、聖者たちは指先で波をおこしそれをヒョイヒョイとむこうの方へ流しておいて、その水を口に含んでしまう。

あるいはクマール・シンさんというガイドと小船でガンガーをさかのぼっていったとき、上流から何体かの水葬死体が流れてきた。体内ガスの死後膨満で唖然《あぜん》とするほどに巨大化した一人の男が、あおむけになって両手を大きく広げたまま流れてきた。その顔は鳥がつついたらしく、目も口もないただの肉のギザギザだった。吐き気を催すようなものを見てしまって、すこし黙っていたのだが、そのときシンさんは死体が流れていったあとの水をひょいと手びしゃくで口にふくみ「今日もあついですね」と言った。

こういう感覚の差というのはインドの不可思議というよりも「信じることの物凄さ」

というふうに考えた方がわかりやすいような気がした。

そして聖なる河でこのような具合なのだから〝死の河〟に対する信じる者たちの忌み嫌いかた、というのは果してどのような具合になっているのだろうか——というのが、この本を読んだときの大きな興味だった。

いたずらに神秘化させなくてもインドというのはまだ十分によくわからない国である。たとえばインド人はなぜみんなでカレーを食っているのか、ということもよく考えると十分に不思議なことであり、ぼくの知っている限りでは誰もその黄色い秘密を解いたものはいないのである。

隣りの狂気

誰か早く発明してくれないか、と思うものがふたつある。

ひとつは夢のレコーダーというようなものだ。枕元にセットしておくと、一夜の睡りのなかでみたさまざまな夢が音声映像くっきりと〝録画〟される、というような〝ユメ〟の機械。ビデオテープのように、再生釦《ぼたん》を押すと良夢悪夢艶夢不可解夢のすべてが素早くプレイバックされる、なんていったらなかなかスリリングで楽しいではないか。

夏目漱石の『夢十夜』のように、何か話題や独創力に詰まったときなど、おのれの夢を素材にして原稿用紙二、三十枚は稼げるのではないか、などと怠惰なことを考えている。

有名人の見た夢テープなどというのでちょっとしたあくどい商売もできそうだ。おそろしいのは女房が見た夢を秘かにプレイバックするときだろうか。いやそれ以上に自分の夢を女房に秘かに見られてしまうことだろうか。

難しいとは思うけれど、こういう機械が発明されたらかなり無理をしてでも素早く一台購入したいものだと思う。

イヌやネコなどの動物の考えていることを知る機械というのもあったら便利そうだ。大空を飛んでいくコンドルのいまの気分とか、地中を這うミミズの目下の不満とか、交尾をおえた直後のカマキリの率直な感想、などというのを知る機械なんてのをドリトル先生の意見など聞いて誰かいつか発明してくれないだろうか。

できたらいいな、と思うもうひとつの機械は発信人が事前に確認できる電話機というやつ。ベルが鳴るのと同時に、その電話をかけた人間の住所氏名年齢性格などがガッと瞬時にデジタル表示される、というような電話、開発されないだろうか。

毎年春になると悩まされることがある。いたずら電話が急に増えるからだ。四年前まで、ぼくの家では仕事の電話も家庭用の電話も同じひとつの電話番号でやっていた。ところが放っておくと夜中の二時三時に電話が鳴る。出ると無言だったり、ふやけた男の暗黒声だったりして随分迷惑した。そこで仕事用と家庭用の電話をわけた。これによって家族の平安はなんとか保たれるようになったのだが、ぼくの業務用の電話にかかってくるいたずらブキミ電話を根絶できたわけではない。

一番困るのが妄想女の電話だ。フリーの物書きになって、これまで四人の妄想女に悩まされた。これらのヒトに共通しているのはいずれもやり方がしつこい、ということである。

四年ほど前に陰気な立体波状攻撃をかけてきたのはKという女性だった。PR誌のインタビュアーということでやってきた。初対面はまるで普通だったのだが、半年ほどたった頃に突如として事件がはじまった。

日刊の手紙を送りつけてくるようになったのだ。

はじめのうちはちょっと偏執タイプの熱烈的読者なのであろう、というぐらいに思っていたのだが、書いてある内容がしだいに「むむっ?」という方向に変化しはじめた。

曰く、K女はぼくとの間に何かふかい約束がある、ということを言いだしてきたのだ。はじめのうち、その約束の内容はよくわからなかった。よくわからないままに、K女はぼくに対して「なぜ坂戸昭一の家の白いポストに連絡の手紙を入れておかないのだ」となじってきた。坂戸昭一宅は下高井戸にあって、しゃれた鉄門のところに小鳥の家のような白い郵便ポストがあるからすぐわかるじゃないか、どうしてあなたは約束したとおりにやってくれないのだ、とK女は激しくなじりつつも、しきりに嘆くのである。

日刊手紙の内容からすると、K女は一日おきにその下高井戸の坂戸邸に行っているらしい、というのがわかってきた。

「どうなることか……」といささか固唾《かたず》を飲む思いでその極私的ドラマの進展を眺めていると、ある日ついにK女が坂戸宅の奥さんに呼びとめられ、激しく追及された、ということがわかった。手紙の中でK女は「あなたがいつまでも約束を守らないからこうなったじゃないか。一刻も早く次の連絡場所を指定してほしい」と言ってきた。

同じ頃、電話をかけてくるようになった。最初はぼくが編集長をしている書評誌『本の雑誌』編集部あてだった。ぼくはめったにそこにいないのでK女の電話はいつも伝言というかたちになるが、その内容がすさまじくなってきた。昨日はあなたがいってきたように横浜高島屋のレコード売場で待っていた。二時間以上も待っていたのにとうとうこなかった。どうなっているのだ──なんて内容の電話を伝えられるのである。電話を聞く女事務員は先方がそういう人だということを知らないから、あきらかにぼくにそういって伝言するときは棘を含んだ口調になっている。いったいうちの編集長はこういう若い女と何をやっておるのか、という批難のこもった視線と口調である。先方の女の喋り方がきわめて普通の状態だから始末がわるい。その会社ではまったくぼくがつかまらない、ということがわかって、K女はついにぼくの自宅まで電話するようになってきた。

このK女の電話の声をきいたときは正直言っておそろしかった。K女は意外によく澄んだフツーの女の声で、「早く連絡して下さい、こまります」と言った。こまるのはこっちなのである。

妄想はある一点をすぎると急速に進むもののようで、それから十日ほどして本の雑誌社に、横浜のある都市ホテルからぶ厚い封書が届いた。あけてみるとおよそ一週間分のそのホテルの宿泊費の請求が入っていた。思ったとおりK女のしわざだった。ぼくから訳をきいた事務員がホテルに電話して事情を説明したすぐあと、今度はK女の兄という人からぼくの家に電話がかかってきた。

「あんたはうちの妹にどんなことを言っているのだ。何をするつもりなんだ」

と、K女の兄という人は厳しい口調で言った。訳を説明し、嘘だと思うならぼくのところに来て下さい。あなたの妹から貰った山のような手紙をすべて保管してあるのでそれを見てほしい、と言った。

数日後K女の兄という人が本の雑誌社にやってきて、日付つきの手紙の束を持って帰った。それっきりK女からは手紙も電話もこなくなった。

このK女の次はTという若い女性の、似たような妄想に悩まされた。T女は徹底して電話である。K女のときと同じように、はじめ本の雑誌社に電話をかけてきて、ぼくに連絡をつけたいのでいま現在の連絡場所をおしえてほしい、といってきた。編集部の若い男が、連絡はとれない、というと「そこいら中で私たちの妨害をしている。ひどい話だ」といって激しくいきどおった。

それからしばらくして、どこかで調べたらしく、ぼくの自宅に電話するようになってきた。

「話したいことが沢山あります」とT女は暗い低い声で言った。暗いけれど、やはりT女も話しかたは普通なので、戸惑いながらもしばらく聞いていると、この人もK女とよく似ている、ということがわかってきた。

「私たちの間にはとても妨害が多くて、なかなかうまくいかないけれど、なんとかお互いによく話しあって誤解をなくしたい」

と、T女は長い時間をかけてそういうようなことを言った。

「君は非常に疲れているのだから、すこし体をやすめて、それから両親とこのことについてよく話した方がいい」

と、ぼくは言った。親に娘の異常を自発的に早く気づかせた方がいい、と思ってそう言ったのだが、今考えると、そんなことを言ったのはよくなかった。まったく黙っていればよかったのだ。

「親に私たちの秘密を知られてしまっていいのか？」と、T女は悲痛な声で言った。どうやらそのやりとりで、彼女の妄想の中にぼくとの秘密共有がはっきりと意識づけられてしまったようなのだ。

T女の妄想は勢いづき、ぼくはそれからすさまじい電話攻勢に悩まされることになる。朝早くから夜中までかかってくるのでこいつはもろに仕事にさしつかえた。

そしてそのとき、つくづく、発信人が事前にわかる電話機というのがあればいい、と思ったのである。

朝がたぼくの家にかかってくる電話は重要な仕事の打ち合わせや連絡がけっこうある。だから電話がかかってくると受話器をとりあげなければならないのだが、受話器のむこうから聞こえてくるのは陰々滅々としたT女の呪文にも似たつぶやきなのだ。この女性の電話のおそろしいのは、受話器をとりあげると、突然話の途中からはじまる、というところだった。

通常の電話だったら、相手が出たら「あのうもしもし……」とか「たびたびどうも……」といったコトバからはじまるものだけれど、この人のは「だからその日もそうでした。わたしの前とうしろに見張りがいて」とか「いったい二月十七日のことはどう考えているのですか」などというコトバからはじまるのだ。

なにかずっと電話に向って喋りながら、切られても切られてもダイヤルを回しつづけ、ずっと話しつづけている、という受話器のむこう側の風景が想像された。

ぼくはこの恐るべきエンドレス電話にのたうち回った。電話のベルの音だけで、こいつはT女のもの、こいつは仕事のもの、とあてずっぽうに判断して受話器をとったりしたが、当然ながらそれはあまりうまくいかなかった。

そして四月のはじめの頃、さらに事態は悪化した。

はっと目をさますと、息子が部屋の床を板でやたらに叩きまくっている音が聞こえた。

枕もとの時計を見ると早朝まだ四時をすこし回ったあたりだった。こんな朝早くあいつは一体何をしているのだろうバカめ、と思って寝室を出ると、音は息子の部屋からではなく、階下の玄関から聞こえている、というのがわかった。

タンタンタンタンタン、と小さな木の切れ端のようなものでヒステリックに叩きまくっている、というかんじである。びっくりしてドアをあけると暗闇の中に若い女が立っていた。ひと目でT女だとわかった。見たところではきわめて普通に見える。化粧気のない顔は美人に属する方だ。しかし目が違っていた。目があきらかに普通ではなかった。

「手を洗わせてください」

と、T女は言った。朝四時にヨソの家を叩きおこして、手を洗わせてくれ、というのだ。恐ろしい話だったが、追いかえすわけにもいかず、洗面所で手を洗わせ、台所のテーブルに座ってもらった。

それから寝ている妻をゆりおこし、ちょっと下に降りてくれ、と言った。早朝に若い女がやってきたのだ。何を話すかわからないが、女房立ちあいのもとで聞いた方がいい、と思ったからである。

T女はいくら連絡しても話ができないので直接やってきた、と電話の時と同じように低くて気の滅入るような声で言った。

ここへ来るまで、何人もの尾行があった。いまもこの近くに何人かひそんでいると思う、と言った。それからすこし肩をすくめ、恐ろしそうにして、家の玄関あたりを見た。

「尾行だけじゃなくて、わたしがちょっとしたレストランに入ると、レストランのボーイも客もみんなエキストラなんです。ボーイはレジの叩き方も知らないし、客のうちの何人かはあちこちで私を尾行していたなじみの顔だからすぐわかってしまうんです。おかしいですね」と、T女はそこですこし笑ってみせた。

美術館に入ってもまわり中エキストラだらけで、そこにかけてある絵もみんなニセモノなんです。わたしはそういうことがすぐわかってしまうけれど、黙って騙されているふりをしていたのだ、とも言った。T女のそういった話は長々と続いた。ぼくはやり切れなくなって、

「それで何の用なんですか？」と聞いた。

T女は口をつぐみ、それからキッとした顔で「報告書を返してください」と言った。「何の報告書？」と聞くと「とぼけないでください。あなたがもうずっと報告書を書いているということはわかっているのです。みんながそう言ってますよ」と言った。

ぼくは黙り、困ったことだ、と思った。どういうふうに対処していいか、わからなくなってしまったからである。

報告書なんてそんなもの知らない、と言ってもまったく通じない、ということがわかってきた。もうこの人はすべてが自分を欺いている、ということしか考えていないから、

そういうことを言うとかえって話をややこしくしてしまうのだ。

仕方がないので報告書は何日かしてから連絡して渡す、ということにした。T女はやっと納得し、ようやくすこし明るくなった早朝の町を帰っていった。

朝九時になるのを待って、ぼくはさっきこちらから連絡するから、と言って聞きだしたT女の自宅に電話した。T女が出たらすぐ切ろう、と用心してかけたのだが、運よく母親らしい人が出た。上品で物静かな声を出す人だった。ぼくはすこし安心し、このところのT女のぼくに対する行動のあらましをすこしずつ相手の反応を見ながら話した。母親がT女の目下の具合をどのくらい知っているのかわからなかったからだ。「どうもすこし様子がおかしい」ということは母親もわかっているようだった。そして落ちついた話し方をする理性的な人のようだったので、もうすこし具体的に話していった。誰でも自分の子供の異常を告げられたら動揺するだろうから、逆上するような人だとこちらもひどく困るのではないか、と思っていたのだが、話合いはうまくいった。

ぼくはある病院の神経科の主治医をおしえて、とりあえず相談してみるといいのではないか、とつたえた。

かつて自分自身が神経症になって苦しんだことがあったので、随分迷惑ではあるけれど、ぼくはこういう女性たちを純粋に気の毒に思うのだ。まわりが早く気づいて的確な対処をはかればなんとかなる筈だと思う。一番いけないのは「すこしおかしい……」ということに気づいていながら、自分の子供は絶対にそんなことはない、と強引に思い込み、そのことを信じようとしない親たちであるような気がする。

神経症からなんとか脱出をしてから、ぼくはそれまであまり興味をもたなかった精神病理の本をいろいろ読むようになった。

しかし数あるこの種の本も、神経症やノイローゼなどに罹らないようにするための予防的な心がまえであるとか、生活スタイルであるとかを問うものは多いのだが、いったん神経症やノイローゼの迷路に入りこんでしまった者を救う本というのはきわめて少ないようだった。本を読む程度ではもう救えない、ということなのかもしれない。

前から思っていたのだが、その逆の本というのは綿密に計算し、激しい意図のもとにつくればつくりだせるような気がする。逆の本というのは、「そいつを読めば確実に狂気の道に入れる本」というようなものだ。

すでに特定の分野、たとえばある種の過激的思想とか、趣味や特殊学問の世界などにはそんな本があるような気がする。しかしここで言うのはそれらをすべて包含して、八歳から八十歳までの老若男女、ひとたびこれを読めば必ず狂う、絶対保証付き！　というような本である。こいつが見知らぬ人からどんどん贈られてきて、手にとったときの気持というのはどんなものであろうか。

巷で聞くその本の噂話は、第一行を読んでしまうと、絶対にやめることができなくなっていう。だから大抵みんなあとずっといってしまう……などといわれているが、このオレにはそんなことは絶対あるまい、だからちょっとだけ開いてみようか、いやそのちょっとだけでもう大抵みんなあとずっといってしまうというのだ。しかしおれなら大丈夫だろう。ちょっとだけなら大丈夫だろう。ちょっとだけみてみようか……、どうしようか……などと思いつつ、本をもったまま「はあはあ」とすこし荒い息をついている春の午後、なんていう風景がぼくにはあやしく空想できるのである。

水の中の静かなひとびと

八丈島のかおり丸という漁船の船長は山下和秀さんという。船長といってもまだ若く三十三歳。腕のいい漁師だ。通称カズさん。

このカズさんと仲がいい。八丈島にいくとどこからともなく彼があらわれくる。「くくっ」と笑った彼の両手には獲りたての伊勢海老や巨大なヒラマサなどが乗っている。こいつを肴に、通称シマザケという八丈産の芋焼酎をコップでやりながら海の話を聞く、というのがとてもいい気分なのだ。

八丈島の海は荒い。

ぼくがダイビングでいちばん最初に挑んだ海はこの島だし、はじめて溺れて死にぞこなったのもこの島だった。荒いぶんだけ海の中は魅力にとんでいる、というわけである。

カズさんの相棒はタワシヒゲのロクちゃん。ロクちゃんは一時期、東京でキックボクシングをやっていた。三回戦ボーイまですすんだが、キックそのものが下火になってしまったのであきらめて島にかえり、漁師になった。

このカズさんとロクちゃんは漁師の腕もいいが、喧嘩の腕っぷしもまことにすさまじい。同時にキモッ玉も太い。あらくれ男の多い島の漁師たちの中でもこの二人にかなう男はあまりいないようだ。

さて、あるとき、ぼくとカズさんはドザエモンについての話をしていた。黒潮がどんとうちつけている荒っぽい海に四方をかこまれているところだから、ぼくが溺れそこなったように、ここではしばしば水死さわぎがある。

「死体捜索はよう、漁師がやることが多いんだわ」とカズさんが言った。島にはむかしから言いつたえがある。水死人を漁師が見つけると、その漁師の乗る船は翌年大漁になる――。

誰がどう決めたのかしらないけれど、なかなか具合のいいジンクスである。警察が漁師に死体捜索を依頼すると「よおし！」といって威勢のいいのが海中にとび込んでいく、というわけなのだ。

「四年前によう、ロクちゃんと俺がなかなかあがってこないホトケを見つけに行ったのさ」

と、カズさんはあまり立派とはいえないあごの下のヤギ状の髭をひっぱりながら言った。彼はサムライのようないい顔をしている。シマザケをのんで暴れるということがなければ（彼にはそういう悪いクセがあるのだ）島で一番娘にモテる。

「どのあたりに潜った？」

「島の西側さ。ハラブトあたりだな。だけど海の中のホトケを捜すっていうのはじっさい大変なんだ。なかなかうまく見わけがつかんのよ」

と、カズさんがすこし頬のはじの方で笑いながら言った。

カズさんとロクちゃんはアクアラングに身を固めて水深十五メートルぐらいの海底を慎重に見おとしのないように進んでいった。まだ荒れ気味の海で、ときおり海底までつたわってくるうねりに体がもてあそばれる。ここぞ、と思われるところを何度も何度も泳ぎ回ったがなかなか見つからない。夕方が近づいてきており、そこで見つけないと、一晩おいて今度はどこに持っていかれてしまうかわからない。二人はいささかアセリ気味になっていた。

カズさんとロクちゃんはふたりで並び、互いに右と左に目をくばりながら泳いでいった。

やがてカズさんがついに岩と岩のあいだの海の底にころがっている死体を発見した。見たときカッと頭の芯のあたりがあつくなったという。ほぼ同時にロクちゃんも見つけたらしいのだが、まだわからないのだろうと思ってカズさんはそのとき横にいるロクちゃんの首のあたりをひょいとつついたらしい。するとロクちゃんは水中でギャッと叫んでそのままま っすぐ水面めがけて一目散に上がっていってしまったのだ。ダイビングで一番危険なのは急速に上昇することである。肺の中の圧縮空気が急速に膨張し、肺が破裂してしまう、という死に直結するもっともおそろしいアクシデントを招いてしまうからだ。破裂までいかなくても、窒素が血管の中で気泡となり、重症の潜水病となってしまう、という危険性が非常につよい。

ベテランダイバーのロクちゃんがこんなことを知らないわけはないので、彼はおそらくそのとき、あまりの動顛《どうてん》に我が身の安全ということも忘れてとび出してしまったのだろう。

海の中の死体の顔を見たときと、ほぼ同時にカズさんがロクちゃんの首筋をつついたのだ。これはロクちゃんならずとも誰でも驚く。

もし仮にぼくがロクちゃんの立場だったらギャッと叫んで水面にとびだし、肺やら胃やらをハレツさせながらもあたりの岩にしがみつき、手足の爪たて血だらけアワだらけでよじのぼり、崖道こえて山こえておもての通りへとんでったとんでった、というぐらいの逆上的逃亡をきっとくわだてるだろう、と思うのだ。

「水の中で見る死人の顔てえのはおそろしいな。なんだかこっちみて笑っているように見えるのよ……」

と、カズさんはヤギヒゲをはげしくひっぱりながらそう言った。

海の奇談、というのにことさら興味がふくらんだのは、どうもこの話を聞いてからのような気がする。

『潜水奇談』（山下弥三左衛門著、雪華社）を見つけたのは神田の古本屋で、手にとったとき思わず「うわっ」と言ってしまった。昭和三十九年発行の古い本で三八〇円の定価がついている。いま手もとにあるこの本の表紙カバーにはまだエンピツ書きの古本屋の定価がついていて、それは三〇〇円となっていた。こうなると高いんだか安いんだかよくわからない。この江戸時代の役人みたいな名前をした著者は、二千人の潜水士を養成したとその著者紹介文のところに書かれている。今のようにダイビングがスポーツ化していくはるか以前の、まだごくごく少数の海の目撃者たちの時代の人なのだ。

この本の第四章は「奇怪な海の実話」という項目になっていて、主として海で出会うユウレイ話がいろいろ書いてある。幽霊船をはじめとして、海にまつわるこういう話はたくさんあるが、それらの怪奇話がおこるのは海上もしくは船上ということが多く、存外、水中で出会うユウレイというのは少ないようである。この海の奇談集にはやはり海中の水死体をひきあげる話がひとつだけ書かれていて、それは「海底に坐禅する自殺者」というタイトルの小文になっている。

その自殺者は小石をふところに抱いて、海底にすわるようにして死んでいた、という。

著者はこの死体を引きあげてからというもの、海の中でちょっとした白い岩をみるとついついこの坐禅している自殺者の姿を思い浮かべてしまって、若い頃に見た強烈な風景というのは一生の視覚に作用するものなのだな、とおどろいている。

警察関係の仕事をしているあるダイバーに聞いた話だが、海で見る女の死体は髪の毛が生きているようにふわふわと踊っていたりするのでことのほかすさまじい、という。この坐禅する死者は男で、腹のあたりに石を抱いてすわっていた、というから、覚悟の自殺らしいということになった。それにしても勇気と根性のある自殺者である。

中村征夫氏は目下日本で一番根性のある水中カメラマンといわれており、ぼくとも何度か一緒に潜ったことがある。オーストラリアのグレートバリアリーフという巨大なサンゴ礁の海域では、彼は撮影のために四十四以上もむらがる鮫のまん中に入っていった。これはぼくが海底十五メートルぐらいのところからこの目で目撃したのだが、彼をサポートする筈でやとっていたオーストラリア人のベテランダイバーたちが仕事を放り出して逃げてしまったのだ。このときぼくは岩棚に身をひそめながらプロの根性、とりわけ日本人のプロの根性というのに目を見張ったものである。

この中村征夫氏がダイビング体験をまとめた『海も天才である』（情報センター出版局）という本を出している。この本には山下弥三左衛門氏の書いているようないささかおどろおどろしい奇怪話ふうのものはあまりないが、これだけダイビング界がオープンになった今でも、人の死んだ水の中というのはどうもなにかあるようだ、と彼も書いていてなかなかこわい。

中村征夫氏の場合は奥多摩湖が舞台だ。ある年ここに一家六人をのせた乗用車が落ちてしまい、その車さがし、というのが彼の仕事になった。湖というのは冷たくて暗くてダイビングの条件としては最悪といっていい。昼間でもライトをつけて潜っていかなければ一メートル先のものも見えないのだ。

そのためなかなか見つからず何度も何度もやり直した。もうあきらめるしかない、という状況になって、彼は一人でライトを消したまま潜っていった。それまでは二人でバディを組んで捜す、という方法をとっていたのだが、最後の挑戦、というつもりで彼はおりていったのである。そして中村征夫氏はついにくらやみの中で湖底にサカサになった乗用車を発見するのだ。

このとき不思議だったのはまっ黒だったのに、降りたところが車のバンパーの上だった、ということ。そしてそのとき「どーん、どーん」という正体不明の音が湖底から聞こえていたのだという。

中村征夫氏がふるえる手でシャッターを押したそのサカサのバンパーとナンバープレートの写真は翌日の朝日新聞のスクープ写真となった。

「あの写真は私の力だけで写したものではないような気がする。あれほど鮮明に写るとは考えられないのだ。松田さん（注＝遭難乗用車を運転していた主人）は私と同じ年齢であった。それを聞いて、始めから他人事とは思えない何かがあった。何かすごい力が私にあの写真を撮らせたのだ、といつしか思うようになっていた……」

と、中村氏は書いている。

車の上におりたとき、「どーん、どーん」と湖底に音がひびいた話というのを彼は水面に上がって報告した。新聞記者たちは誰もその話を信じなかったというが、後日そういうことにくわしい人から、それは死者たちの叫ぶ「自縛音」というものだろう、とおしえられたそうである。

彼とは世界のいろんな海に一緒に出かけるのだが、ウイスキーをのみつつ、海の中で体験するさまざまな話を聞くのが楽しい。しかしもう三十年近く潜っているのだが、この奥多摩湖以外ではまだ背筋が果てしなくぞくぞくするようなおそろしいことには出会っていない、という。

ぼくはいま海に潜ると、あやしいものを見る、ということよりも海流に流される、ということにとにかくひたすらおびえている。海の中で海流に流されると人間の力などではもうなにをすることもできない、ということをかねがね聞いているからだ。

海流に流されてしまったら、どんなことがあっても滅多にそれにあらがうことはできないから、ただもう水に浮かんで流されるだけ流され、その果てからどこかに戻れることができるだろうか、と考えるしか方法はない、という話なのだ。

このどこへ流されていくかまるでわからない海流に乗ってじっとしている、ということを考えただけでぼくなどもう果てしなく絶望的になってしまうのである。

海の奇談というジャンルの中で一番面白いのは『海洋奇譚集』(ロベール・ド・ラ・クロワ著、白水社)であると思う。ここには十三のいずれも海を舞台とした烈しく切なくいらだたしい海のオソロシイ話が並んでいる。ぼくはこの中の「死者が船を追う時」という一編が大いにおそろしかった。病気で死んだ乗組員を水葬にして海に落としたのだが、この死者がそのあと何日も船を追ってくる、というふたつの話でまとめられている。死者と見えたのは実はイルカだったのではないか、とか、遺体につけた錘《おもり》が軽すぎ、そのため海面に浮かんでしまって、船の航跡にまきこまれてついてくるのだ……などといったさまざまな〝冷静な分析〟というのがなされたが、どれもすべてを納得させるものではなかった——という話なのである。

錘をつけて海の中に水葬する、というので思いだしたのだが、マフィアかなにかのギャング組織の殺し方のひとつに、生きた人間の足をコンクリートで固め、そのまま海に放り投げてしまう、という、まあ考えただけで息苦しくなるような残虐手法があるらしい。なんの本で読んだのかよく思いだせないのでしばらく「うーむ」と考えていた。本ではなくて外国のマンガであったような気もするし、チャプリンの映画で見たような気もする。ま、しかしこの場合その出典場所は正確でなくてもいいだろう。

この人間イカリのような状態を思い浮かべたとき、果してこの不幸な人は海底で立ったまま死んでいる、という恰好になるのだろうか、ということがちょっと気になった。

錘をつけられた人間が深い海の底に果てしなくどんどん沈んでいってしまった場合、水圧によって体は相当に変形させられるはずである。海は十メートルごとに一気圧ずつ人間の体にのしかかってくる。

さっき書いた中村征夫氏とオーストラリアの海へ潜ったとき、はじめてドロップオフというのを体験した。ドロップオフというのは要するに急に深く落ちこんだ海の中の深場だ。こういうところを潜るのはディープダイビングといってなかなかに迫力がある。窒素酔いがおこる可能性があるから危険でもあるのだ。

ここを三十五メートルまで潜ってみた。窒素酔いというのはヒトによって異なるが大体四十メートルぐらいを境におこるケースが多いので、ディープダイビングの初心者としては安全ラインで上昇したのだ。

窒素酔いになると極端に判断力が低下してしまう。自分がいま上にのぼっているのか下がっているのかよくわからなくなったり、地上にいるのとカン違いしてレギュレーター（空気の吸い口）をはずしてしまう、というような人もいる。どっちにしても窒素酔いになった人を放っておくと簡単に死んでしまう危険性がある。

オーストラリアでは仲間の一人がこの窒素酔いになってどんどん深場に行き、五十メートルぐらいのところで中村さんに危うく助けられた。船に上がっても本人は窒素酔いで自分があともうすこしで危なかった、ということをあまりよくわかっていなかったようだった。

このとき、もしこの人が足にコンクリートでもつけられていてそのままどんどんドロップオフの底まで沈んでいったらどんな死体になったか、ということをその晩みんなで話してすこしゾッとした。一千メートルに近いその深みへおちていった人間は百気圧というすさまじい水圧の中で全身の肉が圧縮された海底ミイラという状態になっているだろう、という結論になった。

まあ生身の人間は一千メートルなどとても潜れないからさいわいにしてそういうのを見ることは不可能なのだが、水底に立つ水中ミイラ男を見てしまう、ということだけはわが人生の中で断じて味わいたくない、と思う。

ドロリ目談議

ぼくはどうも目に対して異常な執着があるようだ。

気がつかなかったのだが、ある評論家が、ぼくの書いたものをいくつか読んで、

「かれは目に対するこだわりが凄い。ほかの部分はともかく、目に対する描写となるとたんにエンジンを全開するようだ……」

などと書いていた。

改めて考えてみるとなるほどそうなのだ。『わしらは怪しい探険隊』（角川文庫）という妙な題名の本では、ぼくはふたつのにごった目玉について詳述している。

ひとつは「ドロリ目」というものだ。

高校時代の夏にちょっとまとまった小遣いがほしくて、友達と二人で歳を偽り、千葉港で沖仲仕のアルバイトをしたことがある。

このときぼくたちのカントクがこのドロリ目だった。

大男で、むかし力道山プロレスのときに日本にやってきたイタリア人レスラー、プリ

モ・カルネラに全体の雰囲気が似ていた。

正面から見ると、このカントクの目玉は白目と黒目の境界線がなんだかいつもぼやけていた。黒目はたしかにあるのだが、そのまわりの白目となんとなくいいかげんにまざりあってしまっていて、どうも目の玉というかんじがしないのだ。黒目のまわりが白目ではなくて、全体にオウド色がかっていたからなお見わけがつかなかったのかもしれない。

このドロリ目に見つめられると、なんだか首すじのうしろあたりがヘンにかゆくなるような気がした。

しかしドロリ目のカントクはなかなか気持のいい男のようで、夏休みが終りに近くなり、アルバイトをあと二日でやめようというとき、ビールをのみに近くの店につれていってくれた。そうして、

「本当は雇っちゃいけねんだけど、おりゃああんちゃんが高校生だってこと知ってたけどよお、学校へいったら勉強がんばれよ」と、ドロリ目とはあまり似合わないすこしカン高い声で言った。そして、

「あんちゃんはいい体してっから将来立派な土方の大将になれっぞ」と言ってドロリ目をすこし細め、くくくくっと笑った。

その本の中で語っているもうひとつのにごった目は、ぼくの友達のタカハシ君の目だ。

彼の目は純粋ににごっていたので、ぼくはそれをそのまんま「ニゴリ目」として書いた。当時ぼくの住んでいた千葉にはチンピラが大勢いて、それらの多くはたいがい険のあるにごった目をしていた。にごった目で「くわっ」と相手を睨みつけ、はげしく威嚇するのである。

高校生の頃、そういうチンピラとときどき喧嘩をした。電車の中などでそういうのとフト目が合い、目をそらさないままでいるうちにさしたる意味も理由もない不毛の睨みあいとなり、そのまま「ちょっと降りろ！」と、まあこうなっていくのである。

通称「ガンヅケ」という。

このガンヅケはけっこうエネルギーがいった。当時はガンヅケしていてマバタキをするとほぼ判定負けで、このマバタキをせずにカッと目を見開いて相手の目玉の中に自分の視線をとび込ませていく、というのが勝負の要諦で、ぼくはそれが弱かった。ずっとマバタキをせずにいると涙が出そうになってしまうのである。涙など出てしまったらそれはKO負け以下であるから必死になる。睨みながら涙を出さずにいるためにはマバタキするしか方法がなかった。

男の闘いというのは殴りあう前にすでに相当に厳しいものなのである。

ガンヅケに判定負けすると、くやしいし恥ずかしいものだから、そのあとの武力闘争の方で圧倒的な威力を示さねばならなかったが、ガンヅケですでに判定負けをくらっていると、殴り合いに突入しても精神的に萎縮している、というようなところがあるので、あまり見事な逆転ＫＯ勝ちというのはできなかった。やはり緒戦《しょせん》の目玉の戦いが相当に重要なのである。

動物はこのことを本能的によくわかっていて、犬なんかでもニンゲンに睨まれると、すくんでしまうか吠えるか、どちらかの反応をする。ぼくはこのときの犬の気持というのがじつによくわかるのだ。

千葉で沖仲仕のアルバイトを一緒にやったのは同じクラスにいた沢野ひとしという友達で、彼はいまプロのイラストレーターとして活躍している。古い友達のよしみでぼくの書く雑誌や本の文章のほとんどに彼がイラストをつけてくれている。
沢野ひとしは別名「ワニ目の画伯」といわれている。彼の目がワニに似ているのだ。

ヒトの目を類型化する名人はジャズピアニストの山下洋輔である。おそらく彼も「目」が好きなのだ。
『ピアノ弾き翔んだ』（徳間書店）はのっけからトカゲ目とタニシ目というのが出てくる。トカゲ目はアタマに凶眼とつく。字面だけ見ていてもこれはワニ目よりも凶悪なかんじがする。

タニシ目は記号で書くとこんなふうになる。注意していると世の中でよく見つけ

ることができそうだ。

山下洋輔が描く目ではもうひとつ点目というのがある。ナニかことがおきると点になってしまう目のことで、これもわりあい出会う率が高い。

ワニ目よりも凶悪なトカゲ目というのはどういうところで出会うだろうか、と考えてみるのだが、ヤクザの目などはかなりこれに近いような気がする。トカゲ目、ヘビ目、サメ目などというのにあまり見つめられたくないものだ、とつくづく思うのだ。

ぼくは以前、外国の海で本物のサメ目に睨まれたことがあった。海底十五メートルぐらいのところで、タイガーシャークと出会ったのだ。

サメは海の中で見るとじつに圧倒的に美しい姿をしている。砲弾のような体、鋭い背ビレ、灰色と黒色の色あい、どれをとっても戦闘体型そのもので、こいつが蒼すぎる海の中を、腹の下に何匹かのコバンザメをくっつけて泳いでいるさま、というのは本当に息をのむほどに見事だった。

戦略ジェット戦闘機、もしくは原子力潜水艦を彷彿《ほうふつ》とさせる雄姿なのだ。ジェット戦闘機というふうに見ると、腹の下のコバンザメがミサイルそのものに見えてくる。そしてジェット戦闘機と違ってサメのおそろしいのは、その突端のところに無気味な目玉がくっついていることである。

「サメ目」もしくはちぢめて「サ目」だ。

水中で出会うこの目は本当におそろしい。

やくざのトカゲ目だったら、いくらおそろしくても、どたん場で話せばなんとかなる、というささかの安堵《あんど》があるけれど、サメの目玉は何を語っても通ぜず、という絶望的なコミュニケーション否定の上で成り立っているからこまるのだ。

海で何匹かのサメと対峙《たいじ》し、水中にらみ合いをしてからというもの、ぼくは山口組のトカゲ目だろうがマフィアのコブラ目だろうが、サ目にくらべたらどうってことないじゃないか、というヘンな自信がついてしまってすこし困っている。

『まなざしの人間関係』(井上忠司著、講談社現代新書)は目玉に執着するものにとってまことに面白い本だった。

人間は相手の目を見たり、まなざしを返したりする〝目の作法〟が民族によってまったく違う、ということをこの本を読んで知り、大いにうれしくなった。

以前からなんとなく「おかしいなあ」と思っていたことがあったのだ。

テレビのメロドラマを見ているときだった。愛する男と女が、お互いに心の内にひめていた愛を打ちあける大切な場面である。見ていて「どうもあからさまで嘘っぽいなあ」と思ったのである。

テレビのメロドラマだからもともと嘘そのものなのだけれど、嘘を嘘として見ていても、それがあまりにもハラだたしいほど嘘っぽいのである。男と女の演技はなかなかリアルで真剣なものだった。それでもしかしなにかが決定的に嘘なのである。どうしてなのだろう……？　といろいろ考えたのだがとうとうわからなかった。

この本を読んで、何年ぶりかでこのときのモヤモヤが解消した。

ドラマの中で男と女は向いあい、お互いに相手の顔を、相手の目を見つめあいながら「好きです」「愛しています」と語りあっていたのだ。

「日本人というのは、お互いに目を見つめあわない民族なのだ。とくに自分の感情をあからさまに告白したりするときなど、お互いに目を見あわさないようにして会話する民族である」

と、この本は語っていた。

そうなのだ。なにかおかしいと思っていた何かは、そこのところなのだった。

ぼくにも記憶はあるけれど、好きになった女に自分の愛をはじめて申し上げるとき、男はたいていあらぬ方を見て言うものだ。

相手の目をじっとのぞき込むようにして、堂々と「好きです、結婚して下さい」などと言うやつがいたらどうもそいつはインチキくさい。よほどのプレイボーイか色事師のくどき技ならともかく、日本人の男は愛や恋にはまだ基本的に日本民族的なアプローチをしているような気がする。

テレビのメロドラマの中で演じられた、お互いの目を見つめて愛を告白しあうやり方は、誰もがどこかで見ている外国映画の中の、外国人のやり方だったのである。

E・T・ホールの『かくれた次元』（みすず書房）によると、外国人といっても、アメリカ人とイギリス人あるいはラテン系の人々、アラブ系の人々はそれぞれ相手の目を見る方法がちがう、と語っている。

相手と語るときにはもっとも相手の目を見ない（見ようとしないようにする）民族は日本人で、その逆にもっとも強烈に終始相手の目を睨みつけるようにして語ろうとするのがアラブ系の人々、であるらしい。そしてアメリカ人やイギリス人、中南米の人々といった民族がこの間にそれぞれ位置していく、というのである。

ここでもまたぼくはなるほど、と納得した。ラテン系の人々は相手の目をじっと見つめる民族ということだが、以前メキシコを旅行していたとき、黒い長い髪の毛を風にふるわせているグアダラハラの女にじっと見つめられ、ぼくはすっかり情熱的な誤解をして舞いあがってしまったのだ。あのときいたずらにどきまぎして損をした、と今になって思う。やはり知識というのは少ないよりも多い方が人生にとってよいのだろう。

ホテルに泊まって朝など外国人と廊下やエスカレーターで顔を合わせ、なんだかとても気持がいいのは、彼らがじつにくったくなく、頬のはじのほうでほほえみ、目顔で挨拶してくることである。これはとてもいい習慣だと思う。

これが見知らぬ日本人同士というと、すばやく目をそらせるか、あくどいやつになると意味もなく睨みつけてくるようなのがいる。

朝、見知らぬ者同士でも、わらって目で挨拶してくる人々というのは、なにか厚い人間的余裕のようなものを感じる。かといって、これをすぐ日本人同士でやる、というのもむずかしい。中年の見知らぬおっさん同士がホテルの廊下で朝からにこやかに笑顔かわしあう、というのはどうもなんだか気持がわるいし、やたらに若い女の子に目顔ニヤつき挨拶などしているとやがて警察にマークされたりするかもしれない。

やはり日本人は日本人らしく、さりげなくさりげなく常に相手の視線を避けてひそやかに生きていくのが一番無難なのだろう。

目の好みでいうと、ぼくが一番好きなのは「赤眼」である。つまり血走っている目だ。赤眼男というのもときおり見かける。酒をのみすぎたやつ、バクチに負けたやつ、女に捨てられたやつ、虎の子をだましとられたやつ、いままさに警察に自主出頭しようとしているやつ。赤眼の男は大抵なにか状況がただならぬところにいる場合が多い。それはそうだ。だから目が血走っているわけなのだから。

以前『赤眼評論』(文藝春秋)という本を書いたことがある。世の中のいろんなよしなしごとについてさながら目を血走らせたような気分で書いたエッセイ集だ。イラストレーターの沢野ひとしは『ワニ眼物語』(本の雑誌社)という本を書いた。千葉の港でドロリ目のオヤカタを見てしまった我々はこうしてまだまだはてしなく目と目玉に執着していくような気がする。

とらわれの身の小さな窓

二十歳のときに路上で喧嘩し、かけつけてきた警官にもさからい、さらに連れていかれた警察署でもさからい、あっという間に逮捕されてしまった。

喧嘩両成敗のコトのならいで、悔悛《かいしゅん》の情ふかくしていれば三十分ぐらいお説教されるぐらいでかえしてもらえたらしいのだが、酒が入っていることもあって、おろかにもぼくは荒れ続けた。そして、

「いいかげんにしないと逮捕するぞ！」と署長に言われたとき、

「よおし、逮捕してみろ！」と両手を出したら逮捕されてしまった。本当にばかな話であった。

しかしそのとき、逮捕されながらぼくは「警察に逮捕される——という得がたい体験をいまここで……」と心の隅で思っていたことも事実なのだ。

時刻は夜九時ぐらいだったと思う。場所は中野警察署であった。

逮捕、と決まると席を立たされ、奥の部屋に連れていかれた。「奥の間ごあんない」

であるが、旅館や料理屋と違って警察というのは奥の間ほど暗くなっている。通されたところで所持品を調べられ、強制的に保管されてしまう。服装はそのままだが、ベルトはとられてしまった。そうしてさらにまたつぎの奥の間に連れていかれるのである。

次の奥の間はすでに留置場だった。

二階建てぐらいの高さの吹き抜けになった大きな部屋の中に、雑居房が一階と二階に扇型に並んでいる。扇のカナメのあたりが見張台で、一人で一階と二階のすべての房の中が見られるようになっている。

入っていったときにすばやくこれだけのことを観察してしまったのだから、逮捕されたといっても実に冷静な観察力をもっていたではないか、と自分で感心するのだ。

留置場の各房の中には沢山の人が入っていて、入っていったぼくをその全員が興味深そうに眺めていた。あとでわかったのだが、ぼくが逮捕された夜の九時あたりというのは、やたらに早い夕めしが終り、あとは寝るだけしかやることがなく、もっとも気の抜けて退屈していたときなのだ。

警官に連れられてぼくが入っていくと早速、

「おい、タカクラケン！　何したんだ」

と二階の房から声がかかった。乱闘した直後なので着ている服に泥がつき、ひたいのあたりに軽い擦過傷があった。どうしてタカクラケン、などといわれたのかよくわからないが、悪い気はしない。とたんになんだか、ちょっといましがたヤクザの大親分をドスで刺して自首してきた昭和残侠伝の男、というような気分になってしまった。

「おい、何してきたんだよ！」

と、二階の房からもう一度声がかかった。

「喧嘩……」

と、ひとことだけ言った。気分はもうすっかり東映ヤクザ映画なのだ。

「ちがうよ。こいつは暴行だ。ボーコー！」

と、ぼくを連行してきた若い警官が言った。

これもそののちわかってくるのだが、警察用語には喧嘩というのはない。喧嘩はすべて「暴行」である。喧嘩して相手を怪我させてしまうと「暴行傷害」になる。

しかし「ボーコー」ということばは婦女暴行などという言葉がすぐ頭の中に浮かんでしまったりしていかにも語感がわるい。

昭和残侠伝の男はたちまちのうちに昭和低級風俗犯のようなおももちとなって、生まれてはじめて留置場というものの中に入ったのであった。

二十歳頃に出会った非日常的体験というものは、その後の人生に相当大きく深く作用してくるもののようで、まあヘンな話、結果的にぼくはその日かなり積極的に逮捕されてよかった、と思っている。

ぼくがそこでお世話になったのはわずか三泊四日であったが、その短い時間にずいぶん貴重な、ちょっとほかでは得がたい体験と、そういう状況にならないとわからないような、心の内側のことや、ものの考え方、といったものを、かなり明確に知ることができたからである。

そのひとつは人間がほかの強大な力によって拘束される、ということの恐怖や精神的圧迫というものは想像以上に厳しく重い、ということであった。

ガチャリ、と鉄格子が閉じられ、外から重い錠がかけられたとき、ぼくはまず自分の中に閉所恐怖症の気《け》があるようだな、ということを初めて知った。

その中野警察の留置場は鉄格子の扉だから、扉を閉ざしてもけっして閉ざされた、という気配にはならないのだが、ぼくはそのとき予想したよりも、はるかに強烈に「おびえ」の気持が走るのを知った。そしてそのときふいにこんなことを考えてしまったのである。

――これではもし東京湾に大津波がきたとしたら助からないな。やっぱりつらいなあ。こういうことは……。

まったく突拍子もないことにおびえてしまったわけだが、しかし本当にそんなことを心配してしまったのである。

寝具は毛布三枚。そいつをうまく工夫して上下に分け、体にくるんで寝る、という訳だが、深夜にフト水をのみたくなっても、あるいは小便に行きたくなっても、自分で勝手に扉をあけてそれぞれの用たしに行くことができない、ということは途方もなく切ないことであるのだな、ということがわかってきた。

水を好きなときに勝手にのめない、ということがわかってくるとなおさら喉が乾いてくるような気がした。小便を好きなときにできない（頼めばいかせてくれるが……）と思うとただちに何度も小便をしたくなってしまった。

加賀乙彦の『死刑囚の記録』（中公新書）の中に、拘禁ノイローゼの男が、監房の便所の便座をもぎり取り、そいつで房の中をめっちゃくちゃに叩きまくる話が出てくる。監房の便座というのは普通の便器のものよりとくに頑丈に作ってあるそうで、それをもぎ取ってしまうのは並の人間技ではないそうだ。

しかし何カ月も何年も狭いところにとじこめられて、基本的な自由を剝奪されている人間が、あるとき思い余って火事場のバカ力のように、信じられないほどの力を出して、もう世の中も人生もすべて捨てて暴れまくる——その追いつめられた人間の心、というのはなんだか理解できるような気がした。

こういう拘禁ノイローゼになるほどの人とくらべると、ぼくの体験した三泊四日の留置場体験などというのは比較にならないレベルのものだろう、ということはわかるのだが、しかしそれでも今まで一度も留置場に入ったことのない人よりはそのあたりの気分が〝すこし〟余計にわかるような気がするのだ。

その留置場では便所に行くために朝かわりばんこに房舎から出してもらい、扇型の房のはじにある便所に入る。便所の扉は高さ四十センチぐらいのもので、しゃがんでようやく下半身が隠れるくらいだ。

警察の留置場にはとりあえずあらゆる犯罪人が入ってくる。ぼくのように三泊四日のボーコー犯というセコイのから殺人犯まで入ってくるわけで、その罪の重さに耐えかねて便所で自殺してしまう、というようなことがないよう、外から見える便所のシステムになっているのだ。

ぼくは突如ここに入れられてしまったので便所にいってもケツをふく紙をもっていなかった。そこで監守に「どうするんですか？」と聞いたら、隣りの房にでも声をかけて持っている奴からめぐんでもらえ、と言われた。

そういうときにティッシュペーパーを静かに無言でくれる男の眼というのがなかなかいい。いかにも〝男同士の情と人生〟というかんじで、それがトイレットペーパーを介在してつよく深く認識される、というのも体験してみないとわからないものなのだ。

この留置場体験をしたあと、いくつかのこうしたジャンルの本を読んで、つくづく自分が現代に生まれた人間であってよかった、と思ったのは、この留置場における糞尿がらみの話だ。

『江戸の刑罰』（石井良助著、中公新書）はその頃の時代の牢屋の中の暮しをこまかく具体的に書いておそろしく迫力のある本だが、ぼくは牢名主たちによる糞尿がらみの新入りいびりのところでいささかうなった。

江戸の牢内では新入りが入ってくると入牢者たちのたいていなにがしかのいびりの挨拶があって、それは打擲《ちょうちゃく》などの手荒い仕置だが、変ったものを食わせる〝御馳走〟というのがなかなかすごい。

たべるとたちどころにものすごい下痢をするという巴豆《はず》（木の種子）とかトウガラシを食わせる、などというのはまだ序の口というやつで、生塩をたくさん食べさせて水をのませない、というオソロシイのがある。

よく酒をのんで寝るので、毎日あけ方ちかくに乾いた喉をかきむしりつつ、つめたい水を飲み干し「おお甘露甘露……」などとひくい声でうめくのを無上のよろこびと考えているぼくなどは聞いただけでつらい気持になる。

これとは逆に〝汁留《しるどめ》〟と称して数日間、汁ものや塩ものを一切与えず飯ばかりたべさせる、というのもあるそうだ。

牢の中というのはとにかく閑《ひま》なものだから必死になってみんなでいろいろ変った攻めかたを考えているのだろう。

この御馳走攻めの最強最悪なのが糞便を食わせる、というものだ。

江戸牢内で糞便を食わせた、という話はずっと前に小説で読んだことがある。それは小説の中の話だろうと思っていたのだがこの本を読んで実際に行なっているのだ、というのを改めて知ったわけである。

糞便食いの仕置きは、岡っ引きなどが入牢してくると、日頃の復讐の意味でやられたらしい。やりかたは凄絶で、全裸にしたところを数人で押さえ、強引に口をあけさせて椀の中に山盛りの糞便を食わせるのだ。牢内の幹部が許さないかぎり通常は三椀まで食わせるという。

牢の中の糞便は何人ものがまじりあい、夏などは腐っているので、こんなものを食わされるのはたまらないだろう。こうして無理やり糞便を食わされた者は腫物が出て、やがて死ぬという。

どうもひどい話になってしまったが、こんな本を読むと、逮捕されて放り込まれたところが現代の警察で本当によかったとつくづく思うゆえんである。

刑務所で食べる飯を〝くさい飯〟というのは、房内にある便所が現在のように水洗ではなく、溜め込み式の頃に、部屋の中に常に糞便の臭いがただよっていて、そのくささの中で食べるからそう言われるようになった、とやはり何かの本で読んだ記憶がある。

中野警察のめしはけっしてくさい飯ではなかったが、アルミニウムの弁当箱に入っている飯は半分ぐらい麦めしで、おかずはさつまあげに昆布のつくだにとたくわん二切れ、といった程度のきわめて質素なものだった。はじめの日の一食目はすこし残してしまったが、次からは全部たべるようになった。そしてそれはそれでうまい、と思った。人間の順応力というのは本当にきわめてスピーディなものである。

自分が留置場という名のまぎれもない〝牢屋〟に入っているのだなあ、と感じたのは、その狭い窓から空を見たときだった。窓は房内のかなり上の方にあって、手をのばして窓にさわることも、そこから外を眺めることもできない。房内にすわって斜めの角度からはるかな高みの青い空を眺めているだけである。最初の日にそうやって空の小さな四角い切れはしを眺めていたら、そっちの方からはるかに遠くどこかでやっている運動会のアナウンスと音楽が風にのって流れてきた。その音を聞いたとき「こんなところにいないで、早く外に出たいものだ」とつくづく思ったものである。

監獄にとっての絶望と希望が「窓」である、ということを改めて強く激しく理解したように思ったのは、ソ連、レニングラードのペトロパブロフスク要塞でその昔の政治思想犯の監獄を見たときだった。

そこはレーニンの兄のアレクサンドル・ウリヤノフとか、ドストエフスキー、ゴーリキーなども投獄されたところで、獄の扉の前にそこに入っていた人物の写真や経歴などがパネルに掲げてあった。

監舎はあくまでも暗く、まだ鉄製のベッドなどがその当時のまま残されていた。そうして、そこでやはり一番胸にずしんとくるのが大きな部屋の割にはあまりにも小さくて心細い鉄棒入りの監窓だった。その監獄の全体の印象は穴ぐらというかんじであり、窓こそが唯一、外界の空気や風の存在を示すものであったようだ。しかしそれが監舎に対して絶望的に小さくてそして高いところにあるのだ。

ぼくはそのあとシベリアのイルクーツクでシベリア流刑囚たちに実際に使われていた足枷《あしかせ》であるとか足に引かせる鉄のかたまりなどを眺め、手にとったりした。そして外国人に対してわずかに資料展示してある当時のシベリア流刑囚たちのありさま、というようなのを見て、またさらにすこしシンとした気持になってしまった。

ミシェル・フーコーの『監獄の誕生―監視と処罰』（新潮社）の中に、囚人たちを相手に講演をしているちょっと不思議な絵が出ている。それは十八世紀の頃、パリの郊外にあるフレーヌ監獄で、アルコール中毒の害悪に関する講演をしているところの図であるが、異様なのはそれを聞いている囚人たちの姿だ。

囚人たちは一人ずつ上の方がわずかにあいている便所のようなところに入って、そこから顔だけだしている。つまり囚人たち同士お互いに顔を見合わせることなく話を聞かせる、ということができるわけで、その意図はよく見てとれるのだが、一人ずつ小さな箱にとじこめられ、顔だけ出して話を聞いている、というその風景がなんともおそろしいほどに異様だった。

そしてフーコーのこの本を読んでいくと、人間を拘禁する、ということに対して、西欧人というのは人間の精神の根源的なものにまでさかのぼって相当に残虐である、ということがわかってくる。

これだったら、人間の糞便を食わせる、なんてことをやってはいるが、大勢がいちどきに雑居している江戸牢屋の方がもうすこし人間的なのではあるまいか、などと思ってしまうのだが、この種の話に勝手な結論づけはとても危険なので、このへんでやめておく。

さて、最後にぼくの三泊四日の話だが、七千円の罰金をとられ東京地検で釈放された。自由になるとなんとなくカレーライスをたべたくなって、その足で新橋の日本ソバ屋のカレー丼というのをしみじみと食ったのだった。

知の天動説

何の予備知識もなしに、書店でふいに出会った一冊の本を、いきなりすぐ買ってしまう、ということが何ヵ月かに一度ある。

本の題名とか、全体の装丁のつくり、とか手ざわり形であるとか、どれがどうであったから、ということは具体的にうまく言えないのだが、一瞬そいつを眺めたとたんに「あっこれは読むべき本だ」と思ってしまう、のである。

『夢うつつの図鑑』（吉田直哉著、文藝春秋）はそんな本のひとつだった。

西武線小平駅前の小さな書店でこれを見つけ、そのまま電車の中で読んでいった。やはりぼくの直感細胞が「いけっ！」と素早く反応したとおり、非常に面白い本だった。のっけにライアル・ワトソンとサナダ虫の話が出てくるのだからたまらない。

ライアル・ワトソンはイギリスの異色生物学者で『風の博物誌』『生命潮流』『アースワークス』『スーパー・ネイチュア』など骨太の面白科学本をいろいろ出している。

机上学者ではなく自身で世界のさまざまな辺境地域に足を踏み入れて、モノを考えている、というタイプなので、その発言には非常な重みがあるのだ。

さてこの『夢うつつの図鑑』に書かれているワトソンとサナダ虫の話とはこうだ。

彼は世界の僻地に行くとき、必ずサナダ虫を一匹、体の中に入れていくのだという。

これは著者のインタビュウに答えてワトソンが言っているのだが、なぜそんなことをするのか。


「彼の意見によると、この世でサナダ虫ほど頑健な生物はいない。ありとあらゆる毒を、自分で解毒してしまう。だからサナダ虫を一匹、腸内に入れておけば、どんな悪い水をのんでも、腐ったようなものを食べても、ちゃんと解毒してくれるのだ、というのである」（本文より）

ワトソンはそのために僻地へ出発する日程に合わせてサナダ虫の卵をのみ、うまく育てて腹の中で活躍させ、用済みになったら特別の薬をのんで体外に出してしまうのだ、という。果してそんなふうにうまく体内飼育物を排除ができるのかどうか、人ごとながらすこし不安もあるのだが、ワトソンの書いた本を読んだばかりだったので、この話はおそらく本当だろうと思った。

世の中には「信じようが信じまいが……」という話はいくらでもある。そうして何かとんでもない話を聞いたときに「わたしゃそんな話信じないね」ということの方が多ければ多い人物ほどなにか話をしていても面白くない人である――という単純な公式が成り立つような気がする。それからまた国によって、あるいは民族によって、そういうふうに思う人が多い国と少ない国、というのがかなり明確にあるような気がする。

日本などは相当に頭のかたい、融通のきかない市役所窓口的国家、というようなところがあって、自分の理解を超える現象や行動はすべて異端とか奇異不可解異常などといった排斥作業で片づけてしまうところがあり、はなはだ面白味のない国だと思う。

ライアル・ワトソンの『スーパー・ネイチュア』（蒼樹書房）は、オノレのその手の頭の固さを試すのにちょうどいい本ではないかと思う。書かれている内容は具体的な事象をベースにした超自然現象の分析だが、一見興味本位のテーマが並んでいるように見えるものの、内容はとても難しい。そしてずっと読んでいくと、やがて明確にこの中に書かれていることを「信じる者」と「信じない者」の両者にわかれていくような気がする。ぼくは「信じる」者だ。この世の中に超常現象というのはいくらでもあるし、そのひとつひとつはやがていずれも科学のレベルで説明可能なものであるような気がする。

それにしても、こと「超常現象」ということになるとどうして日本のジャーナリズムは画一的にそして決定的圧倒的にくつわをそろえて「懐疑」の姿勢を見せるのだろうか。

たとえば「スプーン曲げ」がそうだった。これまで日本のジャーナリズムには何人かの「スプーン曲げ少年」が登場した。マスコミというのは日頃芸能人の結婚だとか離婚だとか不倫だとか、あるいはパンダだとかエリマキトカゲだとか、いずれも遊園地レベルの話題追究に血道をあげているのに、こと「超能力」といった話になると急に分別くさい顔つきをしてまあちょっと「垣間みる」あるいは適当に「茶化す」という姿勢しかとれないでいる。

本当は「科学レベル」で見ていくべきことを、人材不足という事情もあるのだろうが「芸能レベル」で見る人しかいない、というところにその原因があるようだが、これはよく考えるとたいへんムナシイ話なのである。

以前、こうしたマスコミの茶化し報道に翻弄された一人の「スプーン曲げ少年」に会い、彼の不思議な力をまのあたりにしたことがある。

少年は都内の下町に住んでいた。両親は寿司屋をやっており、おとなしい気の弱そうな夫婦だった。

少年はぼくと文藝春秋の編集者の前で、すこしムッとした表情のまま簡単に何本かのスプーンを曲げてみせてくれた。

「その日の気分によって随分ちがう。沢山の人が取材に来たけれど、そういう取材にくる人の気持のむけかたにもけっこう影響されるよ。最初からインチキだろう、とキメこんでくる人の前ではどうもあまりうまくいかないし……」

そんなことを言いながら、明るい蛍光灯の下、少年の好きなロックミュージックの流れる中で、カレーライスなどを食べるような太いスプーン（文藝春秋の社員食堂から持ってきたものだった）を、少年は我々の目の前で何度か指先でこすり、見事にぐにゃりと曲げてみせてくれた。

「曲げるときに何か考えてるの？」

という質問に「スプーンさん、曲がって下さい、曲がって下さい、ってたのむんだ……」と、少年はすこしハニカムように笑って言った。

その日実は約束の時間よりすこし早目に着いてしまったので、少年が学校から帰ってくるまで寿司をつまみながら少年の両親にいろいろ話を聞いていたのだ。

両親は基本的に〝マスコミ不信〟の表情をあらわにして、我々の聞くことをボツリボツリとしか話さなかった。取材にくるマスコミの多くが、たしかに少年の指先でぐにゃりと曲がってしまうスプーンに驚き「うわー、すごい、本当なんだ！」と目を丸くして帰っていくのだが、書かれた記事や放映されたテレビ画面では、たいていいつも「？」印つきの、妙に底意地の悪いインチキ視したとらえ方になっているのだという。

父親は「おそらくあんたたちもそうなのだろうがね！」というような表情をして、すこし投げやりな口調で話をしていた。

そうして「まあこれでも見ますか？」と言って、バスタオルにくるんだなにか重いものを我々の目の前に置いた。ひろげてみるとその中にはおびただしい数の曲がりくねったスプーンやフォークがあった。少年がいままで記者や取材者たちの前でひん曲げてみせたものなのだという。

実はこのおびただしい数のスプーン類を眺めたとき「うわあこれは本物なのだ！」とぼくははげしく直感してしまったのだった。正直な話、その店に行って、そいつを見る前まで、ぼくもあまりスプーン曲げの世界というのを信用していないところがあった。どちらかというと、この目で見てインチキを見破ってやろう、などとさえ、思っていたのである。

ぼくがうなったのはその曲げられたスプーンやフォークの状態だった。スプーン曲げというのは柄と首の境界あたりの一番弱そうなところがクニャッと折り曲げられてあるのだろう、と思っていたのだが、実際はそんなナマやさしいものではなかった。

「ぎゅるぎゅる」という音の形容でもまだ足りないようなかんじだった。スプーンの首のあたりが何回りもねじくれているのだ。あるいはフォークの四本の手先が方向の統一性をまったく無視したかんじでそれぞれてんでにバラバラに、あるものは三段階ほどにねじれあるものはひしゃげあるものは折れ曲がり、ひとことでいえばまあ全体に〝狂ったように〟変形のきわみをつくしているのだ。

ぼくが「うっ」と唸《うな》ったのは、その変形のエネルギーというものが一目みて、人間のものではないな、と感じたからだった。何かきわめて安易に人をおどろかしたり騙したりするために、ペンチやヤットコやスパナや万力を使ってねじ曲げたとしても、とてもここまで人間の技でねじくれ曲げることはできないだろうな、ということが直感的にわかった。

もし人間がやろうとしたら相当なエネルギーと時間が必要だろうし、それにもし人間が人を騙す目的だけのためにやったとしたら、その人間はあきらかに精神異常をきたした者に違いないだろう、と思われるのだった。

少年の父親は我々がそれを見て素直に驚いていたのですこし警戒心をといてくれたのか、やがてポツリポツリと〝そうしたもの〟の背景を話しだした。

少年は小さい頃から〝不思議な子供〟だった、と父親は語った。その不思議な能力に気がついたのは三歳ぐらいの頃で、ある朝、起きてみると、少年の寝ている布団が五十センチほど盛り上がっていた。驚いて布団をめくってみると、少年は五十センチほども空中に浮いたまま「うーん、うーん」と苦しそうな声をあげているのです。

——と、父親はすこし我々の様子を窺《うかが》うようにして言った。

「いや、じっさい、おどろきました」と、父親はひくい声で言った。

「その日から、いろいろなことがはじまったのです……」と。父親はその後少年の周辺でおきた沢山の不思議な現象について話してくれた。「信じようとしない者」にとっては、それらの話はたいして面白くないことであるのかもしれないが、ぼくには息をのむような話ばかりだった。しかし少年が人の前でスプーンを曲げたりして、その身の内にそなわる不思議な能力を「信じない人々」とか「信じたくない人々」に必死になって証明しようとしても、それは結局のところとてもムナシイことでしかない、ということをいろいろ苦い経験を経由して知ってきた父親の、なんだかやるせない気分、といったようなものが、その話の周辺にとりまいていた。

「そういう能力を持った子供がどうしてあなたの子供として生まれてきたか、ということを考えたことがありますか？」と、ぼくは質問した。

するとそれまで黙って夫と我々の話を聞いていた母親が、

「あなた、あの話をしてもいいでしょう？」

と、夫の顔を見ながら言った。

夫は曖昧にうなずいた。

「不思議な能力は息子だけではないんです……」と、母親はすこし不安そうな顔をして言った。そういう話をするのにためらいがあるような、しかしでも思いきって言ってしまおう、という気持がその表情の中にないまぜになっていた。

「あの子の上にお姉さんがいましてね。自分の子供に不思議な能力がある、というのを知ったのは実はお姉さんの方が先だったのです……」と、母親は言った。

ある日、そのお姉さんが庭先に立って「あの木が可哀そう」と言って、突然泣きだしたのだという。まだ五、六歳の頃である。お姉さんが指さす先に一本のカエデの木があった。そのカエデは隣りの家の木だった。「あの木が泣いている、イタイイタイって泣いている……」と、お姉さんは庭先に立ってしきりにそう言ったのだという。

「はてヘンな子だねえ……」と思っているうちに、間もなく隣りの家（たしか病院と言った）の改築工事がはじまり、そのカエデの木は根元から抜かれてしまったのだという。

そのとき母親は「まあオカシナことがあるものだなあ……」ということぐらいしか考えなかったらしいのだが、やがて息子のさまざまな超能力を知るにつれて、お姉さんのその日のことを「ああ、あれも……」と関連づけて考えるようになった、のだという。

「うまくできても、それを信用する前にどうやってインチキしたのかをなんとか見破ろう、という人ばかりなのでオレやんなっちゃって、あまり言わないんだけど……」と、少年はぐにゅぐにゅに複雑な形にひん曲げたスプーンを前にして、ボソボソと言った。

我々は二人して「?……」という表情をした。

「オレ調子いいときにはさ、テレポーションもできるんだ」

と、少年は言った。以前ずいぶんSFを読んでいたのでテレポーションというのが「瞬間移動」ということである、というのをぼくは知っていた。一人の人間がA地点から瞬間的に消えてB地点に瞬間的にあらわれる、というモノスゴイ技だ。

「だけど、まだいまんところ三百メートルぐらいだけどさ……」

と、少年はすこしまたテレくさそうな顔をして言った。ぼくは少年のこの話を聞きながら、今しがた少年の母親に聞いていた別の話を思いだしていた。

「この子がね、小学生の頃、このあたりに雪が降って沢山つもったことがありましてね。うちの前にとめてあったヨソの家の車の上にこの子たちが数人で乗って、飛んだりはねたりしたことがあったんです。そのとき車の屋根がベコベコにへっこんでしまいましてね、おとうさんがえらくおこったことがあります……」

「この子はひどくしょげましてね、部屋に入ってずっとしょげかえってたと思ったら、夕方になって、その車の屋根がまったくきれいになおっていたんですよ。それはもう本当にきれいにね。へこんではげてしまった塗料まできれいになっているんですよね。みんな首かしげてました……」

ぼくがこの親子の言っていることをそのまま信用していたのは、この親子がよしんばそうして両者で口ぐるまを合わせて嘘をついていたとしても、嘘をついて得るメリットというのは何もない、ということを知っていたからである。

少年は間もなく有名になり「超能力の現場実験」などといったタイトルでテレビなどにも出るようになった。しかしこのテレビの中であるお笑いタレントが「インチキみつけた」などと騒ぎだした。お笑いタレントは何をどう見てインチキときめつけたのか不明だが、その超能力特集番組はインチキをあばいた、ということを大手柄のようにして、しめくくった。

ぼくはテレビの中で、少年がひどく困惑したような顔をして黙りこんでいるのを見ていることができなかった。少年はやがてテレビにも週刊誌にもまったく出てこなくなってしまった。

ライアル・ワトソンの『スーパー・ネイチュア』に続いて『アースワークス』(旺文社)を読みはじめた。我々をとりまく地球の自然は、人間の人智などチリやホコリにひとしいほどの超常のメカニズムをもっていることをこの本で知った。

目下の人間の知のレベルは自分たちが理解できることだけを信じる、という形でなんとか保たれているけれど、それはなんだか第二の天動説暗黒時代のような気がしてならないのだった。

極限生活者の日常的問題

一九八四年の冬と翌年の夏、シベリアを横断した。同じ場所で冬はマイナス五十九度、夏はプラス三十五度という極端な温度差の世界を歩いた。井上靖著の『おろしや国酔夢譚』（文藝春秋）のテレビドキュメンタリー化に伴う仕事だった。

五時間にわたるシベリア横断のドキュメンタリーは、大黒屋光太夫《こうだゆう》という日本人の船乗りとその十七人の仲間たちの十年間にわたるシベリア流浪の足跡を丹念に追っていく、というものだった。

十七人の日本人は天明二年（一七八二年）に伊勢の白子を船出して、そのままアリューシャン列島のアムチトカという島に流され、カムチャツカを経てシベリアへ渡り、そこを横断している。その間に次々と飢えや凍傷で仲間たちは死に、あるいはロシアに帰化し、十年後に日本に帰ってきたのはわずか三人だった。

この男たちの跡を追う三ヵ月がかりの旅はまず彼らが最初に漂着したアムチトカという島からはじまった。この島でぼくは人間の強さとか〝慟哭《どうこく》〟というすさまじい心の中の問題の片鱗にすこしだけ触れることができたかもしれない、と思った。

アムチトカというのはとにかくすさまじい島だった。アリューシャンの荒浪と北からの烈風に絶えずさらされているので、島にはエンピツより太い木は一本も生えていないのだ。

『おろしや国酔夢譚』の原本は『北槎聞略《ほくさぶんりゃく》』（亀井高孝・村山七郎解説、吉川弘文館）で、それは日本に帰国した大黒屋光太夫が語った、十年間の漂流体験聞き書きの書である。そこには、アムチトカのことがこんなふうに書かれている。

「此島の人は皆穴居《あなすまい》也。さて此処にて菜の如きものを与《あた》ふ。後に見れば海辺の石上に生きる草の葉を煎したるなり。兎角する内に日もたけ空腹になりける故、口を指さし腹をたたきて見せれば、一尺計なる魚を草に裹《つつ》みて潮蒸《うしほむし》にしたるを、戸板のごとき盤《ぜん》にするゑ、何やらん白酒のごとき汁を木の鉢にもり、木の匕を添《そへ》て与へける。此魚はスタチキイとてあいなめの類なり。汁はサラナといふ。即《すなは》ち、黒百合《くろゆり》の根を水にて煮、搗爛《つきただら》し、水にてゆるめたるものなり」

十七人の日本人船乗りたちはこの島に四年間いた。その間、かれらの常食というのは、このあいなめの塩蒸しと黒百合の根の汁だった。あとはわずかの貝やウニのたぐいで、この北の果ての荒涼とした孤島ではほかの食べ物を手に入れることができないのである。四年のあいだにこの島で飢えや寒さで八人の仲間が死んでいる。

大黒屋光太夫らが漂着した当時、この地の果ての苦界のような島に、『北槎聞略』の表現でいうと獣か鬼かと思われるような恰好をした現地人が住んでいた。そしていま二百年後に訪れたこの島はアメリカの水爆実験の島として鳥のほかは住む動物もいない風の叫ぶ島だった。ぼくはここで七人の男たちとテントを張り五日間ほど滞在した。そして日本人漂流者が住んでいたとみられる海岸や丘を歩いた。

五月というのにいたるところに雪が残り、一日中烈風が吹きすさぶこの島はまさに死の島だった。ここに、日本人があいなめと黒百合の汁を食って四年間も暮らしていた、という事実は、現場を歩いてみるとまさに重い迫力をもって我々の体にのしかかってきた。

人間はこんなところでも生きていくことができるのだ！　という驚愕と畏敬である。

日本人漂流者たちは四年間のうち、最後の一年を、この島を脱出するために流木から船をつくる、という仕事についやした。それは日本人漂流者たちとは別の理由でこの島に閉じこめられた何人かのロシア人たちと協力して行なった造船工事だった。

船をつくり、脱出したと見られる島の西側の湾に行ってみて妙な感動を味わった。そこには沢山の流木が折り重なっていたからである。流木は巨大なものが多く長さ十メートル、直径七、八十センチというような木もざらにあった。本を読んだときに、流木から船をつくる、ということがすこし現実離れしているようであまりピンとこなかったのだが、現場を見て、これだけのものが流れてきているのだったらそれも大いに可能だろう、とはげしく納得したのである。

島田覚夫の『私は魔境に生きた』(ヒューマンドキュメント社)は漂流とはまた違った、どうしようもない〝時代の暴力〟といったものに翻弄され、極限状況に追い込まれた男たちの記録である。

この本はサブタイトルに「終戦も知らずニューギニアの山奥で原始生活十年」とあるように、通例のジャンルでいえば戦記ものなのだが、同時にこれはすぐれたサバイバル・ドキュメントの書でもあるのだ。

昭和十八年、東部ニューギニアはアメリカおよびオーストラリア連合軍の絶対優勢な攻撃下に入っていた。ブーツに上陸した著者らは間もなく友軍の輸送を絶たれ、退路も絶たれてしまう。十数万人におよぶ日本軍将兵の悲劇がはじまったのだ。

戦況著しく悪化のため、多くの部隊が後方基地に撤退を開始したが、撤退途中で後方基地が敵の手におちた。前後を絶たれ、指揮系統を失った将兵の多くは、疲労と飢えで次々に倒れていった。

この感動的な物語は、そうした生死を境にした状況の中で数人の男たちがニューギニアのジャングルの中にもぐり込み、以後十年間、山の中での自給自足生活をしてきた壮絶な記録である。

一九八四年にぼくはニューギニアの山の中を歩いたことがある。緑の魔境というけれど、本当に密林の奥にすこし入り込んだだけですぐに方角を失い、地元のガイドがいなかったら絶対に戻れないような気がした。

このとき、むきだしの太陽に照らされて、うるさいほどにくっきりと、陽のあたるところと樹の影との境界ができていて、ちょっとぼんやり見ていると、どぎつい白と黒のモノクロムトーンの世界に迷いこんだような気にもなった。

この『私は魔境に生きた』を読んだとき、ぼくはまずこの強烈すぎる光と影の光景を思いうかべた。同時に口の中が条件反射的にすこし乾いてくるような気がした。

あんな山奥に十年ももぐり込んでいたら日本人としての思考の基本とか情緒の感覚が破壊され、人格的におかしくなってしまうのではないか、と思った。

しかし、もともと戦争という大きな極限状況の中に放り込まれてしまっている著者たちは、我々のように、戦後のやわで平和な世界を生きてきたものには到底理解できないような強靭な対応力と闘魂を持っているのだな、ということが、読みすすむうちにわかってくる。

前半はとにかくやたらに人が死んでいくのだ。戦争だから仕方がないのだろうとは思っても、こう簡単に飢えや疲労で人の命が絶たれていく、というのは、この著者の筆致が淡々としているぶんだけおそろしい。

筆者のグループも最初は八十七名の行軍部隊だった。それがジャングル奥深くさまようちにやがて三十数名となり二十数名となっていく。川に流され、力尽きて倒れ、道に迷って別れ別れになる、というふうに、しだいにそれは〝死の行軍〟という様相になっていくのだが、一ヵ月後、いよいよ山の中での籠城を覚悟したとき、総人員は十七人になっていた。

「明日からはもう歩かなくていいんだ。何をさておいて、この安堵感が私達の気持を和らげてくれた。昭和十九年六月十七日。誰知ろう今日此の日こそ、密林生活十年の始まりだったのである」

この一文を読んだとき、ぼくには何か意味不明の感懐があった。昭和十九年六月十七日というのは、ぼくが生まれてちょうど三日目なのだ。

一九八六年の夏、ぼくの義母が死んだ。妻の母である。妻の父は中国で死んでいる。

濁流に流された戦友を助けようとそこに飛び込み、そのままかえることがなかったのだ。義母は一人娘をかかえて命からがら大陸から引き揚げ、苦労してその娘（私の妻）を育てた。こうした悲しい〝人と心の歴史〟を背負って、義母はその後の平和ニッポンの中で、常に怒りを体の内に秘め、平和運動に残りの人生を費やしたのだ。

母が逝ってから、ぼくは以前とは違った、もっと本格的に腹の底にズンとくるような落ち着いた気持で「日本人の戦争」ということについて、真剣に考え込んでしまった。そしてなにか考えるべき方向がうまく見つからないまま書店にでかけ、戦記ものの棚を眺めているうちにこの本を手にした——というわけなのである。

だから最初は、故郷を遠く離れた土地で死んでいったわれらの父たちのことをもっと知りたい、という、すこし重い気分で読みだしていったのだが、この本は途中から思いがけずがぜん面白くなってしまった。

ジャングルの中に籠城してからも敵の山狩りに会ったりしてどんどん戦友たちが死んでいっているので「面白い」などというのは不謹慎なのだが、しかし話が進展するうちに「うーん、これはナミの小説などよりはるかに面白い！」と唸ってしまったのだからその通り書くしかない。

なによりもいいのは、この筆者が、基本的に明るい性格のようで、戦友たちがどんどん少なくなっていく中で、いつまでもいたずらにその死にこだわったり、戦争そのものに怒りや疑問をぶつけたり、ということはせず、じつにまったく屈託なく、「人間が生きていくということ」に最大の焦点をあわせている、という点である。

それはどういうことか。早くいえば、明日生きていくために何を食うか、ということである。よく考えてみるとこの本の十年間の記録は「何をどう食うか」というテーマに終始しており、実にこれは本物の密林内における集団サバイバル教本という側面も持っているのだ。

ぼくは最初この本を眺め、この目で見たニューギニアの、およそヒトの感情を空虚化してしまうような密林の風景を思いうかべ、本当によく十年間正気のまま生き残れたものだ、と思ったのだが、読んでみてすこし納得できるような気がした。

筆者たちの十年間の生活は、明日何を食うか、という大命題に支えられていたのだ。それを知ってああ本当にムキダシの人間になっていたんだなあ、それだから生きてこられたのだなあ、と改めて感心した。

二百年前にアムチトカ島に漂着した十七人の日本人漂民は、粗末きわまりないけれど、食べる、ということは保証されていた。そして日本人漂民は、自分たちで船をつくって脱出する、ということに精神と生をつないだのである。

しかし「魔境」の島田さんたちは敵に囲まれ、脱出ということが不可能な世界にいた。考えてみるとアムチトカの日本人漂民よりもこれはもっと精神的に苛酷な背景であったかもしれない。

月日がすすむにつれてどんどん仲間が倒れていく、というところもアムチトカの漂民たちと似ている。

〝緑の魔境〟の男たちはやがて八人になってしまう。三年たち、五年たっても山の中で、どうやって食物を得、人間的な生活をしていくか、という問題からは逃れられない。

アムチトカからシベリアに渡った日本人漂民たちはニジネカムチャツカでマイナス五十度の極寒に閉じ込められる。絶望的な食糧不足に見舞われ漂民たちは、桜の木の甘皮まで口にしなければならなくなる。ここでまた仲間の二人が死んでいく。

〝緑の魔境〟の男たちは蛇やトカゲ、イモムシ、ムカデと、口にできるものはなんでも食っていく。しかし彼らにとってすこしラッキーだったのは、ジャングルの中に日本軍の食糧集積所があったことだ。そこはすでに敵の監視下にあるのだが、夜陰にまぎれてしのびこみ、米や乾パンや粉醤油といったものを奪取してくることができた、ということだろう。しかしそれもごくわずかの期間だけで、結局は自分たちで見つけだしていかなければならない。

乏しい武器弾薬、生活用具用品、これらを駆使し、時計のゼンマイからカミソリをつくり、乾パンの袋で服をつくり、ガラクタを集めてフイゴをつくり、ときわめて骨太のサバイバル実践が語られていく。

マッチをそっくり使い切り、火縄による火種をつくって何日も消さないようにする、というタネ火作戦をとるが、雨もあり風もある山の中ではあまり長続きしない。そこでメガネのレンズによる太陽光線の発火作戦を試みるが、彼らが手に入れたメガネはとんだダテメガネの凹レンズで太陽の焦点をむすべないのだ。そこでいろいろ研究の結果、レンズのへこんだ部分に水を入れて凸レンズにし、ついに成功、などというエピソードを読むと思わず拍手をしたくなってくるほどだ。

しかしそれにしても食いものの話がとにかく連続する。これを読むとジャングルの中というのは何かいろんな食物がころがっていそうだが、実際にそうそうたやすく口にできる物は少ないのだ、ということがよくわかる。

ニューギニアの山奥を見たあと、ぼくは同じくニューギニアのトロブリアンド諸島にあるキタバ島という人口三百人ぐらいの島でしばらく暮したことがある。このとき、ぼくも熱帯の孤島の食生活というのを体験したが、食うものはタロイモとヤムイモと煮たバナナの三種類だけだった。御馳走はたまに獲ってくるサメの肉ぐらいなのだ。

山の中だったらこれがもっと厳しくなるのだろう、ということはぼくにも想像できた。

小銃と乏しい弾を使って火喰い鳥を撃ち、これをコーフンしながら料理する、という場面が楽しい。火喰い鳥というのは小豚ほどもある巨大な鳥で、こいつを何時間もかけて解体するのだ。久しぶりの肉に気持が上ずり、死ぬほど食う。食うことだけがよろこびの人生は悲しいけれど、でもこの魔境のいちずな人間たちの姿は常に感動的だ。

ジャングルでの生活が永くなるとバナナやパイナップルやタピオカなどを栽培し、山豚を飼育する、などちょっとした農園をつくっていくようになる。しかし塩不足に苦しみ、日本へ帰って塩をどっさり持ってまたそこに帰ってくる夢を見る、という話など、しみじみする記述も多い。

この魔境の男たちも最後は四人になってしまう。昭和二十九年に日本に帰国。酔狂なグルメ礼讃時代、ファッション的サバイバルごっこ全盛の時代に、この島田覚夫さんの、ずっしりと重い骨太痛快戦記が沢山売れるといいのだが、とつくづく思う。

おせっかいニッポン

夏に母が死んだ。無神論者、無宗教だった母の葬儀は、祭壇を菊の花だけで飾り、読経も焼香もなかった。そのかわりにピアノソナタをひく流し、参列者の人々には菊の花を一本ずつ献じてもらった。葬儀はそれで無事にすんだが、埋葬のときにすこし困った。

墓は静岡県の海の近くの寺にあったが、そこでも献花だけで、という訳にはいかなかった。その寺の墓地に埋葬するためには、まず戒名が必要であり、読経と焼香もなしで埋葬する、という訳にもいかないようだった。

そこで、妙な意地ははらず、型どおりのやりかたでコトをすませたのだが、こうした一連のやりとりを経て、すこし考えてしまったことがある。

それは「戒名」というしきたりについてだった。幸い我が家のケースは、寺の住職がモノわかりのいい人だったので、きわめて安い料金で面倒を見てくれたのだが、世の中の通例ではこの戒名一件だけで百万円も二百万円も支払う、ということがザラである、と聞いておどろいてしまったのだ。

『現代無用物事典』（新潮社）という本は、その第一項に「戒名」をあげている。

読んでまたおどろいてしまったのだが、戒名の中で最もグレードの高い（とされる）院号というものをつけると、戒名代は一千万円もする、というのだ。静岡のその寺でもそうだったが、戒名などというのは大抵二、三分でつけてしまうらしい。

《二、三分の労働、製品は十数字の文字＝一千万円》などというベラボウな取り引きが他の世界にあるだろうか。しかもよく考えてみると、いかにすばらしい超高値の戒名をつけてもらっても、それでいったい何がどうなるというのだろうか。別に何がどうなる、ということもないような気がする。この本は戒名についてのさまざまな実態と問題を論じたあと、最後に「いまや戒名を受ける方も、授ける方もともに狂っているとしか言いようがない」と結んでいる。

この『現代無用物事典』は、このほかに、敷金とか電話のお待たせオルゴールとか結婚式のお色直しとか、駅のアナウンスなど、日頃ぼんやり疑問に思っていたようなことを鋭く「いらないのじゃないか！」と指摘していて、まことに痛快だ。

戒名のクレイジーな構造は、死と信仰という、人間のひどく弱いところをついて成立しているような気がするが、同じように人の弱味と集団妄想につけこんだものに結婚式産業と教育産業というのがある。葬式の世界を含めて、この三つがいまの日本の中ではもっともうさんくさい〝三大問題業界〟ではあるまいか。

結婚式に招待されているが、ユーウツだ、という人が結構多い。ぼくもそうなのだ。時折り義理で出席することがあるけれども、いつもあの二時間というのが実にもったいない、と思う。

だってそうでしょう。結婚式というのは相変らず「本日はまことによいお日柄でございまして……」からはじまって「お二人とも優秀な成績で卒業され……」を経過し「かあさんが夜なべして手ぶくろあんでくれたー」まで嘘とタテマエだけによって構成された、どちらさんもみんなおんなじおんなじのおしきせセレモニーで、人々は高い金を払って、ずっとそういう背筋が痒《かゆ》くなってくるような猿芝居を見ていなければならないのだ。

以前週刊誌のグラビアかなにかで、最近のお色直しのハデハデ傾向を紹介していたが、新郎がチョンマゲを結ったお殿様、新婦がお姫さまになって出てくるのや、ギラギラの黄金服を着た王子とシンデレラで出てくるのや、なぜかパイロットとスチュワーデスの制服で出てくる、なんていうのもあって、なんだかよくわからなくなってしまった。

結婚式でつらいのは、こういうむなしい大はしゃぎ学芸会みたいなのを見せられても、席をたって途中退場というのがなかなかできない——ということである。

一度仕事がらみで全然知らない他人の結婚式を見に行った。茨城県の平安閣というところだったが、ここの自慢はゴンドラで、披露宴会場に懸垂モノレールふうのゴンドラが二基下がっていて、これに新郎新婦がうやうやしく乗っている。ゴンドラははじめ会場の左右の端にはなれているのだが、セレモニーがはじまると、両はじからゴトゴト接近してきて、やがて中央でドッキング。宴席はやんややんやの大喝采ということになるわけなのだが、それにしても、それがいったいどうしたというのだ！　といいたくなるではないか。幼稚園の誕生日お楽しみ会だってこんなに無邪気によろこんじゃあいないような気がする。

要するにこれはオトナ文化の幼児化なのだろう。《幼児化と子供扱い》という観点からみていくと、最近の世の中の風景がわりとわかりやすくなってくるようだ。

ぼくは数年前から、日本というのは「おせっかい文化」の国だ、と思っていた。とくに何ヵ月かの期間にわたる外国の旅行から帰ってくると、このおせっかいのうるさっぷりが目について彼我の違いがよくわかる。

たとえば駅のホームに立つ。黙って立っていると、ここでは実にいろいろな指示と誘導がホームの天井下あたりのスピーカーから強大なボリュームでうるさくがなりたてられていることにいささか辟易《へきえき》する。

「間もなく二番線から電車がやってくるので危ないから白線のうしろ側までさがりなさ

い。電車がホームに入ってきたら、順序よく並んで、各自押しあわないようにして乗りなさい。乗る際は電車から降りる人が先に降りてから乗りなさい……」

駅のホームではおおむねこのようなことが朝から夜中までくりかえし大きな声でがなりたてられている。

電車の中でも状況は同じだ。そこでは、①次の駅は○○駅である　②降りるときは順序よく、ゆずりあって　③忘れ物をしないように　④降りる際にドアに手をはさまれたりしないように……といったことが口やかましい母親のようにこまかく指示される。

八年前までぼくはサラリーマンをしていたので、地下鉄丸ノ内線と銀座線を毎日使っていた。朝の地下鉄などというのはサラリーマンでぎっしりである。丸ノ内線などは大手町あたりの一流会社へ勤める人が沢山乗っている。早い話がいま日本経済のもっとも最先端に立って明日を切り拓いているエリートたちである。そんな人々が朝から地下鉄のドアに手をはさまれていたりしたら日本の経済はどうなるのだ！

四国の四万十川を仲間たちとカヌーで何日かかけて下っていたときの話だ。最初の日に山あいの寒村の見える河原でキャンプした。夕暮に焚火をおこし、酒をのんでめしをつくった。眼の前の寒村は山あいの谷にへばりつくようにして、本当にひっそりと静まりかえっていた。日が落ちるとあたりはおそろしいほどの闇になった。キャンプ生活の夜は早い。さてもう寝ようか……と思っていると、突然あたりの夜気をふるわすような、ものすごい音で、「ポンピンポピーン！」という電子音があたりに鳴りひびいた。おどろいた。どこからそんな音が聞こえてきたのか、咄嗟《とっさ》にはわからなかったのだ。電子音がおわるとさらに大きな音で「いま九時です」というアナウンスがあった。

音は、眼の前の寒村から聞こえているのだ、ということがわかった。昼間気がつかなかったのだが、村のまんなかへんに放送塔のようなものが立っており、そこのスピーカーから聞こえてくるのだ。有線の市役所放送というようなものらしかった。スピーカーからはさらに「明日の天気はおおむねよろしい」「戸じまりを注意せよ」「子供はもう寝る時間だ」というような声がバカデカボリュームで流れてきた。

闇の河原の幽遠な気分はたちまちフッとんだ。それにしてもこんなに大きなボリュームで頭の上からガンガンやられたら寝ている子供もとび起きてしまうではないか。

そのあと、福井の海岸べりの村でも、沖縄のザマミの小さな島でも、同じような放送塔からの数時間おきの〝オカミのお達し〟ふうのアナウンスが日常的に行なわれているのを知った。日本はどうやら周辺の過疎の部分はみんなこんなふうにやかましい一方的通達下知《げち》がなされているらしい。

駅や電車内のいささか過剰おせっかいとも思えるアナウンスや、こうした村の一方的放送などが行なわれている背景に、実はもう一方の《逆のおせっかい》といったものがあるらしい。

『週刊朝日』（86年9月5日号）の「日本語相談」というコラムで井上ひさし氏が書いている。このコラムでは読者の質問に井上氏が答えるかたちになっているのだが、質問というのがこの「おせっかい」についてである。

自分の家の近くの踏切には、遮断機にペンキで「くぐるな」と書いてある。これを見るたびに「くぐるわけないだろうに」とあきれてしまいます。あるデパートのエスカレーターでは床に「降りるときは右足から」と、足型まで描かれていました。街中にあふれているこういう指示はいったいなんなのでしょう? というような質問だった。

井上氏は電話ボックスに「きれいな電話でたのしい会話」という標語がかかげられているのも、踏切に「くぐるな」と書かれているのも、エスカレーターの足型も、〝もう一方のおせっかい〟を考慮した上でなされているのではないか、とこたえている。

つまり、電話ボックスが汚いと、NTTに「おい電話ボックスが汚いぞ、なんとかしろ」という注意が沢山殺到し、デパートや踏切番には「こういうところに何も注意が出ていないのは危ない」と進言する人が続出することにあらかじめ対応しているのではないか、というのだ。

ああなるほど、と思いましたね。

デパートのエスカレーターではこういう足型のほかに「お子様づれのお客さまはお子さまをまんなかに、ベビーカーはたたんでお乗りください」というテープの声が毎日くりかえしくりかえし流れている。どこのエスカレーターでもあまりしょっちゅうくりかえされているので、耳が慣れてしまっていて人々はほとんど聞いていないようだ。だったらもうほとんど効果というものはないんじゃないか……と思っていたのだが、こうしておけば、もしか何かあったときにとりあえずの言いわけができる、という意味のものはたしかにありそうだ。

おせっかい文化の究極のものが「教育」ではあるまいか、と思う。
これまで世界のあっちこっちの国を旅してきて、朝から晩まで「むこうから電車がやってくるからアブナイので下がれ」とか「押しあわずに乗れ」とかマイクでがなりたてているのは日本だけである――ということを知った。そうして、同じように、子供を見ると「勉強勉強試験試験教育教育」と国中でやっているのも、おそろしいことに日本だけなのだ。

この夏、小学生のサバイバル教室とかいう、これもよく考えたらまことにおせっかいなシロモノに講師として呼ばれた友人の話だ。
彼はその教室に母親たちが同行参加しており、自分の子供のそばにくっついていて、いろいろ口出しされるのに閉口したらしい。テントを張ると、外は蚊がいるからその中に入っていなさいよ、などとカナキリ声で叫ぶらしいのだ。谷川を岩づたいに渡ろうとしたら、母親たちが、子供のうしろから「そこは右側に、次は左の白い石にとんでとんで！」などとうるさく言うので、子供は母親のうしろからの声が気になり、かえってバランスを崩してひっくりかえってしまったという。子供の判断にまかせておけばきちんと渡れるところを、そうやってわざわざ駄目にしていく母親のおせっかいは、アウトドア教室だけでなくて、生活全般にもそのままあてはまっているような気がする。

目下の日本の最も日常的な慢性狂気は「教育」というところに、解体以外再生の道なし、というような構造で蔓延してしまっているが、その原動力はおそらくこの教育する者とされるものの無限対応型の「おせっかい」によっているのだろう。

しかしそれにしても、なんでこのように、うちらの国というのは前後左右四方八方「おせっかい」に満ちあふれてしまったのだろう。

これもきわめて個人的な推測だけれど、いまという時代はおそらくあっちこっち日本中の人々が「暇」をもてあましている結果なのではあるまいか。

新聞のラジオテレビ欄にある「番組批判」など見ていると「ドコドコの番組は実にくだらない。見ていてハラが立った。こういうものは制作費のムダであるし、文化の恥だ！」などと怒っているのをよく見かけるが、そうやって批判しながらしっかりとムダ番組を見ている批判者のパラドックスが、いまのニッポンおせっかい文化を代弁しているような気がする。

千葉の幕張《まくはり》海岸に写真を撮りにいった。ここは以前潮干狩りの名所だったが、大規模な工業地帯化によって埋め立てられ、人工海岸として蘇生したところだ。むかしこの幕張に住んでいたことがあるので、自然の海が人工の海にかわるとどのくらいおぞましいものになるのかよくわかった。

管理管理、規制禁止警告看板の見本市のようになっているのだ。立入禁止からはじまって、きけん、警告、のぼるな、入るな、とるな、さわるな——といろんなところに立っている。「利用者のじゅん守事項」というたいそうむずかしい語句の大看板にはぎっしりとこまかい規則が書かれていた。しかし笑ってしまったのは「つぎの人は泳いではいけません」という項目だった。「心臓病、腎臓病、血圧の高い人、肋膜炎、中耳炎、痔疾、肺尖カタル、膀胱カタル、リウマチ、てんかん、筋肉のけいれんする人、脳充血を起こしやすい人……」

まるで予防注射を受ける前の注意事項のようだ。いちいちこんなふうに注意されなくても、肺尖カタルの人は気分が悪くておそらく泳ぐまい、と思うのだ。筋肉のけいれんする人もつらくて泳ぐまいよ、と思うのである。

やっぱり世の中で一番ヒマでおせっかいなのは、役人なのだなあ。

豊饒の行列

朝日新聞で連載している天野祐吉さんの「私のCMウォッチング」はいつも気のきいた文化論になっていて楽しい。十一月七日付のコラムでは〝行列〟のことを書いていた。

ぼくはまだ見ていないのだが、ファーストフードのミスター・ドーナツの前に、沢山の善男善女が押しかけて、景品のお皿をもらおうと大さわぎして開店を待っている、というCMがあるそうだ。

また別なCMでは、薬屋さんの前におおぜいの人がおしかけて「薬をよこせ」と大さわぎをしている。そんな群衆にメガホンを持ったタレント演じる店長が「コンタック総合感冒薬は売り切れました！　一つも残っていません！」と声をからしている。

そして天野さんはこのふたつのCMをとらまえてこう書いている。

「もちろん、どちらもありえない風景である。が、そんなありえない風景をことさらオーバーにえがくことで、この二つのCMの作り手たちは、一方でヒマ人の行列ブームをちゃかし、一方で過剰の時代（あらゆる生活物資の豊富な現代……）を逆説的におちょくっているんだろう」

天野さんは戦後の頃のなんでもかんでも行列の時代を体験しているので、正直な話行列はきらいだ、という。そして十万円金貨のために並ぶようなヒマ人の行列風景をやや静かに、個人的にさみしがっている。

ああなるほど、と思いましたね。天野さんのCMを材にしたこういう時代や現象の切りとりかたがいいではないか。

ぼくは戦後のそうしたなんでもかんでも行列しないとほしい物が手に入らないような時代は体験していないので、あまりえらそうなことはいえないのだが、それでも新宿とか原宿で、名物のアイスクリーム屋なんぞに若い人がどどっと行列をつくっているのを見ると、いつもかならず「ギョッ」としてしまう。いきなり人の列を見る、というのは、もうそれだけで何かタダナラヌものを感じてしまうからだ。それだけではない。

中央線の荻窪駅前というのは、どういうわけかラーメン屋が集中していて、ラーメン通に名高い店もいくつかかたまっているのだが、ここにくると、必ずある一軒の店の前で昼も午後も夕方も、時間を問わずの行列を見ることができる。

この行列を構成する人は、若い人も中年も老人もいる。もちろん男女混合だ。どちらかというと若者より年輩の方が多いようでもある。しかしぼくはこの行列を見ると、なんとなく「こまったなあ」という気分になる。あまり正面からジロジロ眺めることができない。見るのがすこし恥ずかしいのだ。

ぼくは、知る人ぞ知る無類のラーメン好きなのだが、行列に加わり、自分の番がくるのをじっと待ってまでラーメンを食いたいとは思わない。たかがラーメンにオトコ一匹、モソモソと並んでなんかいられるかい！　と思ってしまう。

まあ、とはいってもわたくしなんぞたいしたオトコ一匹でもないのだが、でも毎日の自分の行動にオトコとしてのある種の基準行動マニュアルというようなものをもっていて、たとえば道を歩いていて突如として見知らぬ男にツバなどかけられたら、そこがいかなる場所であろうとも、断固として殴りかかろう、というようなココロの中の私的トリキメというようなものはある。まあ道を歩いていていきなりツバをかけられる、というようなことはめったにあるものじゃないけれど、とりあえずひとつの例としての話だ。そしてそういうものの中にひとつ「ラーメン屋の行列には並ばない！」というものがあるのだ。

どうしてそう思うのだろうか、いいじゃあないか、たかがラーメンなのだからいいじゃあないか、たかがシイナマコトじゃあないか、カッコつけてもしょうがないじゃあないか……というふうにも思うのだが、しかし、しかしなのだ。

ラーメン屋の前に行列をつくっている、ということは、その人のとりあえず二、三十分間の行動というのが他人に見えてしまうことでもある。

「ああ、あの人はこれからラーメンを食うわけだな……」

「つまりあの人はいまオナカがすいてるわけだな」

「そしてあの人はあんなにみけんにシワよせておっかない顔しているけれど、でもラーメンがとっても好きなヒトなんだな……」と、まあ少なくともこのくらいの情報は見知らぬ人にさらけだしてしまっていることになる。

ぼくはここのところがいやなのだ。たとえその程度のことでも、ぼくは自分の行動や考えていることをやたらにヒトに知られたくないなあ、と思っている。知られてたまるか、と思っている。このあたりの抵抗がつよくて、ぼくはラーメン屋の行列に並びたくないのだ。同じ意味で十万円金貨の列にも、宝くじの列にも並びたくない。

天野祐吉さんのさっきのコラムの話にもどるが、総合感冒薬を求めて薬屋さんに群衆がおしかけるCMが出てから、その薬の売れ行きが増加し、さらにミスター・ドーナツの景品の皿にもけっこう人気が集まっている、という話だ。

ぼくはまえに一度、夏のさかりにその荻窪のラーメン屋に入ったことがある。その日、奇蹟的に行列がなかったのだ。店の中は思いがけないほど小さくてカウンターばかりだった。二つあいていた丸椅子のひとつに腰かけると、ふいに緊張が高まった。店の人も客も（食ってる人も待ってる人も）みんな重苦しく黙りこんでいる。おそらく客たちはみんな常連、それも相当の手だれのラーメン食いなのだろう。そういう人々の沈黙の威圧、といったものが、真夏のさなかの熱気と湯気と汗の中におもくのしかかっていたのだ。

何を注文したらいいのか。ラーメンひとつね、というのがよいか、中華そばたのみます、といったらよいのか、どうするどうする、と迷いとあせりの気分は一層ましていくのだが、店の人々は黙ったままである。

「何にしますか？」とか「何すんの？」とか聞いてくれたら言いやすいのだが、ここはあくまでも自己申告制の店らしい。

それでまあなんとか醤油ラーメンを一丁注文し、大汗をかきつつ無事たべおわったのだが、店を出て思ったのは「るせー！ そんなに行列つくってたべるほど、そんなに緊張して注文するほどうまい！ というわけでもなかったぞ」ということだった。

行列というものが、たかがラーメンを一杯食うのに「ラーメン道」に入門するみたいな権威をつくっていくのかもしれない。だとしたらもしそこが本当に人生最大のうまさを味わえる店であったとしても、やはりぼくは絶対に並んだりはしないぞ、と思った。

グルメブームというのが嫌いである。

うまい店ガイド本とか食味追究本とかお店の味を等級づける権威本とか、そういうものすべてがきらいだ。

なぜいやなのか、考えてみたのだが、ぼくのいやさかげんというのは単純で「とにかくうまさへの旗ふり」が嫌なのだ。食べもののうまさ、などというものはおそろしいくらい超個人的であってよいのではないか、といつも思っている。

だから目下の雑誌、電波、街なかの話題ひとぐるみになっての、うまさ追究狂奔大集団的なだれ込み、というのが、なんだか見ていてとてもいやだ。


ここ五、六年のあいだに世界三十数カ国ほどを旅行して歩いた。その結果わかったのは、日本という国がもっともいろんな種類のものを豊富に大量に食っている、ということだった。多くの国の食文化というのは思いがけないほど単純である。

欧米人は究極は肉とジャガイモと豆しか食っていないし、インド人はカレー味のものしか食っていない。中国人は基本的に中国料理の枠から一歩もはみ出ていないし、ロシア人はとにかく食うのにやっとだ。モルジブのある島ではカツオとパンだけの村があったし、ニューギニアの島はイモだけの食生活だ。パタゴニアのある村では一カ月間羊だけしか食えなかったりしているし、その隣りの漁師の村では毎日カニだけだった。

その中で日本人だけ、世界中のものを食っている。

なんだか気持が悪い。

女の雑誌では毎号ダイエットの実践ノウハウ記事が並んでいるし、男雑誌に料理の手ほどきが出るのはもう普通になった。

中国の満漢全席は、二日間のあいだひたすら大御馳走を食うだけの壮絶なグルメ極楽の宴であるらしいが、そこには柱の陰に「吐き壺」というのがあって、腹がいっぱいになると、そこに「グエッ」と吐き、胃をあけて、また食う、という話を読み「ウエッ」となった。

近頃のわが国のグルメ狂態に、ぼくはどうもこの中国の「吐き壺」のイメージがダブってしまって気分が悪いのだ。

その気分の悪さをさらに刺激してくれるのが、どうもすなわちこの〝豊饒の行列〟というやつらしい。

レニングラードからハバロフスクまで、ソ連をずっと横断したときに毎日行列を見た。しかしそれは靴屋の前だったり、肉屋だったり、あるいは露店のピロシキ売りだったりした。人々はどの行列でもあまりうれしそうではなかった。みんな黙って所在なげに、ただもう機械的にすこしずつ前に進んでいく、ということを続けていた。

思えばあれが、天野さんが眺め、そして並んできた戦後日本の行列だったのだろう。そのときは何の抵抗もなくいくつかの行列にぼくも並んだ。並んでオレンジやビールを買った。

ソ連から帰ってきてソルジェニーツィンの『収容所群島』を読んだ。

シベリアに送られた囚人たちの中には食器もコップもスプーンも持っていないものが大勢いた。（なにしろ駅や街角で突然つかまえられて、着の身着のままで収容所に送られ、何も与えられないで「めし！」ということになるからだ、と書いてある。）それでも食事のときはモノを食べなければ死んでしまうから囚人たちは行列に並ぶ。与えられる食料はいつも同じで麦と魚の骨のごった煮である。囚人たちはこれをある者は両手のてのひらのくぼみに受け、ある者は帽子の中に、ある者は自分の服の裾を折りかえし、そのくぼみに受けた——とある。

日本だってかつて歴史のはざまのゴタゴタの時代に外国でずいぶんひどいことをしたりしているから、これをもってロシアがどうこう、という訳ではない。食う、ということと行列ということを考えていたら結局この話を思いだしてしまったのだ。

十万円金貨売り出しのときの行列は、ぼくも自宅の近くで見た。老人が多いようだった。何人かの老人は折りたたみ式の椅子をもってきて、それに座ってじっとしていた。ぼくはその日その行列がなんのためのものなのか知らなかったのだ。行列の人々の顔を眺めて思ったのは、何かとても条件のいい住宅分譲物件のようなものが売り出しに出ているのかなと思った。行列の人々の顔が、すっかり無表情で、あまり楽しそうなものとは見えなかった。

けれどいま考えると、あの人々の顔というのは荻窪のラーメン屋の前で並んでいる人々と基本的にあまり変っていなかったような気がする。新宿のアイスクリーム屋の前で行列をつくっている若い女たちの顔は無邪気にあかるすぎてうれしすぎて、小学生の遠足の顔とあまり変らない。なるほど大人たちがああいう顔でラーメン屋の前や十万円金貨の前で並んでいたらこれほどブキミなものはないだろうから、無表情、灰色顔でとりあえず正解なのだろう、と今思った。

書評誌『本の雑誌』の編集長をしているので、書店の前の行列というのがたいへん気になる。しかし気になるというだけで、幸か不幸か、まだそういうものを見たことがない。だいたい書店の前では行列などできないものなのだろう。

書店の行列が気になるのは、もし人々が集団でいちどきにわっと買いたい、読みたいという本がでてきたら、それはいったいどんなものなのだろうか、という興味でしかないわけだが、目にみえる行列はつくっていなくても、毎日の道すがら、実際にはそういう行列はいくつもあるような気がする。

電車の中で若い女の人が、いま狂乱の写真週刊誌『フォーカス』や『フライデー』を読んでいる姿を沢山見る。あれはやっぱり行列の一種じゃないか、とぼくは思う。電車の中で写真週刊誌を読みふけっている若い女の人たちの顔はおおかた無表情で、ラーメン屋の前の行列の顔とあまり変らないようにも思う。

　いくらものすごいファッションと装身具で着飾り、〝洗練された大人の女〟を気どっても、その人の目下の好奇心がノゾキ目のココロである、ということがわかってしまう。〝行列〟の目的が見えてしまっているのだ。

　〝グルメと行列〟ということをずっと考えてきて思ったことがある。一冊の本の紹介である。かなりの独断にみちて、いまの若い女の人にすすめたい一冊の本がある。

『農家の日常料理』（柏村サタ子他著、社団法人・農山漁村文化協会）という本である。グルメ本ではまったくない。

　ここには料理の基礎知識のことが書かれている。まず道具からはじまる。そして肉、魚、野菜など料理をつくっていく材料のことが書かれている。だしのとりかた、ごはんの炊き方が書かれている。

　これを読むと男のぼくでもなんとなくいろいろなおいしいだしがつくれそうだ、と思う。肉屋に行ってその日の料理に合ったブタ肉をきちんと選べそうな気になる。この本には、そういう、単純だけれど、すごく生活の中のおもい知恵といったものが書いてある。

「あかざ海老と舌平目の詰物、クレソンムース添え」とか「チコリ、くるみとロックフォールチーズのサラダ」三時間コースのやさしいつくり方などというのが出ている女性雑誌のカラーページなどとくらべると、ずいぶんじじむさくてオシュートメさんくさいような本だけれど、ぼくに年頃のヨメ入り前の娘がいたとしたら、文句なしにこういう本を持たせたい、と思った。

こういう本を静かに出している出版社がまだある、ということもうれしい、と思った。

役人たちの安全

『地平線から』という定期刊行本（雑誌ではない）があって、これは市井の冒険家や挑戦者たちが集まって作っている組織、地平線会議、というところが発行している。

第六号では鹿児島市に住む竹内さんという元海軍少尉の六十九歳の老人が、十一年がかりで自作の「潜水艦」をつくった、という話が出ていた。

手製の潜水艦などというのはおそらく世界ではじめてのことだろう。

この「潜水艦」は全長十二メートル、最大十二人乗り、二七〇馬力のトラック用ディーゼルエンジンを搭載して、水深二百メートルまで潜り、海中に二十四時間滞在することができる、という本格的なものだ。

竹内さんがこの潜水艦をつくった動機は、かつての海軍時代の悲惨な戦争体験によるところが大きい。

本の中で竹内さんが語っている。「負傷して病院船で内地に送り帰されたわけですが、目の前で日本の船がたくさん撃沈されるんですわ。ひとつにはそういう南海の戦場に散った戦友たちの遺骨をそのまま海の底にほおっておいてはいかんという思いがあったね。(それからまた現代でも)船の遭難がようあるもんだから、なんとかひっくりかえらない、転覆しても沈まない船は作れんものかと思った。日本海なんかは冬場は海がしけて、漁にも出られんでしょう。そんな時でも海に出られる漁船があれば、漁師の人も仕事ができて助かるんじゃないかと、それで図面書いたり、いろいろ計画したわけです」

世界でまだ誰も個人の手で潜水艦などというものを作った人はいないから設計からはじまって材料集め、推進システムの開発など、すべて手さぐり、すべて挑戦である。初航海と初潜水は成功した。水深五十メートル。個人製作の潜水艦としてはおそらく世界で初めての、胸のおどるような〝愛と勇気と感動〟の記録だろう。

ところがここに「待った」がかかった。

読んでいて、さあそろそろくるだろうな、と思っていたら予想通りピタッと出てきたので実はそこで笑ってしまった。すこしむなしい怒り笑いのようなものである。出てきたのは海運局で、個人で潜水艦をつくって勝手に潜ってはいかんと言ってきたのである。

理由は例によって、「許可がない」「前例がない」「よって危険である」といったところで、結局この潜水艦は潜行しなければ海を走ってよい単なる小型船舶としてのみ航行を許されているのだった。

この話を読んですぐに『漂流実験―ヘノカッパⅡ世号の闘い』(斉藤実著、海文堂出版)という本のことを思いだした。斉藤さんは「ヘノカッパⅡ世号」というドラム缶で作ったイカダに乗って漂流の実験をしていたのだが、外海に出て間もなく海上保安庁につかまり、引き戻されてしまった。理由はやっぱり「許可がない」「前例がない」「危険である」だ。

斉藤さんは漂流したときに、海水をのむと死ぬ、ということに疑問を持ち、海水に真水をまぜてうすめ、真水の量を〝水まし〟して使う、という方法をとれば死ぬことはない、という仮説を身をもって実験しようとしたのだ。同時にタライを使った海水蒸留真水製造器を考えだし、その実験も行なっていた。しかし、すべてが「危険」ということで許されず、最後は狂人扱いまでされるのだった。

ポール・カフィンというニュージーランド人がシーカヤックで日本を一周しよう、としたときも海上保安庁は同じようなことをした。

ポールは、ニュージーランドをカヤックで一周し、オーストラリアも一周し、そして日本へ、とやってきた。つまりはその世界のベテラン挑戦者である。

ところが海上保安庁は、また例によってそういうことは「前例」がないから許可しない、と言ってきた。この国の役人たちというのは何か自分たちが知らないこと、理解できないことに出会うと、とにかく「前例」をしらべ、前例がないとともかくダメ、ということになっているらしい。

ポールの日本での挑戦をサポートしたのは野田知佑さんだ。野田さんはカヌーで世界中の川を下っている人で、日本でまだ誰もやったことのないカヤックでの一周挑戦を大いに歓迎した。

「前例はないが、この男にとって危険ではない」ということを何度も海上保安庁の窓口に告げた。すると「では事情を説明しにきなさい。ついては○月○日に出頭せよ」ということを伝えてきた。このへんも実にお代官様じきじきお取り調べふうでいやらしい話なのだ。

野田さんらは「たしかに小さなカヤックで日本の海をぐるっと一周するというのは危険なことと思うかもしれないが、この男にとっては危険ではないのだ」ということを説明した。ポールはオーストラリアの百数十キロも果てしなく続く断崖の下の荒海を、小便を止める薬を打って三十時間も休まずこぎ続けたことのある男なのだ。日本の海でそういうような場所はせいぜい全長十キロぐらいのところしかない。

海上保安庁の役人たちは、これが絶対安全だという前例もないかわりに、絶対危険だ、という前例もないために、間もなく不承不承に許可するしかなかった。かれらはポールにいくつかの条件を出してきた。陸につくたびに電話で連絡しろ。連絡がない場合はへリを出す。ヘリを出すと莫大な金がかかる……と。

ポールが上陸するところは人家があって電話があるところばかりではない。そういう事情を一切無視した役人どもの〝命令〟だった。

沖をこいでいると海上保安庁の巡視艇が近よってきて、カヤックをこいでいるポールに「パスポートを見せろ」とどなりちらす役人もいたという。パスポートは濡れないようにしまってある。言われたってすぐには出せないのだ。大きな波の中で、パドルをこぐ手を休めるとひっくりかえってしまうような中で「パスポートを見せろ」とわめいている日本の役人どもというのを、ぼくは悲しく現実のものとして想像することができるのだ。

野田さんに影響されてぼくも日本の川をいくつかカヌーで下ったことがある。テントと自炊道具を持って、河原でキャンプしながら海までむかう、という文字通りの「流れ旅」だが、そうして川を下っていると地上では見えないことがいろいろ見えてきて面白い。

川の中から見えるのはやっぱり役人たちのからんだ汚濁の風景が多い。

一番不思議だったのは子供の頃あそんだ千葉の小さな川を源流から海まで下ったときのことだ。かつてその川は両岸がずっとむきだしの土手だったが、ところどころに護岸工事がほどこされていた。このコンクリートの護岸がどう考えても奇妙なのだ。ある場所は右側、ある場所は左側というふうにそれぞれ数百メートルずつきっちりとコンクリートで固められてあるのだが、まっすぐな川のところどころに、なぜそんなふうに行きあたりばったりというかんじで工事がされているのか、ということがよくわからなかった。そこのところだけがとりわけ土手が弱くなっている、という訳でもなさそうだし、ところどころ工事をしておいて、あとで全部つなげてしまう、というのも現実的でないような気がした。

やがてなんとなくこういうことではないか、と見当がついてきたのは、要するにこれはやってもやらなくてもいい工事だったのではあるまいか、ということだった。景気が悪くて建設工事の受注が少なくなった土木業者と、その土地の為政者や地方自治体が癒着して、本来は無用の工事をやらせる、という話をよく聞く。

多くの人々は川を見るとき土手の側から眺めているし、よしんば川に入って土手を眺めたとしても眺められるのは限られた一定の場所だ。ひとつの川を上流からずっとトータルで眺めてくる、などという川の見方は、川を上下する交通がまったく途絶してしまった現代では我々カヌーの川下り旅ぐらいの人間しかできない話なのだ。

川を下っているとやたらにコッパ役人がえばっているのに出会う、と言ったのは野田さんだ。

この人の『日本の川を旅する』（新潮文庫）を読んでいるとそういうエピソードを通して野田さんの〝嘆き怒り〟のようなものがびしりと伝わってくる。

川を下っていると「どこの許可を得て下っているのか?!」と、警官がよくエバった口調で言ってくるらしい。

川は道と同じで大昔から誰でも通行していいことになっている。そのことを言うと、言葉につまった警官は「では十分注意して行きなさい」などとほざいたそうだ。

エラそうなことを言うくせに、じゃあ急流でコケたらそいつが川に入ってフネを引きあげてくれるのか、というとそんなことをするわけがなく、大喜びで〝事故証明〟をつくろうとしたりする程度なのだろう。

一人の大人が自分の力量と責任でひとつの川を下っていくのに「十分注意しろ」は不遜なセリフでしかないのだ。

ある川では河原の水ぎわに町の役人らしき男が立って携帯スピーカーを持ち、「危ないから子供たちはこっちへきてはいけない」とくりかえし絶叫していたそうだ。みたところ少々流れはあったけれど、そこは足のふくらはぎぐらいの深さで、よほどマヌケで鈍重な子供でもなかったら川に流されていくことなどありえないような場所だった。

そうして子供というのはそういう場所こそもっともコーフンすべき魅力の世界なのだ。そういうところに入って自分の体で川の流れの感触をつかみ、冷たさの意味を知り、体のバランスのとりかたを学んでいくのである。

しかしそのコッパ役人は「危ない」をタテにそこに子供らを一歩も入れない、ということをかれの人生の大命題のようにしてわめきつづけていたのだという。

ぼくが千葉の川を下ったときも同じようなものを見た。子供の頃、ぼくらが仲間たちとそこへ来るたびにまっさきにとりついて登っていた土手の崖の下に「危険、立入り禁止」という大看板が立っていた。その町の警察と小中学校のPTAの名が連名で掲げられていた。

たったひとつの川だけでも、いまの日本というのは子供が体をつかって一番あそびたいところをどんどん先回りして、問答無用とばかりにとにかくみんな禁じてしまっているのである。

腹の突きでた、脂ぶとりした役人たちにとって、その川のふちはうっかりすると転びそうでこわいところかもしれない。美食と怠惰な文化生活などで運動神経が三倍遅れの反応になってしまった母親たちにとって、その崖をのぼることは至難のわざかもしれない。しかしかれらと違ってはるかにすばしこくて身軽な子供たちにとっては、そんなものまったく別にどうということがないんではあるまいか。

地方にいくとよく見る光景なのだが、小中学生がヘルメットをかぶって自転車にのっている。道に立っていると、揃いの白いヘルメットを男も女もきっちりかぶって並んで走ってくる風景はなんだかすこし異様だ。ヘルメットをかぶっていれば転んだときに頭を打っても安全、というところから強制されているのだろうが、このロジックでいくと、やがてストーブにあたるときは三メートルはなれ、夜道を行くときは全員懐中電灯をもち、寝るときは枕もとに遺書でもおいておかなければならなくなる。

こんなことを子供たちに強制する前に、やるべきは、自転車通行帯の確保とか無謀運転などの、もっと本腰を入れた取締りであるまいかと思うのだがどうなのだろう。

札幌に住んでいるメキシコ人の奥さんから聞いた話だが、ある年の夏、この人の中学一年になる子供が「もっと日本を知りたい」と言いだしたそうだ。数年後に日本を離れてメキシコに帰る、ということが決まっていたので、その十三歳の少年は、日本にいるあいだに、もっとじっくり北から南まで自分の目で日本を見ておきたい、と考えたのである。

母親はその年の夏休みに、少年が一人で日本縦断の旅に出ることをすすめた。少年は期待の旅に出た。少年がでかけてすぐにその母親のところに電話がかかってきた。同じ北海道の中都市の警察からだった。

「お宅のお子さんを保護しています。本人は三週間の旅行だと言っていますが本当でしょうか?」

電話の内容はそういうものだった。母親は言った。

「両親が許している旅です。本人の好きなようにさせて下さい」

そして二日後、今度は東北のある駅の助役と名乗る人から電話があった。

「お宅の息子さんを保護しています……」

こうして少年のいくところから、次々に家に電話がかかってきた。みんな勝手に一方的に保護してしまうのだ。

「日本にコトワザがありますよね。可愛い子には旅をさせろ……という。おしえてもらった意味のことが、日本では現実にできないのですね」

そのアナマリア・トべさんというメキシコ婦人はそういってすこし困ったような顔をうかべた。

本当にまったく、日本という国はそういうふうに変なところでセキュリティのがんじがらめの国なのである。

役人たちが「危険」だと、果してどのくらいその当事者に対して本気で考えて言っているのだろうか、ということをよく考える。おそらく、誰も本気で潜水艦の竹内さんや、カヤックのポールや、川べりの少年たちの身の内側を心配しちゃあいないのだ。

メカニズムははっきりしている。役人どもの目はとにかく自分の関係しているゾーンで何か面倒なことをおこしてもらいたくない、というだけなのである。

〝危険〟というのはむしろ自分にとっての危険でしかないのだ。自分の関係しているところでなにかあったら困る、という、ただそれだけの危険回避安全国家、というのがこの国の「ホントウ」の姿であるような気がする。

そしてこの〝役人たちの安全〟によって、本当はもっと日本のいたるところでくりひろげられていたかもしれない冒険や挑戦などがむなしく封じ込められているのだ。


日本一周をきちんとやりとげて帰ったポール・カフィンとニュージーランドで会った。いく度か写真で見ていたけれど実際に会ったのはそのときがはじめてだった。きゃしゃでやさしげな男だった。

日本でよかったのは、あちこちの漁村で漁師たちにいつも親切にしてもらったことだと言った。一番大変だったのは津軽海峡を渡るときだといった。そしてうれしそうに上手にそこでおぼえたという「津軽海峡冬景色」をうたってみせた。

ブキミな日本人

むかし、外国人は全部アメリカ人だった。子供の頃、町で見る外国人というのはすべてアメリカ人だと思っていた——と、ある日酒のみ仲間に言ったら、そこにいる同年代の男五人が口々に「自分もそう思っていた」と、嬉しそうに頷《うなず》いたのでぼくも嬉しくなった。

そう思っていたのは自分だけではなかったのだ。

日本で見かける外国人はアメリカ人だけではないのだ、ということをなにか思いがけない大発見のようなかんじで気付いたのは何時頃のことだったろうか。

大人になって、自分があっちこっちの外国へ出かけるようになると、各国によって違う〝ガイジン〟の特徴的な国別顔相骨相といったものがわかるようになってきた。

日本人ふうに、やや小柄でしかし日本人よりやや小綺麗でちょっと小なまいきで小狡《ずる》そうな、なんとなく全面的に〝小〟というのがつきまとうフランス人とか、騒々しくて助平そうなイタリア人とか、なんとなく重そうであかぬけないロシア人とか、少々かなしげなメキシコ人……といったふうな、なんとはなしの区別がうまくつけられるようになってきた。

同時にガイジンはかならずしもカッコよくないのだ！　ということも気づいてきた。

子供の頃みた外国人イコールアメリカ人は常にイコール〝恰好のいい人々〟であった。

たとえばアメリカ人だ。

日本のホテルなどでよく見かけるアメリカ人旅行者というのが、日本の農協団体旅行とさして違わない状況の中でそこにいるのだ、ということに気づいたのは十年ほど前だ。かつて畏敬と憧憬の眼で見ていた紅毛碧眼長身鼻高の集団映画スターのような人々は、赤毛出腹ずり足のトウモロコシおとっつあんと、壁塗り厚化粧異常臭気常時発散のずん胴巨大尻おっかちゃんらの群れでしかないのだ！　と、ある日、目からウロコがおっこちるように、ハッと気がついてしまったのだった。

現地アメリカに行って、地元のアメリカ人をごそっと眺めて、この認識がまさしく正解であることを知った。もちろん、町の中を歩いているアメリカ人の中には、そのまま日本にくれば少なくとも容姿だけだったら三日後にトップモデルかトップタレント！　と思えるようなすさまじい美人や美男も沢山いる。しかしおしなべて、平均的アメリカ人といったら、別に夢の国の住人でもなんでもない、肉とジャガイモをよく食っている巨大な農業国の、わりと陽気で大柄な人々、というレベルでそっくりとどまってしまう。

では日本人というのが彼の国ではどのように見られているのだろうか、というのが次の大きな興味になってくる。

とりあえず国民的レベルでわかっていたことがある。

「小さくて、貧しくて、カッコ悪い」というのが、戦勝国アメリカの見ている日本人観だろう、ということは、子供の頃からなんとなくわかっていた。

アメリカの空港のブックショップとかドラッグストアなどにころがっているマンガ本を見ていると、コミック文化（？）は日本の方がはるかに進んでいるな、と思わせるほど粗悪で古めかしいマンガ本が多いのだけれど、それらをパラパラやるたびにいつもイヤな気持にさせられる。

アメリカという国は戦争に勝ったからなのか、あるいは単にマンガづくりが進化していないだけなのか、いまだに第二次世界大戦のことを材にしたコミック本が多い。

そうしてそこに描かれるドイツ兵と日本兵はいつも徹底的圧倒的に悪者で、とくに日本兵の凶眼ツリ目デッパ猫背の劣悪野蛮ぶりは見ていて「むむっ」と唸りたくなるほどである。さらにおもろかなしいのは、そのマンガのフキダシの中で語られる日本語で、なんだか判別不可能の複雑珍奇なデタラメ漢字が書かれている。どういうものかといってもデタラメ文字なので活字にはないわけで、ありのまま表現できないのだが、梵字《ぼんじ》をさらにフクザツに難しくしたものといったらすこしイメージに近くなりそうだ。

しかしツリ目の日本人兵士が歯をむきだしてこのデタラメ漢字をわめいている、というのは不思議とマッチしていた。

近頃、外国から見る日本のイメージを「東洋の神秘」だとか「オリエンタル・エキゾチック」だとか、我々は都合よくいいムードで解釈しているフシがあるけれど、こうしたマンガ本の中の日本人を見ているかぎり「東洋の神秘」というのはすなわち「東洋の怪奇」でしかないのではあるまいか、と思ってしまう。

ロスアンゼルスのホテルでもいささかむなしいテレビのコマーシャルを見た。カメラの宣伝だった。日本のそのカメラがいかに優秀で、いかに多くの日本人に愛用されているか、というのを明るく楽しげに描いているのだが、裸のスモウトリから野球少年、そして振り袖のお嬢さんまでそろって首からカメラをぶらさげ、最後に背広姿のサラリーマン風のお父さんが二人、路地の出合いがしらでおじぎをすると、二人の首からブラーンと二台のカメラが揺れております……というお話だった。

外国で流れる日本人の出てくるCFというのは、おしなべて見ていてヒヤ汗が出る。

トラベラーズチェックを発行している銀行のCFには銀座の銭湯が突然出てくる。なぜか混浴でアメリカ人夫妻が入っていると「マイネームイズ山」と名のるまことにあやしい中年の日本人がへらへら笑いながら出てきて、湯の中からいきなりカードを出す。銭湯もこのカードで入れますけん、とこの「山」なる日本人はデッパをむきだしつつ言っているのである。

このおっさんが登場するとき、なぜか背後で中国ふうのドラが鳴った。外国製のCFに日本人が出てくると必ずこのドラの音が鳴り、相変らず芸者とスモウトリとトリイとトウロウと人力車がひんぱんに出てくる。こういうものが「日本であるよ。日本人であるよ」というわかりやすいコンセンサスとなっているのだろう。

アメリカという、世界の国々の中ではもっとも日本の情報が早く大量に入っているだろうと思われる国でこの程度なのだから、ほかの国の日本および日本人の情報といったら目を覆うものばかりだ。

ソ連のレニングラードでチラリと出てきたテレビニュースの中の日本人は、九州の福岡で行なわれた港湾関係者の小規模なデモ行進だった。そのときはながいソ連旅行の途中でふいに出合った日本の風景をただなつかしい、と思っただけだったが、あとでソ連通の人に思いがけない話を聞いた。

ソ連のテレビが流す日本のニュースはデモ行進ばかりだというのだ。なるほどそう言われれば、東京のニュースでも取りあげないような福岡の港湾関係者のデモ行進がソ連のテレビニュースで報道されている、というのがそもそもフシギな話で、そのことに気がつかなければいけなかったのだ。

そのソ連通の人からもっとすごい話をきいた。

あるコムソモールで行なわれた劇で、話の設定上、何人かの日本人が出てきた。もちろん日本人はロシア人が扮しているのだが、その日本人はみんな背広を着て、頭にハチマキを巻いていた、というのだ。

テレビニュースで見る日本人というのがいつもハチマキをして歩いているデモ行進ばかりだったので、かれらは日本人というといつもハチマキをしているものと思いこんでいた、という訳なのである。

『異国ニッポン・グラフィティ』(ジャテック出版)は、世界のさまざまな国の教科書が、日本および日本人をどのように描いているか、という視点で集めた〃ヘンな日本〃のオンパレード本で、見ているとなんだか本当にヘンな気持になる。

そこに描かれているのは、さっきのCFに出てくるフジヤマ、ゲイシャ、トリイにスモウトリ、というのと基本的に変らない、それのもっとクラシックな世界なのであるが、不思議なことにこれを見てイキリ立つ、というような気がしなかった。なかにはマスクをかけて歩いている女学生の写真を載せて、「日本では工業偏重政策による大気汚染をこうして学生たちは自衛している」というものすごい強引解釈をしているものもあって、すこしぐったりもする。しかしそれにも増してそこにあらわれている日本および日本人というのは、やっぱりこうして改めて見てみても相当にヘンテコであり、ヘンテコなことをしているなあ、と思う風景が多いからである。

たとえば同じこの本の中に一九七六年のノルウェーの教科書に載った日本の大企業の慰安旅行における宴会風景の写真がある。ずらりと五百人ぐらいのドテラ姿の社員が配膳を前に整然と座っている、という写真で、タイトルは「日本人式人事管理のノウハウ、忠誠を誓わせる大企業のマンモス宴会」となっている。

大なり小なり、こういう宴会を体験している我々にはいままでさして異様とも思わなかったのだが、こうして外国人の眼をいったん通して改めて眺めてみると、やはりこれは相当におそろしく異常な世界なのだ、と思わざるを得ない。

何年か前にミクロネシアのヤップ島の空港で飛行機待ちをしていたとき、日本人の集団客が降りてきた。若い男女の百人ほどの集団で、それはほとんど新婚パック旅行だった。まだ冬の日本から出てきたばかりで、男も女も陽にやけていないナマ白い肌に、ペアルックのアロハやTシャツを着て、新婚の二人ずつぴったりくっついてゲートからぞろぞろ出てきたのだが、その風景の異様さは見ていてたじろぐほどだった。

同行していたオーストラリア人が「あれはいったい何の旅行団だ?」と質問したので、「あれらのほとんどは日本の新婚旅行者だ」と答えたのだが、そのオーストラリア人は笑って信用しなかった。どうやらジョークだと思ったらしい。

考えてみたらそうだろう。いろいろな旅のスタイルの中で、新婚旅行ほど自分たちだけのプライベートな旅のかたちを楽しみたいと思うものはない。集団で南の島にどどどどっとやってくる新婚旅行などとても考えられない、というのは無理のない話なのだ。

もう〝戦後〟などという言葉が陳腐になってしまった現在、日本および日本人はたしかに大きく変った。もう小さくて貧しくてカッコ悪い日本人ではなくなっているかもしれない。このすさまじい加速度成長経済を背景に、日本人は〝大きくてリッチ〟になった。しかし、同時にカッコよくなったか、というと、どうもぼくは、日本および日本人が大きくてリッチになった分だけ前よりもむしろカッコ悪くなっているような気がしてならない。

「ガンホー」という日本人が主役のおかしな映画を見た。アメリカの田舎町にある自動車工場が閉鎖し、生活に困った町の人々が日本の自動車工場を町に誘致する、という話だ。全体にパロディ仕立てになっているのだが、しかしそこに登場する日本人モーレツ社員は、ハチマキをしめて直立不動で絶叫し、口からアワを吹いて涙さえ流す、という経済エイリアンのような姿で描かれている。

かなりカリカチュアライズされてはいるが、しかし一流という企業の現場ではこれと似たようなことが行なわれているのも事実なのだ。映画を見ていてアメリカ人たちは間違いなくこの絶叫企業戦士にかつての日本軍を見ているのだろうな、と思った。

かつて大きくて豊かでカッコよかったアメリカ人を助けるかつて小さくて貧乏でカッコ悪かった日本人は、たしかに大きくリッチになったけれど、でも相変らずカッコ悪いじゃないか、焦土の中でうちひしがれていた悲しみのそのカッコ悪さよりももっとカッコ悪くなっているじゃないか、と、ぼくはその映画を見ながらひそかに思った。

第二次世界大戦のとき日本がアメリカ軍にめちゃくちゃにやられたサイパン島は、ヤップ島へ行ったような集団新婚旅行がやはりよく行くところだ。グアムやサイパンは沖縄に行くよりも航空運賃が安くて、いまはもう完全にアメリカ国日本領、のようになってしまっている。

こうした国にいくと、島にいるアメリカ人の恋人たちが気軽に街なかで抱き合ってキスなどしている風景に出合うので、ここに何日かいてそういう風景を見ていると、きっと気分的に同化してしまうからなのか、空港で帰りの飛行機待ちなどをしていると、日本人のカップルがアメリカ人のように、人目のある空港ロビーで抱き合ってキスなどしはじめたりするのだ。

しかし、日常ふだんから人前で気軽に抱きあっているアメリカ人のそれふうのしぐさと違って、突如として白昼人前で抱きあう日本人というのは、なにか妙に意識的で重くて、ヘンに淫靡《いんび》で猥褻で、見ていてひどく気分がわるい。まあ、早い話がおそろしくカッコ悪いのだ。

ニッポンのアンチャンやネエチャンは目下の躍進日本の中で、少々小金がたまっているかもしれないけど、まだやっぱり村祭りの夜に鎮守の森の木のかげで抱き合っていた方が似合っているのだと思うけどなあ……などという気分で、すこしさびしくその風景を眺めていたのだった。

「ガンホー」というあやしい映画を見ていて思ったのは、たしかにアメリカ人の日本を見る目は昔のソレではなくなったようだ、ということだけれど、しかしそれはだからといってきっちり日本および日本人を理解してきた、ということではないのだな、ということだった。

おそらくアメリカ人の日本人を見る〝怪奇〟の目は変っていないはずだ。その目は、なんだか、チビで小器用でやたらに金を持っていてうるさく激しく世界中を歩きまわっているのでこいつらこれから先どうしたらいいだろうか——と言っているような気がする。

ポケミスの女

オーストラリアの砂漠を縦断する、という旅に出るので、その間に読む本を買いに行った。今度の旅はテント泊りが多いから、そんなに沢山の本は読めないだろうとは思うのだが、しかし「もし万が一たっぷりヒマな時間が出現したらどうするのだ！」という脅迫感のようなものがつきまとっていて、最低十冊、という心づもりで本選びにのぞんだ。

今度の旅はさらに持っていく荷物をぎりぎりに軽くせよ、という指令も出ているから買うとしたらやはり文庫本だ。

しかしあまり魅力的な本は見つからなかった。いくつかこれは！　という本もあったのだが、それらの多くはハードカバーの厚くて重い本なのである。上製本の本というのはその内容にはかかわりなく、いかにも砂漠には不向きなような気がする。今度の目的地は四十五、六度の炎熱地帯らしいから、ちょっと太陽の下に放置しておいたらハードカバーの表紙がたちまちスルメのように反りかえってしまうような気がするし、以前、川を下っていく旅のときに、雨に濡らしたら翌日二倍ぐらいの厚さにふやけてふくらんでしまって、読むのも持ち運ぶのにもうんざりした経験がある。

　ハードな旅に合う本、というくくりかたをしたらいったいどんなつくりのものになるのだろうか、とその日、本選びにすこし疲れて、地下室のコーヒーをのみながらそんなことを考えていた。

　かねてからポケットに入れて持ち歩くのと、立って読むのに一番具合のいいのは新書判の大きさだな、となんとなく思っていた。文庫本の方が軽くてそれにふさわしいように思うけれど、どうもそう単純なことでもなさそうなのである。

　これはぼくのきわめて個人的な好みの問題でしかないのだろうけれど、フィールドパーカーの胸の大きなポケットに、新書判の大きさの本を入れておくと、なにかすごく気持が安心する。電車やバスを待つ間、立ち止まった拍子に胸のポケットからひょいとそいつをひっぱり出し、さっきすこし折っておいたページの端をさがす。パタンとひらいてそのまま読みすすみ、バスとか電車がきたらいま読んでいるページをオモテにしてぐるりと反対側に丸めてしまう。中がすいていたらそこでさらに読みつなぎ、もし座席があいていてねむいようだったら、ページの端をまた小さく三角に折ってそのままストンと胸のポケットの中に放りこんでしまう。

　このなんとはなしの安易さ乱雑ぶりというのがとても好きなのだ。

文庫本だと、ぼくの愛用しているフィールドパーカーの胸のポケットの中にかなり奥ふかくすっぽりもぐりこんでしまうので、取りだすときに親指と人差し指でよっこらしょ、と奥から引っぱり出すようなことになる。たったそれだけのことなのだけれど、文庫本よりほんのすこし背が高い、ということはそれだけで相当に気分の差をつくってしまう、ということは事実なのだ。

新書判サイズの本の中で、タフネスという点でいうと、これは文句なしにハヤカワの〝ポケミス〟スタイルのものになるだろう。正確にはハヤカワ・ポケット・ミステリ・ブック。昔のはちょっと違うけれど、十年ほど前からこのシリーズ本はすべてぴっちりとしたナイロンの透明カバーがついていて手に持ったかんじが実に精悍《せいかん》である。そしてカバーがナイロンだからこいつはレインコートを着た本のようなもので、少々の雨とかコーヒーのこぼれているテーブルなどにも滅法つよいのだ。すべりがいいからパーカーのポケットに放り込むとき、まことにすばやい。

岩波新書とか中公新書など、このスタイルの本というのは持ったときにいずれも片手にすんなりなじむ、ということもあってか、読んでいる恰好がとてもいいのだ。

もう十年も前のことだけれど、ぼくがまだサラリーマンをしていた頃、地下鉄の中野坂上から乗って赤坂見附で降りる若い女が、ドアのところに立ってよくポケミスを読んでいた。その姿が実によかった。全体にほっそりとしている女性だったけれど、冬の季節に丈の長いコートを着て、ドアの横に寄りかかってポケミスを読んでいた。そうして赤坂見附の駅に着いたとき、サッとそいつをコートのポケットに放り込んで素早く降りていったのを見て、思わず惚れ惚れとしてしまったものである。そしてその頃一番気になっていたのは、その女性がポケミスのいったい何を読んでいるのか、ということだった。

当時ぼくは同じ早川のSFばかり読んでいた。ハヤカワ・サイエンス・フィクション・シリーズというもので、つくりはポケミスとまったく同じである。まだSFがごく一部のマニアといわれる人々にしか読まれていない頃で、ハヤカワのそのシリーズも、SFの新刊は月に一冊しか出ていなかった。その一冊こっきりの新刊を発売と同時に買っていた。題名も作者も内容も問わずに、である。

発売日は大抵二十六日で、あきらかにサラリーマンの給料日に照準を合わせているのだった。けれどもそれはやはり有難いことで、安サラリーのぼくは給料日にならないと本などとても買えなかったから、毎月素直に二十六日がくるのを楽しみにしていた。思えばぼくのこれまでの人生の中で、発売されたばかりの本を作者も内容もよくわからずに毎月ミズテンで買っていたのはこの時期だけだろう。

活字たちに対してひっそりと、しかし静かにあつい血をたぎらせていたおそろしく

「いい時代」の話なのである。

地下鉄のポケミスの女も給料日になるといくつかまとめて本を買っているようで、給料日以降に出会うと、彼女はポケミスではなくて、書店の包装紙のかかった厚いハードカバーの本を読んでいたりした。しかしそれはなんとなくぼくにはあまりうれしい光景ではなかった。

その頃、ぼくには何人かの不思議な読書友達というようなのがいた。一人はやくざな実話雑誌をつくる会社につとめていて、仕事がおわると賭け麻雀をし、残りの時間はすべて何かの本を読んでいた。

もう一人は絵本の出版社で営業をしており、一カ月の半分は全国へセールスの旅に出ていた。彼はその旅の途中におびただしい量の本を読むのだ。

ぼくたちは高田馬場の呑み屋で時折り顔を合わせた。そこではおのおのが最近読んだ本の話をした。好きなジャンルがそれぞれ分れていて、ぼくはSF、麻雀男がミステリー、そしてセールスマンは恋愛小説が一番好きだった。

三人はそれぞれ自分の好みで読んだ自分の好きなジャンルの面白い本の話をし、お互いに「読めよ」とすすめあった。そしてそれぞれ相手から言われた面白い、という本を手帖にメモし、ようし今度それを買って読もう、などと互いに言いあった。しかし三人が果して互いにおしえあった本をきちんと買って読んでいるかどうかはよくわからなかった。少なくともぼくはメモした本の五分の一も読まなかった。面白い、と聞いた当座はようし自分も絶対買って読んでみよう、などと思うのだが、いざ書店にいくと、もっと別な、自分の好みのジャンルのものを先に買ってしまうからだ。

その頃、ぼくはSFの中でもとくに人類滅亡テーマのものに凝っていた。はじめの頃は次元もしくは時元をテーマにしたものや、地球外生物との接触を描いたファーストコンタクトものなどを集中的に読んでいたのだが、あるときネヴィル・シュートの『渚にて』を読んですっかりこのテーマに狂ってしまった。核戦争のあとオーストラリアの小さな海べりの町で、生き残った人々が、やがて確実にやってくる逃れようのない死を静かに待つ、というストーリーだったが、そこに出てくる町の人々の悲しく堂々とした生き方に、ぼくはひどく感動してしまったのだ。

二人の不思議な読書友達にその本を「いいぞいいぞ」とすすめながら、ぼくはせっせとその他の地球および人類滅亡のSFを探しまくった。

いろんな本が見つかった。当時ニューウェーブSFの旗手とうたわれていたイギリスのSF作家J・G・バラードがもっとも破滅テーマに興味をもっていたようで、この人のSFをそっくり読んでいくと、地球というのはごくごく単純なことで滅びてしまうのだな、ということがわかってきた。

このバラードの書いた『燃える世界』は、河川の汚染からポリマーと呼ぶ突然変異の重合体が発生し、これが世界中の海の表面をびっしり覆ってしまう。海から水蒸気が発生しなくなってじわじわと地球の自然体系が壊されやがて滅びていく、というストーリーだった。同じくバラードの『死んだ海』は水から酸素をとりすぎたことから海が干上がっていく、という話。チャールズ・エリック・メインの『海が消える時』は、原水爆実験を海中でやりすぎて、地殻に亀裂が生じ、海水がその隙間にすべて流れ込んでしまう、という設定からはじまる。生き残った人々が干上がった海底を歩いて苦しい旅をしていく、というところがぞくぞくするほど面白かった。

地球破滅のプロセスでは、海がどうかなってしまう、ということが破滅の作業の上では最も効果的で説得力があるのだな、とまず理解したわけである。

J・G・バラードは次に海の水が必要以上に増えてしまう場合を考えた。『沈んだ世界』は、地球上空を覆うヴァン・アレン帯と電離層が太陽面の猛烈な嵐によって変異し、地球は太陽の放射線をまともに受けるようになる。そして年に一、二度ずつ平均気温が上昇、極冠はなくなって地球上の氷はすべて溶け、全世界が水びたしになってしまう。

バラードはさらに『狂風世界』という話では風がとにかくやたらに強くなっていってしまう終末の地球を書いている。

全世界に突然吹き荒れた風が一日に秒速二メートルずつ強さをましていき「ついにト

ーキョーは風速七十八メートル。都市の九十九パーセントは壊滅、ニューヨークのマンハッタンも摩天楼はすべて窓ガラスを失い無人化している。そして自由の女神像は松明《たいまつ》と首を失っている……」などという描写を読みながら「うーん、すごい！」なんぞと通勤の地下鉄電車の中で唸っていたものである。

ジョン・クリストファーの書いた『草の死』は中国で突然発生した草ばかりを枯らしてしまうウイルスによって、世界の草が消滅し、人は極端な飢餓状態になっていく、というストーリーであるし、ウォード・ムーアの『考える以上に緑』はその逆に、ある事情で植物の成長がとまらなくなり、世界中が植物だらけになってしまう、というお話。

地球をとりまく自然の突然の変化で地球が滅びてしまう場合、もっとも大きな原因となるのはやはり太陽で、海とか風が狂っていくのはほとんど太陽の変調によるものなのだな、と気づいたところで読んだのがポール・アンダースンの『脳波』だった。

これは太陽光線の突然の質的変化によって、生物の頭脳が急速に進化してしまう、という話。太陽光線の何がどう質的変化してしまうか、そこのところも書いてあるのだがよくわからない。科学論文ではないからそのあたりはよくわからなくてもいいのだ。破滅SFのプロットにおける常套手段は、自然界にもたらされていたある一定のものが突然質的変化をとげてしまう、というもので、あまり同様のものを沢山読んでいるとちょっとうんざりするが、問題はそれから先のプロセスなのだ。とにかくこの小説ではあらゆる生物の頭脳が急速に進化してしまうとどうなるか、という面白さがすべてのＳＦなのであった。

ウサギが自分でワナをはずし、ブタは何のために人間に飼われているかを理解し、チンパンジーは文字を読んでしまう。十歳の子供が微積分を誰にもおしえられないで発見しちまう——のである。しかし生物の頭脳がそっくり急速に進化することは一見素晴らしいことのように思えるが、これもやはり人間社会と自然界のシステムを徹底的に壊滅させてしまう。

エドモンド・クーパーの『太陽自殺』もやはりある日突然太陽光線に変化がおこる。こちらの方はヒトをやたらに自殺にかりたて、あっという間に世界中の人間が自分で死んでしまう。最終的に生き残ったのは狂信者、誇大妄想狂、殺人狂といった要するに頭のおかしい人間ばかりになる、というお話。

しかし破滅テーマで一番多いのは核戦争によるものだ。これはそのほとんどが米・ソいずれかの核攻撃によって世界が破滅し、主人公の多くはシェルターかあるいは自然の防壁によってこの厄介を生きのびそのあとの地獄的世界を目撃する、というストーリーである。大体みな同じような話になっていくのでぼくはそんなに面白いとは思わなかった。

アメリカ人作家の書くこのテーマのＳＦはたいてい最後に生き残った人たちが人類の

再生と復活を誓って焦土の中から立ち上がる、というアメリカ人好みの話になっていてすこしコソバユイ気もする。

SF界の最高の賞であるヒューゴー賞をいくつか受賞しているイギリスのSF作家ブライアン・オールディスも『グレイベアド』というひどく暗い破滅ものを書いている。これは核戦争による放射能の影響で世界中の女性のほとんどが子供を生めなくなる、という設定だ。人類はとにかくひたすら年をとるだけで人口は確実に減少していく。

老人たちは不気味な厚化粧をほどこし、五十五歳が〝若者〟といわれている。巷では不老長寿の療法やあやしい宗教が横行しどうにも四方八方陰惨で暗い世界が描かれていく。最後にやっと生まれた放射能性奇型児を大切に育てていこう、というところでこの物語は厳しく終っていくのだが、同じ核戦争破滅ものでもアメリカ製とイギリス製ではこんなふうにはっきり差が出てくるのが面白かった。

日本の破滅テーマSFで代表的な作品は小松左京の『復活の日』だろう。事故で漏洩した細菌兵器のウイルスが世界中の人間を殺してしまう、という話だ。

沢山読んだ破滅テーマのSFの中でぼくが一番好きだったのはジョージ・R・スチュワートの『大地は永遠に』だった。

『復活の日』と同じように未知の悪疫によって世界が破滅してしまうのだが、なんとなくエイズ禍の目下の世界の状況ともよく似ていて、また改めて読み返したら前よりもっところわそうな気がする。

主人公イシャーウッドは社会生態学を研究する学生だ。山に入りガラガラ蛇にかまれて、しばらく高熱と闘い、下山するともうアメリカ合衆国に生きている人間はほとんどいないというすさまじい展開で話がはじまる。ガラガラ蛇にかまれて体の中に何らかの抗体ができたから主人公は世界の厄介から逃れることができたらしい、とあとでわかるのだが、やがて何年もかけて世界で生き残ったごくわずかの人々との共同生活をしていく、というのが大まかなストーリーである。

描写がこまかくじっくり経過していく年月を語っていく、という小説なので、妙にリアルな未来の世界でもあった。そして主人公のあたたかいラブストーリーもあったりして、ぼくは当時この本にすっかりのめりこんでしまったものだ。

早速、二人の不思議な読書仲間にこの本をすすめたのだが、いつものようにメモはするのだがこのときもかれらが読んだ気配はなかった。

地下鉄で出会うポケミスの女も相変らずだまって自分の本を読んでいた。

ぼくに何か地球破滅的な勇気と決断があったら、そのポケミスの女のところへ行って「いま何を読んでいるのですか？　ぼくが最近読んだこの本はものすごく面白いからぜひ読んでみて下さい。この本はあなたにあげます！」などと言ってしまいたかったのだが、そんなことはたとえ世界が海に沈もうが風にとばされようが自分には絶対できないだろうな、ということもよくわかっていた。

今度のオーストラリアの旅には、文庫本にめぼしいのが見つからなかったので久し振りにハヤカワのポケミスを何冊か持っていこう、と思っている。

二人の不思議な読書仲間のうちの一人はいま書評誌『本の雑誌』の発行人になっている。彼はいまだにミステリーが一番好きなので、ながい旅に出るときはいつもその男に持っていくべき本を聞くことにしている。

もう一人の恋愛小説好きの男は自分でそんな話を書く作家になってしまった。

そしてもう一人、あの地下鉄のドアのところでポケミスを読んでいた細おもての女は果してどうしただろうか、と時折り思うのだ。ミステリーと紅茶好きの、気のいいおばさんになっていたらいいな、とこのごろつい思ったりする。

ロマンの現場読み

何か途方もなく未知のものを、さまざまな困難を乗りこえて求め追究する旅——というのは、今の時代もう殆どできなくなってしまったらしい。

そのことを最初にかなりの衝撃を持って感じたのは、フレデリック・フォーサイスの『悪魔の選択』を読んだ時だった。

冒頭間もなく、アメリカの大統領がワシントンの執務室でその方面の情報担当者からテレビを見せられている。そこに映っているのは自国の監視衛星から送られてくるロシアのウラル地方の小麦畑だ。丸太小屋が映り、その近くを歩いている農夫らしい男が立小便をしているのが見える。

——と、まあこんなふうなことから話ははじまっていった。小説なのでいささかの誇張はあるにせよ、目下の宇宙レベルの相互濃密監視体制は実際にそのくらいのところまでいっているらしい、ということを聞いて、なんだか妙に淋しく落胆した記憶がある。

さまざまな本のジャンルの中で、子供の頃から今日までぼくが最も熱中して読んできたのは地球探検記というものだった。とくにまだ殆どその実態が知られていない未知の世界に入りこんでいく、というやつが大好きで、困難があればあるほどその旅の重さに感嘆し、血をたぎらせた。

人工衛星が、立小便をしているロシア人の姿まで見分けてしまう、ということを知って落胆したとき、ぼくはヘディンの『さまよえる湖』のことを思いだしていた。

地球探検記ものが好きになったきっかけは、中学のじぶんにこの本を読んでえらく感動してしまったからだ。まずタイトルが魅力的かつ蠱惑《こわく》的であった。湖がさまよってい る、なんて随分とものすごいロマンではないか。図書室から借りてきて、一気に読んでしまった記憶がある。

けれどいま、移動してしまったらしい湖を捜しにいく、というロマンは宇宙衛星時代にはあまり意味をなさなくなってしまった。『悪魔の選択』を読んでそのことに落胆してしまったのだ。

それからまたつい最近、NHKの「シルクロード」シリーズでこのヘディンの追究した世界、楼蘭やロプノール（さまよえる湖）の美しく、そして鮮明な映像を見た。このときも、自宅でおそろしくリアルなロプノールを見ることができる、という嬉しさと同時に、なんだかすこし淋しいような気分もした。

ヘディンの本の中でさまざまに空想をめぐらせていた二千年前の、失われた砂漠の都市の風景は、空想していたものとはまた別な美しさをテレビの中でみせてくれた。けれどそれによって自分の中にあったもうすこし別の空想の世界の美しさが「ぐいーん」とおそろしい力を受けて現実の風景に影響されてしまった、というところが少々くやしかったのである。

テレビの映像を見ない方がよかったなあ、とも思ったのだが、やっているのを知って見ない、ということはもっとできないことだろう、ということもわかっていたので、このへんの困惑は本当にどうにもならないことなのだ。

自宅にいてロプノールの風景をおそろしくリアルに見物できてしまうことは有難いことだけれど、しかしこれ以上地球の隅々までくまなく〝科学の目〟が突入していってしまう、ということははっきりいって癪である。

活字と映像の微妙な〝敵対の図式〟はぼくの中でしだいに明確になってきた。映像が歩いてしまうとロマンが既製品化されてしまうのだ。

上海から烏魯木斉《ウルムチ》行きの長距離列車に乗ってシルクロードを旅したとき、窓の外の風景を眺めながら、ふと気がつくとぼくの視覚は完全にテレビカメラの眼、もしくはその受像装置になっていることに気づいた。おまけに耳もとではあの流麗なテレビのシルクロードのテーマミュージックやそのナレーションがかまびすしく流れていた。

自分の家で見た映像の世界が強烈すぎて、ぼくの目の前のホンモノのシルクロードはそれの「なぞり」のようになっているのである。これにはまいった。

同行した雑誌編集者に聞いたら、彼も同じようなことを言っていたので、テレビのシルクロードを見てしまった人の多くは、中国の辺境を歩きながら、もしかすると無意識のうちにみんな耳の中にあのシンセサイザーのミュージックをゆったりと鳴らしているのかもしれないな、と思った。

こういう映像の呪縛に負けない、もっと強烈なイメージの防衛武器はないものだろうか、とぼくはその後かなり真剣に考えてしまった。

そうしてわかったのは実に簡単なことであった。

本にまた戻ればいいのである。本というのは同じ本でもそれを読んだ時の年齢によって評価も感動もえらく違ってくる。よく言われる話だが『ガリバー旅行記』を十歳の時に読むのと四十歳の時に読むのとではまったく受けとめ方がちがってくるように、多くのリアルな探検旅行物も、十年おいて読むと、人生体験の蓄積そのままに味わいはおそろしく違ってしまうもののようだ。

ついこのあいだオーストラリアの砂漠縦断の旅をしているときに、またぼくは『さまよえる湖』を読みかえしてみた。オーストラリアの砂漠は、中央アジアのそれとはいささか様相が異なっているとはいえ、同じように乾いて暑い中で読んでいるわけだから、家の中で寝ころがって読んでいるのよりは伝わってくるものが鮮烈である。そうしてぼくは子供の頃読んだそれが子供向けにかなり乱暴にダイジェストされたものであることを知った。さらに厳しい旅の中で読んでいるとイメージのベクトルがもうテレビの映像や音楽に左右されないで、あたりのナマの砂漠の熱風や乾きぶりの方から正しくこちらに向けられてきているのをつよく感じ、改めてふかく感動することができたのである。

しかしこのオーストラリアの砂漠で読んだ本で、もっと強烈にぼくの全身に攻め込んできたのはアラン・ムーアヘッドの『恐るべき空白』であった。この本も読むのはそれが二度目だったが、なにしろそこに書いてある探検の場が、いま現実に自分の歩いている場所なのであるから強烈にならない筈がない。

もともとぼくがオーストラリアの砂漠へ行こうとしたのはこの本を読んだからで、読んだ動機はヘディンの『さまよえる湖』にどこか似た背景をつよく感じていたからである。

『恐るべき空白』とはオーストラリア開拓史の中で、あの広大な大陸の内部がどうなっているか誰も知らなかった頃の話だ。大陸の中央部に大きな内海があるのではないか、という夢を求めて探検に出ていった男たちの、悲惨な、悪戦苦闘の記録で、こういうものは実際にその現場に来て読むと己れの状況もつらいだけにおそろしくよくわかる話になっていく。

しかしこれとても、ロシアの農夫の立小便まで見分けてしまう現代では、大陸の中の幻の海捜しなど陳腐もいいところの話になってしまうのだから、時代の進歩、科学の進歩などというのはすこぶる味気ないものである。

探検記は現場追行型で読むのが一番、という論でいくと、一九八四年にパタゴニアの旅ではじめて読んだチャールズ・ダーウィンの『ビーグル号航海記』もロマンと思索に満ちた、いい状況の中での本であった。

このときの旅は、チリの最南端の港町プンタ・アレナスからリエンテール号というチリ海軍の小さな軍艦に乗ってマゼラン海峡を南下し、ビーグル水道からドレーク海峡へ出ていく、というものだった。

そのコースのうちの大半が、一五〇年前にダーウィンのたどったものと同じであったし、地の果てのように荒涼とした氷河と、無名峰のつらなるあたりの風景は、おそらくダーウィンの頃とほとんど何も変っていないようであった。

激しく揺れる船室の中で、ぼくは一五〇年前のこのすぐれた科学者の目に驚き、それからまた彼らの旅の意志の大きさに感服した。

ダーウィンはその旅の中で、実に克明に時間をかけて、そこに住むさまざまな生物を観察し、分析しているのだけれど、一五〇年後にやってきた東洋のボンクラ作家は、そこでわずかにコンドルとグアナコ（らくだの一種）の二種類しか眺めることができなかった。滞在している期間が短かすぎるし、ダーウィンの能力におのれを比較することも笑止千万だろうけれど、現場追行型の本読みというものは時として絶望的な劣等感にさいなまれる、という困った側面を持っているのもたしかである。

ダーウィンよりもさらに三百年も前にここを通ったマゼランの探検記『マゼラン』(ツヴァイク)も同じ旅の中で読んだ。伝記ものはあまり好きではなかったのでツヴァイク全集の中のものを読んだのはそれがはじめてだったが、マゼラン時代の探検になると、要するに国家そのものを背負って進んでいくようで、いわゆるぼくの志向する未知追究ロマンのものよりは随分重くなってしまうのが少々きつかった。

一九八六年にトロブリアンド諸島のひとつの島に出掛けたとき、そこがマリノフスキーの『西太平洋の遠洋航海者』の舞台となっている海域だ、ということも知り、あわてて同書を〝現場読み〟した。電気も水もガスも酒もタバコもない、本当の熱帯の原始島だったので、本を読むのは毎日暑さのやわらぐ夕方あたりから日没までだったけれど、その島はそれまでぼくが旅した世界の辺境地の中で最も文明から遠い世界であった。

ぼくは部族の鮫とり漁に同行し、そこで一人の男から一本の木で作った櫂をもらった。男は顔に白いペインティングをほどこし、ビンロージュの実をたえずくちゃくちゃと噛んでいたので、口の中がヒトの生き血を吸ったように真っ赤になっていた。この男と交わしたコトバは日本語で「ウマイ」だった。捕ってきた鮫を浜で焼いて食った時である。

ぼくが鮫の肉を食い「ウマイ」と言ったら、その男も真似をして「ウマイ」と言った。それから二人して笑った。「ウマイ」というのは異言語交流の最もわかりやすい言葉なのだ。

『西太平洋の遠洋航海者』は、このトロブリアンド諸島で行なわれている壮大なスケールのクラの儀式がテーマになっている。クラの儀式というのは、トロブリアンドの広大な海域に散らばる数千の島々をカヌー船団が島ごとにリレー形式で結び合う海の巨大な輪づくりである。

カヌーの船団は、ひとつは時計回りの方向に、ひとつは反時計回りにながい航海の旅に出る。時計回りの船団は《白い貝の腕輪》を、もう一方は《赤い貝の首飾り》を、それぞれの船団のシンボル＝宝として持っていくのだ。そしてこの宝が島と島のリレーのバトンがわりになるのだという。

クラの儀式は、このふたつの宝物を数年がかりで次々にリレーしていきながら、同時に島々の交流や交易、そして血もまた交流させていく、という重要な任務を持っているのである。

ぼくはこの島でクラの儀式に使うカヌーに乗り、その《赤い貝の首飾り》というのを見せてもらった。貝と貝をつなぐ紐の中に桃色のプラスチックの小さな円盤があった。何の変哲もない、というより、文明国の道路に落ちていたら子供も拾わないような粗末なものだったが、しかしそれは目の前の蒼すぎる海と風の中で妙に美しかった。この島で裸足で歩いていたら貝で足を切り、それが化膿してすこし熱を出してしまった。

そこで、部落の一番大きな樹の下で半日かけ、レヴィ=ストロースの『悲しき熱帯』を読んでいた。すると犬たちもその樹の下に来てヒル寝していた。本にくたびれて犬たちを見ていたら、かれらの寝かたがすこし変っていることに気がついた。下肢をアジの開きのようにパカッとひらいて、そうして本格的にウッブセハラバイの恰好をして寝ているのだ。

そのあとで別の熱帯の島、たとえばパラオとかタヒチとかセブの島々で、やはりそこに住む犬が同じようにハラバイの恰好で寝ているのを知り、それが熱帯の犬たちに共通したものであるのを知った。

おそらくかれらは(犬のことだが)そうやってもっとも毛の少ない腹を地面にじかに密着させることによって、地面の冷気を体に触れさせているのである。

それぞれ遠く離れた南洋の島々の犬だから、こうしたノウハウを親子の血で伝えあう——ということもできないだろうから、こういう独得の寝かたはそれぞれの島の犬たちが独自に体得していったのであろうか、あるいはなにか犬たちのクラの儀式の輪のようなものが存在しているのだろうか——などと考えるのも南洋ののんびりしたリズムの中だからであろう。

ソ連を旅行したとき、さまざまなロシア、もしくはシベリアの旅行記を〝現場読み〟していったのだが、一番面白かったのは『露国及び露人研究』(大庭柯公著)だった。文語体というのだろうか、昭和生まれのぼくには少々違和感のある文体で記述されているものも多いのだが、特別な国であるだけに、その内容の多くは書かれた歴史の距離を感じさせない臨場感に満ち、ずいぶんと迫力があった。

本は読んでしまったけれど、まだ〝現場読み〟できないあこがれの課題ものが二冊ある。ひとつは『チベット旅行記』(河口慧海著)である。日本人の単独潜入記では大庭柯公のロシア徘徊ものと並ぶスリルに満ちた驚嘆の書であり、これを読んだ時に日本人の重い強さ、というようなものをはじめて知ったような気がした。

植村直己の『北極圏一万二千キロ』を読んだ時も同じように日本人の単独になったときの強さ、というようなものを強く感じた。どちらの地も、そのとおりなぞって歩くには厳しいところなので、これはなかなか〝現場読み〟というのはできそうにもないが、それだけにいつか何かのチャンスがあって、そこにおもむくことができたのなら、かれらのロマンの残滓《ざんし》を現地の風の中でほんの少しでも嗅ぎとりたいものだ、と思っている。

『活字のサーカス』あとがき

重度の活字中毒者であることは間違いない。つねに何か読んでいる。つねに何か読むものを捜している。大あわてで電車などに乗って、読むべき本も雑誌も何もない、ということに気づいたときのあせり具合といったらひどいものだ。せっかく座れたのに読むものが何もなくて途中の駅で降り、キオスクで週刊誌を買ったことがある。

そういう時は黙って腕を組んで眼をつぶり、人生のことや世の中のこと、愛や恋のことなどを心しずかに考えればよいではないか、あるいはそういうフリをしつつ睡ってしまうというのも生きる過程のよろこびというものではないか——などとかしこい人によく言われるのだが、こちらはとにかくかなしい中毒者なのである。手や目玉がフルエてとてもそんなおそろしいことはできない。

要するに読書ビンボーなのである。

それともうひとつ、電車などに乗って本を読んでいると、なにかずいぶん得をしたような気持になる。つまりA地点からB地点へ移動しながら、かつ「本を読む」という行為が加わる。移動しながらもうひとつ別の業務を遂行している、というヨロコビがある。ついでに駅弁でも食べたりすると、移動しつつ本を読み、同時に食物を摂取する、という三つの事業を同時になしとげている、というおそるべき充足感にひたることができるのだ。

ま、しかしよく考えてみると要するにこれもビンボー根性のなせる技なのだ。

損得を抜きにして、本を読む状況の中で一番好きなシチュエーションは、一人用のテントの中で、パーカーをくるりと丸めた枕の右側にウイスキーのポケット瓶、左側にシエラカップを置き、ヘッドランプの光で本を読む、ということだろうか。

テントのむこうの谷川のせせらぎを聞きながら、本の中でおどる数億の活字サーカスの世界を、ウイスキーの酔いがまわって睡くなるまでじっくり楽しんでいく、というのが、とりあえず目下の自分の人生のしあわせ——なのである。

活字博物誌

ガリバーの悩み、ゴジラの反省

H・F・セイント著『透明人間の告白』(新潮社)が翻訳されたのは一九八八年で、ぼくは『本の雑誌』でその年のベストワンに推した。

同じようにこれは十年に一度の傑作だ！　と絶賛した活字中毒者、目黒考二(文芸評論家・北上次郎)は、読後にぼくと電話で話し、「これは透明人間の暮しの手帖だったから面白かったのだ」と彼も面白いことをいった。

H・G・ウエルズの『透明人間』はSFの古典的名作である。

そしてこの小説は人間が透明になってしまうというとてつもなく強烈なワンアイデアの勝利で、この一作が出てしまった後は、もう誰も同じシチュエーションの透明人間の話は書けないものと思われていた。書いたとしてもモロに亜流、モロにB級という評価しかされないだろうと考えられたからだ。ウエルズの小説は、人間が透明になってしまったことで起こりうる問題や事件が話の主で、透明になってしまった人間の日常生活におけるヨロコビやカナシミといったことにはあまり触れていなかった。ところがセイントのこの小説は、透明人間の透明であることの暮らしぶりを詳細に書いていて、そのあたりがつまりはたいへん面白い。

ウエルズ的思考でいうと、透明人間はまことに便利かつ有利な存在に思えるが、セイントの小説を読むと、透明人間というのは、たとえば街を歩くことからして大変に面倒臭い存在であることを知る。

なにしろ相手に見えないのだから、常に細心の注意を払って歩かないと、すぐに人にぶつかってバレてしまうことになる。歩道の隅をコソコソと逃げるようにして歩く。エレベーターに乗るのも難しい。混んできたらアウト。降りるタイミングだって必死である。腹が減って何か食べるにしても人前では絶対に食事はできない。なぜならばパンや肉を口に入れて咀嚼《そしゃく》し、胃に収めてもパンや肉は別に透明ではないから、その一部始終がマル見えである。嚙んで細かく破砕され胃に落ちついて蠕動《ぜんどう》運動でかき回されこねくり回されているところなどが全部素通しで見えてしまうのだ。そのありさまは汚くて気味の悪いものであろう。

だから食事はいつも隠れてコソコソと、大急ぎで食べる。しかも食べた食物が消化されて体の組織と一体化して透明化するまで人前には出られない。透明人間というのはじつに全く不便な生き物なのだ、ということがこの本を読むとよくわかる。

ヒトは特別な形態や能力を持ったもの、たとえばスーパーマンなどに憧れるものだけれど、その当人からすると、余人には思いもよらない苛立ちやカナシミがあるのだろう。

フランス人のプロレスラーにアンドレ・ザ・ジャイアント（本名ジーン・フェレ）という巨人がいた。身長二メートル二三センチ。体重二五〇キロというプロレス史上最大の巨体だった。このレスラーがまだモンスター・ロシモフというリングネームで、日本に来日したばかりの頃、ぼくはプロレス業界の取材がけっこうあって、この人の記者会見を眺めていたことがある。

記者会見といってもスポーツジムの半地下室のような殺風景なところでやっていたのだが、フラッシュをしきりに浴びる巨人は終始不機嫌で、苛立っていた。最初は怖さを演出するためのものだろうか、と思っていたのだが、そうではなくて、じつにココロから苛立っているらしいとわかってきた。

それは自分の体が、日本人の前でひときわ巨大であり、日本のプロレス記者たちがそれをまさしく見せ物小屋の怪物を見るような気分でどよめきながら眺めていたのと関係しているように思えた。

この巨人レスラーは一九九三年に四七歳の若さで死んでしまったが、業界でつたえられるところによると日本への来日は多かったが、日本人が特に嫌いだったという。おそらくこのレスラーが行くところ、怪物を見る好奇の目の日本人ばかりだったのだろう。

このレスラーはよく新宿の京王プラザホテルに泊まっていた。当時ぼくもそのホテルでカンヅメになって原稿を書いたので、時おりレストランなどで出会うことがあった。ホテルのレストランだから、さすがにまわりで無遠慮に見物している日本人もおらず、一人でくつろいでいた。ビールが好きなようで、手のひらに入るくらいのビールの小壜《びん》を指先でつまむようにしてぐいぐいとのんでいる姿が妙に悲しげに見えた――のはぼくも結局かれを怪物視していたのだろうか。

その晩ぼくは部屋に戻り、ガリバーのことを考えてしまった。子供の頃は、かなりの子供がガリバーに憧れた筈である。

あの巨大な体で海を歩き、川をまたぎ、山に腰かけ、敵の住む国をどすどす踏みつぶしてしまう、などということが自由自在というのはどんなに面白いことだろう、と、多くの子供らが（たぶん世界中の子供らが）考えたことであろう。

ジョナサン・スイフトのガリバーの物語もまた一作だけのお話で、このアイデアとこのシチュエーションでは二度と他の人が書けない世界であった。けれどH・F・セイントの発想でもって――つまりガリバーの暮しの手帖の路線で新しく書き起すことはできないだろうか、とあるときテーマに詰まった無能作家（ぼくのことです）は考えたのである。

でもってスイフトの原作をもう一度読み返してみると、けっこうかれの巨大な状態での異様な生活のあれこれが具体的に書かれている。なんといっても子供の頃読んだ少年少女用のガリバー物語で一番最初に「わあ」と思ったのは、その小さな人々がガリバーに食物をあたえるシーンであった。たとえば当時は日本人になじみのなかった樽ごとの酒などというのはどんなものであるか見当もつかず実に興味深かった。そもそもパイントという量の単位がわからず、そのことがさらに興味を増した。改めて読んでみると、樽の中身は半パイントのブドー酒であるという。一パイントはおよそ五七〇ccであるから、これはガリバーの側からみた単位であったのだろう。

排便排尿についてもけっこうリアルに書かれているので感心した。かれは「そう長くもない鎖がのびきるぎりぎりの所まで行って、例の厄介至極な重荷を放出した。〔中略〕つまり毎朝、人の往来が始まる前に、この鼻もちならぬしろものは、わざわざそのために特別に任命された二人の召使によって手押車で運ばれることになったというわけだ」(平井正穂訳『ガリヴァー旅行記』岩波文庫)。

かれの出す糞の量をスイフトは書いていないが、暮しの手帖路線でいくとなるとこういうところが気になる。

食生活が異なるから、人間の排泄物の量は国によって、時代によっていろいろだろう。十九世紀のフランスの建築家フランソワ・リジェは、当時としては珍しくトイレの問題に大きな関心を抱いていて、フランス人が二十四時間に出す尿の量は一二四〇グラム、糞の量が二五〇グラム前後というデータを残している。

ガリバーが漂着した身長六インチ（約一五センチ）の小人国の住人にとってこの二五〇グラムがどのくらいのボリュームになるのか――を、我々の人間サイズ（身長一六七センチとして）から見た比例で換算してみると、三四五キログラムになる。ガリバーの排便習慣が一日に何回なのかはわからないが、まあノーマルに朝一回型として、とりあえずどでんと三四五キログラムである。二人の召使はそのくらいでっかいかたまりを毎朝「コンチクショウ」と言いながら運び出していたのである。

今の日本の子供たちにとって巨大で強いものの代表は、ガリバーよりもウルトラマンやゴジラだろう。

ぼくが一九九六年に読んだ本の中で、一番面白かったのは『空想科学読本』（柳田理科雄、宝島社）であった。この本は、ここ十数年テレビの夕方の番組で人気のロングランを続けてきた少年少女のヒーローたちをひとつひとつ科学的に存在検証していく、というもので、まあ科学的といってももともとよりでっかい冗談であるから何かと原則的四角四面思考の日本人には異端の一冊ではある。

のっけからウルトラマンの問題が出てくる。ウルトラマンは身長四〇メートル、体重三万五〇〇〇トンという設定である。この大きさと重さの具体的なイメージは長さ四〇メートル、重さ三万五〇〇〇トンの船が立ち上がっている状態を考えればいいだろう。これが東京湾で怪獣とタタカウのはかなり問題がある、とこの本の筆者は述べている。

東京湾は泥の上にヘドロのたまった海である。体重三万五〇〇〇トンの二足歩行のかれはたちまちこのヘドロと泥の底深く全身もぐりこんでしまって、要するに湾の中ではハナからタタカイにならない——と。まあこのあたりはこの本の導入部で、以下まるまる一冊ぶん、我々の硬直化した頭の中を徹底してかき回してくれる。

東京湾からあらわれるゴジラはもっと問題が大きい。デビュー当時のゴジラは身長五〇メートル、体重二万トンであったが、最近のリバイバルゴジラはさらに巨大化して六万トンである。なんてことだ。タンカーぐらいの重さのものが歩いてくることになる。ゴジラにたいする素朴な疑問は、なぜ火を吹くことができるのか、ということであった。このことについても柳田本はぼくと同じように疑問をもち、解明を試みているのがうれしい。

火吹き系の怪獣は沢山いるが、火を吹くために摂取する〈食料としての燃料〉によってその生態系は二系統ある。ウラン系が、ゴジラのほかにガボラ、バゴス、キングザウルスⅢ世などで、石油系がタッコング、ペスター、ガメラなどである。

ウランをたべるとすぐ火が吹けるか、というとそうは簡単にいかない。原子核分裂を体内でシステム化させるというのは大変なことで、まあそのことの検証はおいといて、筆者が石油系の怪獣には可能性がある、と説いているのが妙にリアルで笑える。

「これに比べて、実際に存在してもそれほど不思議でないと思われるのは、石油を飲む連中である。

石油は炭素、水素、酸素を主成分とした様々な化合物が混じり合ったもので、自然界の動物にとって養分となる物質に近いからである。自然界に原油を飲む動物がいないのは、これらの化合物を消化する酵素がないためにすぎない。

おまけに、石油は空気さえ遮断すれば燃焼が止まるので、取り扱いが簡単だ。火を吐く怪獣がいるとするなら、石油を燃料にするタイプが、最も可能性が高い。

しかし石油は、自然の状態では土砂と混ざり合って地下に埋まっている。実際にそれを飲むとなると、土砂ごと飲み込まなければならない。地質にもよるが、飲み込む土砂の量は、体積にして原油の四倍前後になる。

これらの土砂は、もちろん燃料にも栄養分にもならないので、大便として排出されるほかない。この大便は、原油廃棄物と土砂の混合物だから、すなわちアスファルトである。石油怪獣を道路工事現場に誘い込み、火を吐かせておいて、いきなり脅かして脱糞させ、その上をローラーでならせば、立派な舗装道路の完成である。夢の廃物利用ではあるまいか」

こうなるとゴジラの糞の量がどれほどか気になるところだが、残念なことにこの本には出ていない。

現在ある地球の陸上生物の中で一番大きいのはアフリカゾウで、雄は平均四・七トンの体重があり、一日排便量は一二〇〜一四〇キロであるという。

体重六万トンのゴジラの糞をこのアフリカゾウの排便比率で対応させると、なんと一日一五〇〇トンである。これだけの量の道路舗装資材を毎日出していけるのなら充分実用に値する。

ゴジラも永いこと東京タワーや鉄道やそこらのビルなどの破壊を続けてきたから、ここらでせめてもの補償補修反省行動を促したい。

しゃがんで何をする

八ヶ岳のふところ深いところから流れ出る川のそばで数人の男たちとキャンプをした。年末のさなかであり、零下一〇～一五度ぐらいまでさがる場所なので、モノずきのそしりをまぬがれないが、しかしなかなか楽しい一夜であった。

期待した流木は川のそばにはなかったので、山林に入って倒木をかついできた。カラマツの間伐材である。もう山肌に雪が積もっているので、倒木は凍っていてえらく重い。木はほどよい長さに切り、それとは別にたきつけ用の枯枝も大量に集めてきた。テントを張り、焚火料理用のかまどをつくり、あとは日が暮れて火をつけるのを待つばかりである。

川の中に鹿が死んでいた。何かに襲われたらしく尻のあたりに食いちぎられた跡がある。日本でもまだそんな風景に出会えるのが嬉しい。

その日は冬至であった。すなわち一年のうちで一番日中の時間が短い。山の谷間は午後四時になると薄暗くなってくる。

日が落ちると、「ずしん」と音をたてるようにして気温が下がる。いよいよ焚火の開始である。

我々の焚火は一本の太い丸太を枕のようにして、そこに寝かせるように同じ方向に沢山の丸太を並べて火をつける。

伝統的かつオーソドックスなピラミッド型に薪を組みたてた焚火とはだいぶ様子がちがう。我々のこのやり方だと片一方を枕にのせて高くしてあるので、下から空気が常に入ってきて、非常に火つきと火保ちがよい。たえず木の組み合わせをいじって調節する必要もないので、一度燃えあがるとあとはゆっくりそのまわりで酒をのんでいられるからせわしくない。またぎのよくやるスタイルだという。

まだ天空には蒼さが残っているが、冬の月が出てくると、さらにもう一段階「ずしん」と気温が下がったような気がした。

踊る火を眺めながら皆で酒をのむ。ぼくのまわりにいる男たちはこうして焚火を眺めながら酒をのむのが好きだ。火を眺めていると、時に応じ機に応じ気持ちが落ちついて穏やかに丸くなったり、その逆に高揚発奮、ぎりぎりエキサイトしたり誠に多様な反応をする。

どうしてなのだろうとしばし考えたことがあるのだが、ひとつには太古から連綿と人間につたえられるべく、遺伝子の中に組みこまれた精神の〝焚火反応〟のようなものがあるような気がする。

たとえば、ぼくはこう思うのだ。

人類は五百万年の歴史を持つというが、その太古、人類が人類として生まれて最初に起こした「猿以上」の知能行動は、火をつかうことではなかったか――と。山火事か何かで火のカケラを拾い、その火から焚火をつくって火を自分の持ちものにした。

焚火はあたたかく、獣から身を守ってくれる。火を慕って他のヒトも集まってきて言語伝達、会話の必然となる。それまで生のまま齧っていた兎や鹿やらの肉を焚火の炎で焼いてみたら、これが香ばしくてうまい。

「おお、これからの肉はこうするに限る」などと頷きあったりしたのかもしれない。原始焼肉誕生の瞬間である。

どちらにしても焚火は人類にこの上なく有難いものであった筈だ。以来今日まで、人類は、この地球のいたるところで、おびただしい数の焚火をくりかえしてきた。そしていまだに我々その末裔は焚火を前にすると、心をさわがせ、あるいは穏やかに鎮静化させる、ということをくりかえしているのではあるまいか。人類にとってこれほど重要と思われる焚火なのに、なぜ系統だった焚火学、焚火論というものがないのか不思議である。文化人類学焚火分科会議の即時開催を望みたい。

焚火を前にすると心が素直になる、という現象もある。緊張がほぐれ、目の前で酒をのみ、あるいは芋を食っている男がとてつもなくいい奴に見えてきてついつい心をひらいていく、という効用もある。

焚火にあたるときヒトは通常腰かけたりしゃがんだりする。立って焚火にあたるということも時おりあるが、この場合は、たとえば工事現場に出かけて行く前にちょっと体をあたためていく、とか、今はもうほとんどそのような状況はないのだろうけれど、学校の行き帰りの落葉たきにちょっとひっかかっていくか、というような時ぐらいで、大多数の焚火は落ちついての長居スタイルである。

この、丸くなってしゃがむ、という姿勢も実に焚火ならではのもので、通常はあまりこのような形にならない。おやつのオダンゴをまん中にしてみんなで丸くなってしゃがむ、なんていう状態はあまりないでしょう。

話は変わるけれど、近頃「地球にやさしく」などという標語的なフレーズが流行っている。ぼくはその精神は理解しつつも、このいかにも優等生のセリフみたいな言葉がどうも好きになれない。

大地に還元できないプラスチックの容器などをやめて、別の有機的分解の可能なものに変えていくというような発想は頷けるけれど、日本というのは、こういう口あたり耳あたりのいい正しそうなクリーン言葉をすぐに宣伝文句に利用したりするから油断ができない。

このあいだ、「地球に優しい野菜づくり」などということを謳っている宣伝物があったので何かと思ったら、ベランダで栽培する卓上野菜（かいわれ大根など）のことであった。

地球にやさしいアウトドア、などということもこの頃よく言われていて、たとえば焚火などは地球にやさしくない代表のように言われてしだいに批難されつつある。キャンプ場でも焚火を禁止するところがふえてきた。焚火愛好家の我々としてはさびしい限りで、しかたがなく昨夜のように山の奥深くわけ入って秘密の焚火をしなければならない。

いま都会にすむ子供たちは家庭生活の延長で焚火をやるということなどゼロの状態になっているだろう。

夜の本当の闇の中でハダカ火を見ることのない子供たち、というのが大多数の社会というのは何か不安な気がする。

数年前、マンションの上から二人の小学生が消火器を落とし、それが下を歩いていた少女にぶつかって即死する、という痛ましい事件があった。消火器を投げすてたこの少年らはごく普通の子供たちだったそうだが、おそらくこの二人は今まで一度も木に登ったことがないのだろう。木に登って落ちたという経験がないのである。むかしの子供たちはたいてい木に登るか、あるいはそれに近い遊びをして痛みを知る。それが大人になってから感覚のバランスをつくる重要な学習だった。

いまの日本の子供をめぐる超過保護社会は、子供らにリスクを求めない分なにか途方もない精神のゆがみをそこに発生させてしまっているようで、どうもキモチワルイ。

『しぐさの日本文化』（多田道太郎、角川文庫）を読むと、近頃の日本人が日本古来からの伝統的なしぐさをどんどんなくしてきていることに気づく。

たとえば「はにかみ」のしぐさの中に含まれる「目を伏せる」「目をそらす」などという動作にはもう何年も出会っていないような気がする。外に出ると若い娘の大口あけたガハハハ笑いは毎日のように見るけれど、「微笑」というものとの遭遇はたえて久しいような気がする。

その本の中で、日本人の女性が電車の中で眠っているしぐさについてラフカディオ・ハーンが書いた一文が紹介されている。

「彼女らは左の袂《たもと》で顔をかくし、こくりこくりと居眠りしている、それはまるで流れのゆるい小川に咲いている蓮の花のようだ」――と。

ごく最近日本にはじめてやってきたアメリカ人の女性ジャーナリストと話をした。彼女は女子便所に入って、日本人女性が例外なく小用をする時に小用と同時に水をながしていることについて「何故だ？」と聞いた。

「それは小用の音をあの洗水の音でカモフラージュしているのである」

と答えると、彼女はびっくりして目を丸くし、

「何でそんなものが恥ずかしいのか？」

と叫ぶようにして言った。

なるほど小便の音など人間ならば皆同じだ。個人差として音の大小高低があるくらいで、人類みな同じ小便の音、その音の何が恥ずかしいのだ、と強い調子で言った。言われてみれば答えようがない。さらに言えば日本の公衆便所は世界でも類を見ないくらい密閉され、個人のプライバシーが守られている。そうまでしてあって何が恥ずかしいのか。

「むしろ私には電車の中で若い娘が大口をあけて寝呆《ねほう》けている姿のほうがよほど恥ずかしいと思うのだが……」とその女性ジャーナリストはつづけて言うのだった。

「しゃがむ」はアジア民族独特のしぐさらしい。さらにアジアの用便スタイルにはしゃがむ式のものが多い。しゃがんで排便する姿勢は恥ずかしいのか。

中国との国交回復後間もない頃、中国へ行き、開放便所に入った。個室というものがなく、大便もしきりのないところで行なう。

長い旅だったので慣れなければと思い、つとめてヒトの大勢いるところでそれを行なった。はじめはすさまじい羞恥心に襲われるが、しかし人間は結局同じ姿勢をして同じことをしているのである。すぐにどうということもなくなった。

それから数年おきに何度も中国に行き、あるとき砂漠へ行く探検隊の一員として長い旅をした。砂漠を進み、時おりオアシスにたどりつく。オアシスで宿泊し、食事をとり、翌日朝に出発する。便所に人が沢山集まっている。小さい招待所（旅館）だったので便所はひとつしかない。当然そこも開放便所で戸がない。大勢のせっぱつまった行列の前で、大便をするのである。しかも行列の先頭の人と向きあう恰好になる。

開放便所ですることについてはもう平気になっていたが、行列の前でする、ということにはまだ慣れていなかった。

その時気づいたのだが、しゃがんでの排泄行為のさなかはそれほどどうということはない。問題は終わって尻を紙で拭くときなのであった。これがとてつもなく恥ずかしいのである。何よりもあのしぐさが恥ずかしい。消え入りたい気分とはこのことか、と思った。

どうしてなのだろう、ということをあとでしばらく考えた。

推論でしかないが、ひとつの思考に行きあたった。

それは、紙で尻を拭く、という行為は人間しかしていない、ということと何か関係がありそうだった。この地球上に生きる生物のうち人間だけが唯一子細に手や紙で尻の残存物を除かなければならないのである。他の生物、たとえば人間と近いところにいる犬や猫などと較べても、排泄の自己完結性という点で人間はいちじるしく劣っていると言わざるを得ない。

馬や兎など走りながら糞をしてしまう。縦列隊形で馬を走らせているとき、すぐ前をいく馬が尾をあげた。ハテサテと眺めていると尻の穴が見る見る大きくなってタドンのようなまっ黒な穴になり、やがていきなりバスン！　とちょっとした大砲のように糞が発射された。危ないところでよけ、直撃はくらわなかったが、その時もつくづく「見事だ！」と思った。カッコいいとも思った。

人間が不恰好に紙で尻を拭くのとくらべたら雲泥の差である。「くやしい！」とも思った。

人間が尻を拭くのに紙をつかうようになったのはたかだかこの一世紀ぐらいのことである。人類五百万年の歴史からいったらこの一世紀などごくごく最近のことでしかない。そしてこの百年間、人間はすなわち木を原料とする紙でせっせと尻を拭いてきたのだ。

このことはもしかするととてつもなく地球にやさしくないことだったのかもしれない。来世紀の中ごろまでに、このままいけば地球の地下資源はついに枯渇するらしい。地球が生き永らえて、たとえば二十三世紀あたりの歴史学者が二十世紀の後半に世界中の人々が紙で尻を拭いていた、ということを知って、この時代の人々はなんという無知無謀なことをしていたのだ？　と絶句するかもしれない。

消えた焚火を囲むようにして我々のテントは張られている。明け方はマイナス一〇度だった。あついコーヒーをのむとすぐにモヨオしてきた。ぼくはきわめて消化器内臓の性能がいい。ロールペーパーをもって近くの雑木林の中に入っていく。思えばこのロールペーパーこそ人類五百万年文明の誤った発達のシンボルであるのかもしれないのだなあ、などと思いながら小さな滝を見おろすところでしゃがんだ。人類の基本姿勢のひとつであるこのしゃがむスタイルは精神が安定する。気持ちがひきしまり、体の内側が開放される。つかのまの黄金の時間である。ゆったりとした気持ちのもとに、人類は実際のところあと何年ぐらいこの地球上に生きるのだろうか——ということを静かに考える。

アナザワールド

時おりホテルなどでニュースを見るぐらいで、家では二年ほど前からまったくテレビを見るのをやめてしまった。やめてしまうとテレビというのは癖で見ているのだな、ということがよくわかる。タバコみたいなものなのだろう。だから、もうじき七〇チャンネルもあるものすごいデジタルテレビ時代がくるなどというのを聞くと、気が遠くなる思いだ。

ぼくは一九四四年生まれなので、まあ要するに一番多感で強烈な吸収力にみちた時代にテレビが登場し、バクハツ的なその影響力と普及の歴史を見てきた。

当時男の子供らにとって（たぶん男の大人にも）一番の人気はプロレスで、放送のある日はテレビを見せてくれる電気屋の前は大勢の人だかりができ、押すな押すなで殴りあいのいざこざまであった。ぼくたちはプロレスのある金曜日は落ちつかず、夕食をたべると早くから電気屋の前で待っていたものだ。

電気屋の店先にあったテレビは丸いブラウン管の、外側のケースも何もない試作品みたいなやつで、映りもすこぶる悪かったけれど、その小さな画面の中で暴れる力道山を見ては、大人も子供も一緒になってコーフンしていたものである。

そのうちに小才のきいた奴があらわれて、海岸にある海の家（納涼台ともいった）に人を集め、有料でテレビを見せた。料金は大人も子供も一〇円だったが、昭和二十年代はじめの頃の一〇円だからけっこうな値段だ。海の家はけっこう広かったから三〇〇人ぐらいはいただろうか。しかし評判を呼んで沢山ヒトが集まるようになると、さすがにこれは不法商売であろうからじきやらなくなってしまった。一〇円払っても見たかった我々としては残念しごくであった。

『力道山と日本プロレス史』（梶原一騎、弓立社）に昭和二十九年二月十九日に行なわれた力道山、木村政彦組対ベン、マイク・シャープ兄弟の試合は、会場となった蔵前国技館に一万三〇〇〇人が詰めかけ超満員のパニック状態となった、と書いてある。この試合も一〇円払って海の家で大人たちと熱狂して見ていた記憶がある。

このプロレス人気がテレビ放送とテレビ受像機の急速発展と拡散に大きく寄与したのはたしかで、日本経済も、そしてそこに生きたぼくらも、思えばあれはあれでいい時代だったなあと思うのである。

テレビ受像機を売るために日本テレビが街頭テレビをあっちこっちに設置したのは有名な話だが、これは実にストレートで効果的な方法だった。

『力道山と日本プロレス史』にはその街頭テレビでプロレスを見ている人々の写真が載っている。ざっと見て五〇〇〇人以上はいる。ほとんど真横から見ている人、木に登って見ている人などがいて、その熱狂ぶりがつたわってくる。一番うしろの人は三〇メートルぐらい離れているのだからものすごい。男ばかりであるのも異様な光景だ。

戦後強くなったのは女と靴下と言われるすこし前であったから、この頃はまだ男にも実権があったのだろう。街頭テレビでプロレスを見てコーフンし、おい、うちもテレビを買おう！　とおとうちゃんがおかあちゃんに大決断大発表をしていたのかもしれない。

ぼくの家はちょうどその頃父親が死んだ。父親は公認会計士をしていたが、長兄がそのあとをつぎ、やはりプロレス好きだったので、長兄は「よし！　テレビを買おう！」と宣言し、我ら弟らはやんやの拍手をおくった。

テレビが家にやってきたのは、まさに大事件で、家族全員がその日の放送終了までじっと見届けた。そう、それはまさしく見届けた――のである。以来夜は家族中がテレビを見ていたから、当時は家族団欒がちゃんとあったのだ。そうしてつまりテレビが一番偉かった時代でもある。

村松友視さんは、その頃プロレスを見るときは部屋の電気を消していた、という、思えば重大な回顧的発見を『私、プロレスの味方です』（ちくま文庫）の中で書いている。そうだったのだ。あの頃はプロレスだけでなく、他のテレビ番組も部屋の電気を消して、家族全員で、力をこめて真剣に見ていたのだ。とりわけ日曜日の娯楽といったらもう完全に夕食後に見るテレビで、とくにアメリカ製の連続テレビ映画は大きな楽しみであった。

たとえば、「パパは何でも知っている」は、いま見るとアメリカのごく一般的な家庭を舞台にしたホームドラマにすぎなかったわけだけれど、当時の子供から見たら、とてもいま我々と同じ時代に生きている人々の話とは思えなかった。遠いアメリカという国の話ではなくて、どこか別の世界の夢のようなお話であるように思えた。

文字の本を読むのに疲れたようなとき『写真でみる日本生活図引』(須藤功編、弘文堂)をパラパラやる。この本は①たがやす、②とる・はこぶ、③あきなう、④すまう、⑤つどう、の五巻組で、主として戦後から昭和三十年代ぐらいまでの、それぞれ項目にそってさまざまな写真が集められている。ウイスキーなどやりながらたいした目的もなしに眺めていると、過去の世界への旅に出ていくようでとても楽しい。

第五巻(つどう)の中に昭和三十四年七月、新潟県岩船町のある家のテレビを見ている一家の写真が出ている。テレビはナショナルのダンボールの上にのせられていて、ブラウン管の角がとても丸い。見ている人たちはそこに写っているだけで一三人もいる。主《あるじ》らしい男が柱によりかかっているほかはみんな正座して見ている。セーラー服を着た中学生ぐらいの少女もいる。それらの人々の一番うしろに五、六歳の丸坊主の子供がゴロンと寝ている。いつか見てきた風景そのものだ。

解説に、近所の人がやってきて見ているのだろう、そのためにきちんとかしこまっているのだ、と書いてある。

テレビ放送が開始された昭和二十八年は米一〇キロが六八〇円、小学校の先生の初任給が五八五〇円（昭和二十七年）、白黒テレビの受像機は一八万円であった。あらためてこう対比してみると当時のテレビというのはとてつもない高級高額品であったことがわかる。

この時代、テレビを見ないときはちょっと高級そうな布でカバーをかぶせておく家が多かった。テレビの画面の前は小さな緞帳のようなデザインのタレ幕になっていて、この高級品を大切に覆っている。この頃はテレビ画面と劇場のイメージがどこかでつながっていたのだろう。

やがてこの画面の前の幕をいちいちあげおろしするのは面倒だ、ということになったのだろうか、そのテレビ緞帳はしだいに消えていったが、それでもテレビの屋根の部分だけ覆う布がしばらく存在していた記憶がある。思えばこれが日本人がまだモノというモノをきちんと大事にしていた時代の最後の象徴的な〝一枚の布〟であったのかもしれない。

その頃の子供の世界観はアメリカがすべてで、ときおり町で見かける外国人はみんなアメリカ人であった。おそらくイギリス人もフランス人もロシア人もドイツ人もいたのだろうが、外国人はすべてアメリカ人という単純な認識は当時の日本人に共通していたように思う。

テレビで見るアメリカ人の生活で、とりわけ目を見張ったのは家の中で靴をはいていること、家の中で犬を飼っていること、子供の前で父と母がキスをすることなどなど、沢山あって、やはりそれは圧倒的にいま自分たちの生きている時間や空間とは別の世界の風景であった。

昨年、インドネシアのバリ島をすこし歩いた。田園の多い、緑のゆたかな素晴らしい国であったが、とりわけ目を引いたのは田んぼのなつかしさだった。日本と違って田の畦道《あぜみち》が曲線で、それが段々になっているから、緑のふところが深い。田のまわりにもきれいで早い流れの小川が縦横に巡り、いかにもここちがいい。

なつかしい風景、と思うことのひとつは、田のまわりに沢山の人々が働いていることであった。なるほど田んぼにはこんなにも人の手が必要だったのだ、とあらためて気づいたのである。それは日本に帰ってから、小さな旅に出かけ、たまたま田園の多い土地を列車で走っている時に気づいたのであり、バリにいる時にはそのなつかしさのもとになっているものがわからなかった。

いまの日本の田園はあまり人の姿が見えない。動いているのは機械類で、それすらもあまり見られなかった。

むかし、アメリカのさまざまなことを知りはじめた頃、アメリカ農業は飛行機を使って種をまいたり消毒薬を散布すると知って大いに驚いたものだが、いつの間にか日本の農業もアメリカ的になっていたのだ。

バリの田んぼに流れる川では夕方頃に村の人々が水あびをしている。マンディという風習で、毎日の風呂がわりだ。男と女の水浴び場ははなれているが、みんな素裸になるので、かなりの頻度で女性達の裸を見る。若い娘もいるが、さして慌てるふうもなく、堂々と裸をさらして美しい。

なにかの本で見たことがあるなあ、と思ったがその時はわからなかった。数カ月たって、このバリの旅のことを文章に書くことになり、自分の本棚を眺めていたら、その本が見つかった。バリへ行くすこし前に手に入れてパラパラやっていた『図集 幕末・明治の生活風景』(須藤功編著、農文協)という本であった。サブタイトルに「外国人のみたニッポン」とあって、そのとおり日本にやってきた複数の外国人が描いた絵が沢山載っている。その中のいくつもの絵がバリで見た風景に気配がとてもよく似ていたのだ。外国人が描いているので当時の日本の奇異な習慣などがとくにきわだっていて、ひととおり見ていくと、この風景の中の国が、いまの日本にやがてつながっていく、とはとても思えないような違和感があった。

話はまた変わるが、つい先日東北の雪の町へ行った。

小さなホテルに着き、その日の夜に予定されている仕事の時間まで少し休んだ。一時間足らずの中途半端な時間である。締め切りの迫っている原稿はあったが、すぐに何かを書けるという気分でもなかったので、テレビのスイッチを入れた。翌日の天候が気になっていた。

夕方五時からのＮＨＫニュースを見ようと思ったのだが、相撲中継だった。考えてみると相撲というものにもこのごろほとんど興味をなくしている。十年ぐらい前まではけっこう真剣に新聞記事などを読んでいたのだが、この極端な興味の減退はいったい何なのだろう。

考えられることのひとつは、子供の頃熱心に見ていた相撲の世界に対する、ある特殊な思いの消滅ということがありそうだ。

そんな言葉はないのだろうが、たとえば「異界性」というようなもの。「意外性」と語呂がやや似ているが、ちょっと違う、いやだいぶ違う。要するに自分の生きている場所とは異なった別の世界で行なわれていること、というようなイメージがどうもあの周辺にはいろいろあった。

巨大な体の、しかも特殊な風体をした大人たちの、いまの時代とまったく同化していないさまざまなしきたりの世界——というものに対するある種の懸隔《けんかく》の戸惑い、というようなものであろうか。

しかしこっちが大人になるにつれて、相撲の人々もけっこう我々と同じようにハムサンドなどもたべ、映画なんかも見て世の中の人々と同じようなあたりまえのことをしている、ということを知って、相撲全体に対する見方もかわってきた。

そうしてある時期、ついにぼくの方が力士の平均的年齢を追いこし、そうして町の中で時おり彼らの姿を見るようになって、すっかり子供の頃のあのトキメキのようなものを失った。

決定的だったのはぼくがサラリーマンをしていた頃、メガネをかけた二人連れの力士と会ったときである。そうか、相撲とりもメガネをかけるんだよなあ、ということを知ったときに、大袈裟にいえば子供の頃抱いていた、なにかの〝夢〟がぼくの中から消えたのである。

で、まあ、それと同時にぼくが子供の頃常にいたような絶対的なヒーローがいなくなった、ということも相撲熱の急速な退潮と関係があるのかもしれない。そういえば力道山も関脇までいった強い力士であった——。

久しぶりに見るカラーワイドのテレビ画面の中で、天井から吊られている土俵の上の屋根が、その時実に奇妙に見えた。観客に見やすくするために、とくにテレビの視角の邪魔にならないように、ということで柱が随分以前にはずされたと記憶している。『図集 幕末・明治の生活風景』には当時の相撲風景も出ていて、四本柱が土俵の外の四隅にぐいんと突っ立っている。

さてその日、久しぶりに見たテレビの相撲だったがあまり知らない力士の取組だったので、力士よりもそのまわりを動く行司の姿が妙に気になり、吊り屋根の次には行司ばっかり眺めていた。思えばあの行司の装束というものも不思議なものだ。完全にいまの時代と隔絶している別の世界のいでたちだ。あの行司も、しかし私生活ではスパゲティミートソースなんかをたべたりサウナに入ったりゴルフをやったりしているのだろう。子供の頃はとてもそんなふうには考えなかった。

よく見ていると行司は立合いのあと、「ヨーイ、ハッケヨーイ」と「ノコッタノコッタ」くらいしか言わない。「ヨーイ」と「ハッケヨイ」を分断していうこともあるが、いずれにしてもそのくらいしか言わない。これまで随分ながいこと相撲中継を見ていたのに、そのことにあまり気づかなかった。だからといって何ということもない他愛のない話であるが……。

ナゾの一角

時代はいつの間にか超ハイテクずくめになっているようで、どうも落ちつかない。本屋に行くとコンピュータ関係の雑誌や書籍のコーナーがなんだか日増しに拡大しているようで、その方面に暗い（まっくらな）ぼくには当然わけのわからないナゾの一角になっている。新聞をひらけばどうも世界はどんどんインターネットというものでつながれていっているようだ。こうしてはいられない！　と思わず椅子から立ち上がったりするのだが、立ち上がってみても何をすればいいのかわからず、またむなしく座るしかない。

こんなふうに何かいろんなものが急激に変わっていく「きざし」のようなものを感じたのは「ワープロ」の登場だったような気がする。そのころ積極的にワープロ方向に挑んでいたら、もう少しなんとかなったのかもしれない。思えばあのワープロが出はじめた頃、ぼくはあるワープロメーカーのＣＭに出ていたのだ。その縁でその会社のワープロの第一号機を貰ったりしていたのだが、ワープロ操作をおぼえるよりも、迫りくる締め切りのラッシュに、従来通り手書きで原稿を書くことに忙しく、結局手を染めずにいた。当時はまだワープロからひろがっていくハイテク社会の広大な未来山野を眺めわたす予見能力がまるでなかった。

そうしてアレヨアレヨという間に、パソコンなんていうのが出てきて、ナンダナンダといっているうちにフト気がつくと訳のわからない電脳社会にとり囲まれてしまっていたのだ。

モノカキであるから、ワープロぐらいはマスターしておくべきだった、と今になるとつくづく思う。ハッと気がついたらいまだに手書きのくねくね文字を書いている。手書きの小説家はもう追われゆく少数派らしい。時代がこんなに早く変化していくとは思ってもみなかったのだ。

根っからのアナログ人間なので、たとえばワープロがどうしてあのような能力や機能を持っているのか、まずわからない。するとそのまるで見当もつかないそのあたりの理解に戸惑ってしまっていて飛びつくタイミングを失した、というようなところがある。しかしよく考えてみると「どうせ考えたって」わからないのだから、理解しようとせずにミズテンでとびこめばよかったのである。

さらにまたよく考えてみるとわが人生のうちのそれ以前にも、急激な時代の変転を招いたモノどもを沢山見てきたのである。これからの世の中はさらに激変の時代だ、ということはある程度訓練されてもいたのだ。

ビデオテープの登場などというのも凄い変化であった。

円盤型レコードからCDへの転換もまさしくアレよアレよナンダナンダ型の典型だった。

そうなのだ。思えばこのCDが世の中に出はじめる頃、ぼくはそのCDを普及させるためのFMラジオの帯番組のDJを四年間もやっていたことがあるのだ。当時はまだCDというコトバが一般的でなく、正確にコンパクトディスクと発音していた。そう言いながらもはじまった当初はぼく自身がCDを聴いたことがなかった。ここでもワープロと同じように自分で気づかぬままに先ばしりすぎたところにいたのだ。

CDの出現によって円盤型のレコードはほぼ完全に駆逐されてしまった。そんなことはぼくが中学、高校時代には想像もしなかった。レコードの科学はつまりはまだ「エジソン的科学」の内で、どうしてあのような円盤から音が出るのか、というのは、本を読めばある程度理解できた。理解の中にある機械というのは嬉しい。電気の力を理解するのも、テレビよりは電球、もっといえばニクロム線の電熱器のほうがより深く親しみやすく理解できた。

電話も、有線のダイヤル式ならばある程度そのしくみがわかったけれど、携帯電話やPHSなどということになるとたんにわからなくなってくる。たとえばどうしてコンクリートの部屋の中にいるのに通じてしまうのだ？　という本質的な疑問がある。どうして自分のところにかかってきた電波をこの小さな電話機が「あっオレのところへきた電話だ」といって正しくつかまえてしまえるのか？　まるでわからない。ということはこの狭い部屋の中にすさまじい量のいろんな、ヒトとヒトをつなぐ会話の電波がびっしり飛び回っている、ということになる。「会話でいっぱいの部屋」なんてのを思いうかべるとなんだか息苦しくなってくる。

電話は、一番声の大きい人が電話線のまん中をエバッて通っていき、小さい声の人がそのまわりを遠慮がちに通っていく、なんていう説を、けっこう「そんなかんじかもしれないなあ」と思っていた時代がなつかしい。

『親子で覗く最先端』（中野不二男、文藝春秋）は、タイトルどおり、目下の世の中のさまざまな最先端技術やその構造を、親子でもわかるように書いてくれている（らしい）本で、ここにCDとDVDのことが出ていた。親子ではなく、親一人で読んだが注意深く読んだ。短いので二回読んだ。しかしぼくの空気頭はどうヒイキ目に見ても、それを理解したとは言い難かった。いやもっと早く言えば、ほとんどなにもわからなかった。少しわかったのはCD－ROMの〝ROM〟がリード・オンリー・メモリーの略であるというくらいであろうか。二回も読んでこんなにわからないのはあきらかに貧弱なるわが理解能力に関係しているのだろう、ということもわかったが、しかしくやしいではないか。一五〇〇円もする本なのである。電話の項目もあったのでやや荒い息を吐きつつ急いでそこを読んだ。

「車のウインド・ワイパーは、一九一六年につくられてから八〇年間はほとんどナニもかわっていないが、無線通信はとんでもないはやさで進歩している。とくに最近の電話システムの変化は、ただ唖然とするばかりだ……」

そのとおり。だから困ってしまうのです、と相槌をうちたいくらいだ。著者によると、その技術変化のスピードは、ちょっとした長電話をしている間にもさらに進んでしまうくらいだ、という。まったく困ってしまうではないか。

CDやDVDよりも、電話の項は次の電波の項と合わせるとぼくにも理解できるところが多かった。

むかし、仲間と酒をのんでいて、「電話はナニで動いているか？」という話になった。ナニというのは「動力」のことである。多くの者は「電気だろ」となんのこともなく言った。ぼくもそうだと思っていた。しかし一人が敢然と反論した。「電気とは関係ないんだ。やつは勝手に自分で動いているんだ！」と。

電気動力説を唱える多数派は「なんていう無智かつバカなことを！」とせせら笑い、

衆をたよりにそいつを圧殺しようとした。するとそいつはこのままではアブナイと思ったらしく素早くその部屋にあった電話機を取りあげ、コードをひっぱってはずした。壁からのコードでつながれている電話線が、家庭用電源とはまったく別のものであることが実物で実証された。なるほどそうやって見せられると、取りはずした電話線の先端についている端子はAC電源とはまったく別のものであり、たしかに自分で勝手に動いているらしいのであった。「うーむ」と我々は仕方なしに唸り、なんだかくわしくはわからないが電話というのはなかなかエライやつなんだな、という結論をもってその話題から離れたのであった。

しかし、この本を読んで、電話は一人で勝手に動いている、という意見も実は間違いである、ということがわかった。

「いうまでもないことだが、電話とは音声を電気的な信号にかえた通信である。したがって電力が必要である。いや、プッシュボタンを押して信号を発信するときにもやっぱり電力がなくてはならないのだ。こういう電力は、NTTの交換機から各電話器に送られている。地域によって差があるが、数千ミリアンペアの直流電流である」

いうまでもないことだが——と書いているが、いやそんなことはないのです。これを読むまでNTTから電力が送られてきているとはぼくなどまったく知らなかった。生活にもっとも身近な電話でさえ、これだけ基本的なことがわかっていないのだからCDやDVDのしくみを知ろうとするのが、どだい無理な注文なのかもしれない——ということもわかった。

あっという間に一般化してしまった携帯電話というのは、考えてみると子供の頃に少年向け雑誌の口絵などで描かれていた「未来人の生活」そのものだ。ぼくの記憶にあるのは腕時計型の通話装置で、動く歩道の上で未来人がそれを使っている。これなどは羽田空港あたりではもうみんなやっているフツーの風景になってしまった。なるほど我々はつまりもう未来人なのである。

テレビ電話も、月世界探検もレーザー兵器も本当のことになってしまった。召し使い型ロボットはまだ出現していないが、料理瞬間調理器に近いものが電子レンジだろう。土中モグリ戦車はどうもできそうにないが、水中に潜ったまま世界一周できる原子力潜水艦は見事に完全なものになっている。ここでフト思うのは土中モグリ戦車はきっとそんなに必要性がなかったのだろう、ということである。

『百年前の二十世紀』（横田順彌、筑摩書房）はとても面白い本で、文字通り明治、大正の頃の人々が百年後の日本をどう予測していたのか、ということを多方面から紹介している。

二十世紀がはじまってすぐの一九〇一年(明治三十四)の報知新聞は、新年号に「二十世紀の予言」というかなりまじめな未来予測記事を載せていて、この本にそれが詳細に再録されている。これが実になかなかのものなのだ。

トップは「無線電信および電話の発達」である。明治三十四年というのは国産品の電話の通話実験が行なわれている程度の段階であったから、ここに書かれている「マルコーニの発明した無線電信はより一層発達し、それだけではなく無線電信は世界各国を連絡して、東京にいながら、ロンドンやニューヨークの友人と話をすることができる」という予測はものすごい達見である。

二番目は「遠距離の写真電送」でこれもFAXの登場で的中。三番目は「野獣の滅亡」。著者はこう解説している。「この予測はぼくの知るかぎり、ほかの明治・大正時代の予測・予言には出てこない。この当時は動物は人間の利益になれば乱獲し、ただ単に楽しみのために猛獣狩りをしていた時代だ……」つまり野獣などいくらでもいて、それが滅亡するなどということは誰も考えなかった頃だから、相当にふところの深い予測であった、と。

以下「サハラ砂漠が開発されて、豊かな土地になる」「七日間で世界一周ができるようになる」「空中軍艦、空中砲台ができる」「蚊および蚤の滅亡」「エアコンの発明」「電気を使って植物を生長させるようになる」「伝声管が改良されて十里〔約四〇キロ〕の距離を隔てて男女は愛を語ることができる」「写真電話の登場」「写真電話により遠距離にある品物を買うことができる。売買契約すると品物は地中の鉄管を通してただちに届く」「薪、石炭ともに無くなって電気が代わって燃料になる」「列車は小さな家屋ほどの大きさになり時速二四〇キロ以上となり、東京―神戸間を二時間半で走る」「地下鉄の登場」「暴風を大砲で退治するようになる」「自動車時代に」「人と獣の会話自由自在」「幼稚園の廃止」……などなど。おそろしいくらいにピタリと的中しているものもあれば、まだちょっと？　これからもどうか？　というのもある。しかし全体にかなり正確に百年後の、いまこの日本の状態を描いているように思う。

著者の横田氏も書いているが、まるっきりわからないのは「伝声管を改良して十里先の男女が愛を語る」という一項。伝声管は電話とは違うようで、艦船内の伝達で使われているようなものの市民版であろうか。これで愛を語るというのがなんだかおかしい。

さてもうじき二十一世紀である。二十一世紀の初頭に新聞は「二十一世紀の予言」を特集し、百年後の日本を考えるのだろうか。明治・大正の時代に描く百年後と、いまの時代からの百年後の予測というのは随分予測の構造ベースが違っていて、これから先の百年はすこぶる難しいような気がするが、しかしこれとても、明治・大正から百年以上時をへだてている今だからそういえることであって、明治三十四年の時に百年後を予測するのと、いま二十一世紀を予測するのと、求められる発想の飛躍の度合いはそれほど変わらないのかもしれない。

『「未知科学」の扉をひらく』（平野勝巳編著、河出書房新社）は、そんなことを考えるうえで非常に刺激になる本だった。

ここでは遺伝子、ヒトや動物や植物の命というベーシックなものを皮切りに、しだいに超自然的なものについての未来産業の課題を問うている。〝未知科学〟という言葉はとても興味深い。二十世紀の科学が高度につきつめられていくにしたがって、科学で解明できない事項が今どんどん増えてきている――というからだ。

でもこのことについては、これ以上深く思考し言及する能力をもうぼくはもたない。ただヤジ馬的に思うのは、もう百年生きて、百年後に「二十一世紀の予言」の的中比率などを見ることができたらなあ、ということである。

二十一世紀には「不老不死術が完成し、二〇〇～三〇〇歳の困ったヤジ馬が増えて社会問題に」などという項目ができていやしないだろうか。

字のヨロコビと悲しみ

ぼくの本によくイラストを描いている友人の沢野ひとしとは高校一年が一緒だった。両方ともまったく勉強しないのですぐ仲よくなった。勉強ができない、という大きな恥があったので、せめて字だけでもちゃんとした読めるようなのを書いてバカがバレないようにしよう、とあるとき両者でつよく頷きあい、その練習をしたことがある。字はできるだけ漢字にしたほうが知的にみえるだろうと思ったので、いちいち辞書で調べ、好きな女の子に「或る日蒼い空を眺めている内に貴女のことを想い気持ちが無闇に叢々しまして……」などと書いて送ったりした。女の子はすぐバカを見抜き誰も相手にしてくれなかったが、しかしおかげでこの頃は内容はわからないものの、文字だけは丁寧に書いていたので「字」をほめられることが時おりあった。『おろかな日々』(文春文庫)というぼくのエッセイ集に沢野ひとしが解説を書いているのだが、こういう一文がある。

「高校時代の彼の字は均整が取れ、実に味わいのある美しい文字であった。彼と私はガリ版の同人雑誌を作り、もっぱら原紙に鉄筆で文字を書くのは彼の仕事であった」

ガリ版の文字というのは一本一本丁寧に書かないとハナシにならない。当時はその雑誌を見た人に読みやすい字、ともいわれた。

しかしいまぼくは作家の中ではどうやら悪筆のベスト5に入るらしい。ものすごく読みにくく、しかもわかりにくいらしい。ひらがなの「て」と「つ」とカタカナの「フ」がみんな同じにみえるらしい。そのことも沢野ひとしは同じ解説の中で証言している。

「ただし、最近の彼の生原稿を見た人は、あまりの字のひどさにあきれるはずである。長い間、彼のさし絵の仕事をしてきた私からいうのもつらいことだが象形文字のような形をした文字が原稿用紙に並んでいて〝キタナイ〟のひとことにつきる」

随分ケナサレているのだが、言われてもしかたがないくらい、自分でもひどいなあ、と思っているので文句はない。文句はないが悲しみはある。いったいどうしてこのようにヒドイ文字になってしまったのだろう。

少し真剣に考えてみると、どうもモノカキになってから加速度的に文字が乱れていったようである。原稿用紙に文字を沢山書けば書くほどキタナク読みにくい文字に劣化していった。

しかし冷静に考えるとどうも世の中のフツーと逆のような気がしてならないのだ。人間というものはたとえば釣りの人は竿を出せば出すほど、ゴルフの人はクラブをふり回せばふり回すほど、将棋の人は駒を指せば指すほどうまくなるものでしょう。その伝でいくとどうもぼくのこの退歩劣化はあまりにも道理に反してひたすらむなしいだけのような気がする。最近ではとてつもなく急いで書いた原稿などは自分でもあとで読めない宇宙文字となっている。書いた本人が読めないのだから、もう地球上の誰にも読みとることはできないのだ。

文字を書く仕事をしているので、そういうことがどこか根源的な不安や恐怖として体の中に増殖しているのかもしれない。数年前にオソロシイ夢を見た。

ぼくの書く文字すべてが、自分のまったく読めないものになっているのだ。記号文字のようで、なんだか理解不可能なものをノートに書いている。ナンダコレハ……という息づまるような喪失感を味わった。

目がさめてから、すぐ枕元にある週刊誌の文字を眺めた。読めてよかった、とひと安心したが、ヘンにリアルな夢の中の空虚な感覚はしばらく残っていた。ヘンな夢というのは有難いこともあって、ちょうどその頃せまってきていたある中間雑誌の小説にその夢の気分を発展させてヘンな小説を書いた。小説では、ある日目がさめると「字」というものがまったく見えなくなってしまった男のことを書いた。その時、ヒトは文字だけがまったく見えなくなると（他のものはすべて正常に見える）どうなるのか、ということを、実際の行動の中でシミュレーションしてみた。

すると想像していたよりも大変に困る、ということがわかった。

たとえば会社に電話しようと思っても電話の数字の順列というものは案外頭に入っていないもので、大変に苦労する。電車に乗っても駅名が確認できないからいっときも気が抜けない。もちろん仕事はほとんどできない。自分におきかえたその主人公の文字なしの一日を追っていくと、結局最後は動物状態になっていくことを精神的に甘受していかないと生きていくことはできない、ということがわかった。そうだろうなあ、とそのことを考えながら思った。犬や猫はもとから本など読まないから、退屈で発狂するなんてことなくいられるのだろうからなあ。

数年前、タクラマカン砂漠の（すでに干上がってしまった湖）ロブノールの近くにある二〇〇〇年前に滅亡した少数民族の古城「楼蘭」を踏査する探検隊に参加したことがある。もちろんそのシッポにくっついて砂漠のあちこちをウロチョロしただけだが、このとき木簡に書かれたカロシュティ文字のことを知り、ひどく感激した。楼蘭は子供の頃読んだスヴェン・ヘディンの『さまよえる湖』の中のかずかずのヘディンのスケッチそのままの姿でそこにあったし、こんなに日本から果てしなくはなれた砂漠の中の小さな王国が、我々の知識の源である文字と同じものを読み、理解し、なにかを考えていた、ということに、ひどく心が揺さぶられたのである。

以来、日本人が使っている日本語、なかんずくその根源である中国の文字について、それまでよりもずっとひらけて興味の深い胸騒ぎにも通じる新たな関心をもった。

たとえばその探検の旅では、アプローチの段階でけっこうむなしい停滞が続いてしまって、目的地到達の途中で、持っていった本のあらかたを読んでしまっていた。すなわちその活字枯渇感は中毒的ナニガナンデモ読マシテクレ状態になってしまった。

その時、隊員の一人が秘かに隠しもっていたヒミツの個人的隠匿物資「米屋羊羹《ヨネヤノヨウカン》」が発見された。甘味に飢えた隊員によってヨーカンのすべては食べられてしまったが、ぼくはそのヨーカンの箱に入っていた、いうところの故事来歴コーノー書きの紙の沢山の文字にヨロコビをつないだ。活字中毒者が久しぶりに見る〝新鮮〟な活字のカタマリである。

砂漠の退屈きわまりない長い夜に、そのヨーカンの来歴を記す紙のすみずみまでを鑑賞（この場合は観賞かな？　よくわからん）した。そのときあることに気がついた。どうして「羊」なのだ！

羊羹という文字をじっと見ていたら、その両方に羊が入っている。どうしてこんな餡のカタマリのような菓子に羊がびっしり関係しているのだ？　この疑問はすぐには解明されず、日本に帰ってからいくつかのモノの本を読んで、その背後に隠された恐るべき（でもないが）意外な〝真実の事実〟というものを知ったのである。その内容はそのとき旅のことを書いた本（『砂の海――楼蘭・タクラマカン砂漠探検記』新潮社）に記したので、ここではくりかえさないが、このときも改めてまた我々の使っている漢字の面白さとそれを使うことの意味の深さを知った。漢字のようにその中に常に意味と物語を持った文字というのは素晴らしい。これにくらべたら西欧の言語、文章に使われるアルファベットは単なる記号の配列、組み合わせでしかないわけで、「なんだ英語なんぞ……」と思ったものだ。

しかし、その一方で漢字の源の中国はここ数十年自国語の略字化をすすめている。文字を簡略化することによって伝達のスピードアップを計ろうとしているのか、大胆な省略が多く、文字の持っている本来の意味をどんどん消滅させている。たとえば「鳥類的進化」は「鸟类的进化」になっている。これは一方では文字の進化ということにもなるのだろうが、もしかするとこれは文字の文化大革命的な愚を行なおうとしているのではないか、とさえ危惧してしまう。こういうことがどんどん進んでいったら、やがて羊羹の秘密的な楽しみもなくなってしまうではないか。

『書と文字は面白い』（石川九楊、新潮社）を読んだのもそういう経験からだった。この本の中で、ぼくは限りない共感を呼ぶ文字の図版を見つけた。

野口英世の母、野口シカの手紙の文字であった。解説する文にはこうある。

「幼児が無造作に書いた字の中に、はっとするほど大胆で直截な構成に出くわすことがある。野口シカの手紙は、行は揃わず字形の大小は定まらず、文字形象は歴史的伝統的規範にまで届いていない。字画の骨格も未成熟で定性を欠いている。にもかかわらず、たしかにそこに何かしら全体を包む安らぎ、ぬくもりのようなものが感じられることも事実だ。戦後の前衛書家・井上有一が意識的に再構成したのも、このような初形の世界であった。この種の書の安定感の根拠はいったいどこに探れるのだろう」

うっとりして、この野口シカのくねくね文字を見た。紛れもなく、ぼくの字もこの種の字体の一族の中に入る。おお、ヒトはどこかで救われるものと出会えるのだ。面白いものでそのすぐあとに『トンパ文字』（王超鷹、マール社）という本を見つけた。中国の雲南省の奥地にいまでも象形文字を使っている少数民族がいて、彼らのその使う文字を「トンパ」と言い、著者はそれを絵形《かいけい》文字と呼んでいる。なるほど文字というより絵物語に近い面白かつ美しい世界である。解説の一文にこうある。

「五〇〇〇年前のエジプトの象形文字、三五〇〇年前の中国の亀甲文字でさえ、かなり形式化され、一定の規則性が見られる。しかし、トンパ文字には自由な発想があり、造形の素朴さが残っている。同時に筆使いには現代のデザインに劣らない新鮮さがあり、思わず引き込まれるような魅力がある」

ぼくはすぐ沢野ひとしに電話して、この本のことをおしえてやった。沢野君はぼくより字はうまいが「ね」と「ぬ」、「ッ」と「シ」の区別がいまだによくできない。「たぬきそば」と書いてごらんというと「たねきそば」などと平気で書くので面白いのだ。

互いに抱いている悲しみは違うが「トンパ文字」に未来を託そう、という夢がでてきた。

「託」の字で思いだしたが、さっきの『書と文字は面白い』の中に「統計をとったわけではないが、現在もっとも誤用されることの多いのは「お詫び」が「お詑び」と表記される例ではないだろうか。〔略〕「お詑び」の文字は、たいてい誤記、誤字、脱字などの謝罪訂正文に用いられているから不幸だ」というのがあった。ぼくもまことにお詫びの多い人生だが、お詫びするときはさらに気を付けようと思った。

旅をする国

　ぼくの家には時々外国人が居候する。ほとんど妻の友人で、外国の旅先などで知り合った人である。スイス人のクロードは身の丈二メートルに近い大男で、世界を自転車で一周している。

　気のいいやつだったが、ヨーロッパ人特有の我の強さと遠慮のなさがむきだしになるので、あまり永く付き合っているとこっちが疲れてくる。しかし本人は疲れないようだ。ヨーロッパ人のまあおしなべてのものだろうけれど、「はっきりモノを言う」「要求に遠慮がない」という性分は、友情でその関係が成り立っている場合、こっちも社会習慣的にそういう精神的訓練や経験を経ていないとそのつきあいもなかなか難しい。

　彼が日本にたどりつくまで経由してきた国々の写真を見せてもらった。二年近い日々、十数カ国を経てきたから、おびただしい数である。

　貧乏旅行だから、親しくなった人の家に泊めてもらうかテントを張って暮らすかの日々であったようだが、その十数カ国の中で、旅の暮らしやすさを比べると、日本と韓国がワーストの一、二を争う、というのである。どこも人だらけで、モノが高く、キャンプするにしてもテントを張る場所がない。日本はアウトドアライフの盛んな国だと聞いていたけれど、キャンプできる場所は限られていて、テントが張れる森や野原のようなものがない。海岸はゴミだらけで、川の水はどこも飲めない。しかし不思議なのはアウトドア用品を売る大きな店は全国いたるところにある。ここでそういう品々を買った人はどこで何をしているのか？　もしかするとアウトドアが盛んというのは間違いで日本はアウトドア用品を買うのが盛んな国ではないのか——と皮肉なことを言っていた。

そんな話をしている最中、ぼくは週刊誌の仕事で八ヶ岳の山麓に一泊二日のキャンプに行った。直前に小説原稿の締め切りがあり、午後にあたふたと山すそを流れる川べりのキャンプ地に行った。数年前に仲間が見つけた秘密の場所で、我々しかいないから気分よく一晩をすごした。キャンプといっても主な目的は焚火をしてそのまわりで酒をのみ、肉や魚など焼いて食べるだけのものである。

翌朝テントをたたみ、早朝の高速道路をとばして家に帰ってくると、そのスイス人に「クレージーだ」とからかわれた。そうだろうなあ、と思うのである。

我々の仕事がらみのキャンプはいつもこのように忙しい。そもそも仕事がらみのキャンプというのが矛盾しているのであろう。

もっともぼくは、たとえこの夜討ち朝駆け（意味はどうもちがうけれど）的なキャンプでも充分からだの内側のなにかのストレスは解消できているようなので、苦にならないし、かえって楽しみだ。クレージーなのはそういう電撃的キャンプではなく、慌ただしい毎日の仕事のありようのほうなのだろう、と思う。

このけたたましさは日本の多くのサラリーマンも同じだろう。本当はもっとのんびり一週間でも二週間でも森や川へ行ってキャンプしたいのだろうけれど、そんな余裕はどこを探してもない、ということなんだろうと思う。

もっともしかし、ぼくの友人のフリーランスのアウトドアマンは、一カ月も二カ月も野山の旅をやっているが、いまのそれとはちょっと違う考えをもっている。

彼の意見はこうだ。

——もし、日頃超多忙なサラリーマンが一カ月間のまったく自由な野山の旅に出たら、二日目から退屈死するだろう……、と。

なるほどたしかにそうかもしれない、とぼくも思うのだ。日本人はまことに慌ただしい人種である。キャンプ地に着くとすぐさまワッセワッセと食事の支度をし、食べ終わると息もつかず花火をあげ、カラオケをうたい踊りまくる。だまってぼんやり空を眺めたり風に吹かれたり、ということはしていられない。花見のときのあの全員同時興奮のテンションの高さに似ている。

日本人のアウトドアは、実質的に日頃の街の中の宴会を野外にもっていっただけ、というニュアンスが強いから、当然そういうことになる。

たとえば最近のオートキャンプ場などは区画整理されたキャンプ場にバンガローが建っていて、一区画ごとに洗面所と電気のコンセント、プロパンガス付の調理台などがついている。これにあとバス付のトイレがあれば、一戸建て野外ホテルそのものである。ヘヴィデューティなグッズに身を固めたアウトドア男がこういうところへやってくる。腰に鹿ぐらいたちまち捌けそうな大型ナイフなどくくりつけているのだけれど、スーパーで買ってきた真空パックの肉はすでにスライスされているから、しようがないのでそのナイフでレトルトカレーの袋などむなしく切っている、というのがどうも日本の商品優先アウトドアブームの一般的現実風景のようだ。

自転車旅行のスイス人は、日本のどういうところにテントを張ろうとしたのかわからないが、外国人であろうとも日本人であろうともいまの日本は街の近くでなかなかテントを張るのが難しい。

ちょっとした川があって、その川原にテントを張ろうとするといつのまにか警官がやってきて職務質問したり、村人が何人かでやってきて他の場所に行ってくれ、などという。観光地が近い海岸は「キャンプ禁止」の看板が必ず立っている。これはぼく自身があっちこっちで体験していることだ。

昔の旅人はお寺に泊まっていた、という話をよく読んだ。なるほど寺なら貧乏旅行者を救ってくれるのかもしれない、と思ったが、一六二日間かけて日本をぐるっとひと回り歩いてきた藤本研氏の『ニッポン大貧乏旅行記』（山と渓谷社）を読むと、どのお寺に行ってもことごとく断られている。無人の神社の社殿の端っことか、町内会館の玄関の軒下などにかろうじて寝袋をしいて眠る。それでも近所の人がそれを見つけると誰かしらが文句を言いにくるのである。

どうも日本人というのは田舎の村に貧乏っぽいヨソ者がきて一晩でも居つく、というのが大嫌いなようである。

これはしかし田舎だけとは限らない。都会でもダンボールを家にしたホームレスは常に行政から目の敵にされているから、日本人は本質的にヨソ者、無宿者に対してとことん冷たく排除、排斥していく国なのだろう。

それでもこれが女一人の貧乏旅行となると少々様子が変わってくる。『チャリンコ日本一周記』（川西文、連合出版）は二三歳の若い女性が二年七カ月かけて日本を一周した記録だ。これを読むと、出会う人がみんな親切だ。すぐ食事に呼んでくれるし、おじさんたちの宴会などにでくわすとみんな大歓迎して中に入れてくれる。ある町ではカンパだカンパだと五万円も旅資金を集めてくれたりする。金沢で出会ったお坊さんはバイトの働き口を探してくれる。この女性の性格の良さもあるのだろうが、女の一人旅というと役場のおとうさんも短期のバイトを世話してくれたりするのである。沖縄の島ではテントで寝ていると、夜中に島の男がなにやらあやしく接近してきたりするが、怒るとすごすご引きあげていく。この本は目下の日本の世相観察記にもなっていて、日本というのはけっこう暇なおじさんが多く、女の人はたくましく元気に働いているのだな、ということがわかる。旅先で出会う若い女性もすこぶる元気がよくて、日本の原動力の一端を垣間みる思いがする。何よりも女が一人で日本一周している、というと、日本人は例外なく感心し、ガンバレョと励ましてくれるようである。これは地方のおとっつぁんが若い女に果てしなくやさしすぎる、ということなのか、日本人の本質が相変わらず満ちたりた性善説のうちにあるからなのか——そのへんはまだわからない。もしかすると日本は本当はまだ旅人にやさしい国なのかもしれない。

同じ女一人でも外国だとまた旅の様子がガラリとちがってくる。『ナイル自転車大旅行記』(ベッティナ・セルビー、新宿書房)は五二歳で三人の子持ちのイギリス人女性の自転車旅だ。あるときふと手にとったヴィクトリア朝時代の女流作家アメリア・エドワーズの書いたナイル旅行記に触発されて、この中年女性の七二〇〇キロに及ぶアフリカの旅がはじまる。

貧しく、そして政情不安定な土地が多いから行く先々でトラブルが絶えない。この旅行記はそのトラブルを解決していく過程で国家や人間を等身大の目の高さで見つめていく、という構造になっている。

日本の自転車旅行ではあまり心配のない強盗の危険がこれらの国では常に旅と隣合わせになっている。

ある町では子供や若者たちが道の左右に並んで、石を投げたり自転車のスポークに棒を突っ込もうと待ちかまえていたり、ナイフを振り回したりする。アシュートというところでは写真を撮ろうとほんの少しの時間自転車から離れて戻ってくると、自転車のまわりにはおおぜいの人がたかっていて、勝手に鞄をあけたり用具類を大急ぎではずそうとしている。この旅行記を読むと貧しさと民族性、ということを考えてしまう。

ぼくもかつてアフリカのマサイ族だけが住んでいる町で不気味な思いをしたことがあるので、ふーむなるほどと大いに頷いたのだが、このイギリス人は五二歳のつまりはまあけっして若くない女性であることと、なおかつ旅先での態度が常に毅然としているということで、この厳しい旅を成立させているのではないかと思った。精神的な油断のなさが厳しい国を自転車などで旅するときの必須条件であるのかもしれない。

身内の例で恐縮だが、ぼくの妻は一九九五年に一人でチベットを馬で旅行した。チベットは何度も行っているのだが、半年間、平均高度五〇〇〇メートルの高地を約四〇〇〇キロ旅行するのだからそういう旅に出す身内の者としては正直な話少々心配であった。あとでその旅のことを書いた『チベットを馬で行く』（渡辺一枝、文藝春秋）を読むと、彼女もまた五〇歳という、けっして若くない歳と、常におこるトラブルに毅然として対処対応していたのが事故を防いでいるのだった。しかし女というのはつよい。その本を読むと少なくとも三回、死の危機に直面している。チベットはアフリカと違って強盗などの人為的なものよりも、やせた土地での食糧難や渡河における馬のトラブル、馬の逃走、いまだに刀を持っているチベット人同士の衝突などさまざまなアクシデントに翻弄される。私がそれらのことを知ったのは本を読んでのことだった。つまりその旅から帰ってきたときの彼女の話はコトモナゲであったのだ。女はつよい。つくづくつよい。そのチベット一周の旅で妻が世話になったチベット青年が、スイス人にかわっていま私の家に居候している。

初めて日本にやってきたとき、そのチベット青年ツユワンは成田空港のエレベーターやエスカレーターにすぐ乗ることができなかった。彼らから見たら異様に早いスピードで動く機械のシステムと、そこに殺到する沢山の人間たちはとてつもなくオソロシイものに思えたのだろう。

ツユワンは勇敢な男で、乗馬も料理もナイフさばきもうまい。日本人のあこがれる本物のアウトドアの男だ。しかし彼にとって日本という国はどこからどこまでも油断のならないまことに危険な国であるようだった。

ツユワンはこの一月から日本語の学校へ行くために毎日満員電車で都心まで通っているが、当初の二カ月ほどは家に帰ってくるとヘトヘトになっていた。体の大きな男だが食も細り元気がない。毎晩部屋で香を薫《た》き、気持ちを鎮めているようだ。気持ちの芯がとことん疲れるらしく、休みの日曜日になると、心配になるくらい寝坊している。

食が細くなってしまったのを心配して、妻がいろいろ聞いた。つつしみ深く遠慮深いチベット人は、やがてたいへん申しわけなさそうに、たとえば朝食のときの匂いがダメなのです、と言ったらしい。はじめは味噌汁の匂いのことかと思ったらしいが、そうではなくてだし汁のあのかつおぶしの匂いが駄目だというのであった。山岳民族の彼らにとっては、日本のあの正しい朝食は奇怪な匂いのあるやっぱり果てしなくあやしいものであったのである。

この春は上野で花見風景を見てびっくりしていた。彼にはとても理解できない情景だったらしい。街に土の出ているところがなく、どこもヒトだらけの日本は彼の精神をやすらがせるものがまったくない。

街や電車の中で人々がみんな無表情なのもこわいことのようだ。日本の都市というのは彼のようなピュアな精神の持ち主にはアフリカなどよりもはるかに危険なところのようである。

漂流者

いまだに無人島と聞くと胸がおどる。気恥ずかしいコトバだが、いわゆる永遠のわがロマンというかんじなのだ。たぶん少年期にスリコマレたのだろう。『ロビンソン・クルーソー』や盗品の財宝を隠してある海賊物語や『十五少年漂流記』などにすっかり魅了され、その後ずっと無人島ものの本というと目の色を変えて読みまくった。

大人になって自由に旅ができるようになると実際にあちこちの無人島にいった。いろんな無人島でキャンプもした。せいぜい一泊か二泊、長くても五日ぐらいのキャンプ生活だから、水をはじめとして食料や生活の道具は全部持ちこむ。したがってキャンプしている場所にヒトがやって来ないというだけで、少年のころ読んだ本の中に書いてある無人島ならではの冒険的な出来事や体験などはまずほとんどなかった。

実際に無人島でキャンプしてみると、その荒涼としたむきだしの自然の厳しさや無人島ならではの不便さがよくわかり、もしこんなところに流されてきてずっと脱出できなかったら悲惨だなあ、とつくづく思い知らされた。

無人島のキャンプでいいのは自分たちしかそこに居ないという開放的独占感覚と、朝食後に野糞に行くときヒトの目を一切気にしなくていいことぐらいだろうか。

しかし北海道の根室の海にあるイソモシリ島という、シルクハット型をした小さな無人島で数人でキャンプした時は、野糞をする場所は帽子型をした島のそのてっぺんしかなくて、そこでやっていると、かなり近い沖あいをいきなりものすごいスピードでソ連の監視ボートのようなものがやってきて驚いた。前の晩にその島で盛大な焚火をしていたので、どうも怪しい、と思って翌朝様子を見にやってきたのかもしれない。そしておそらく監視船ならではの性能のいい望遠鏡でぼくの早朝野糞を見られてしまったに違いない。まあそのことは別にいいんだけれど……。

この島も北の果てらしくただもうひたすら荒涼としていて、気分的に一泊が限度だった。アリューシャン列島の無人島には一週間ほどいたことがあるが、常に烈風が吹いていて、もし一人だったら気がおかしくなりそうだった。

では南の島ならいいかというと、よく無人島マンガなどに描かれる椰子の木が数本生えていてまわりが白砂のサンゴの海の中の島などただもう暑くて何もなくて退屈でロマンなどとはほど遠い。

無人島の話はやっぱり本の中で楽しんでいるのが一番だ、と気がついたしだい。

『十五少年漂流記』で面白かったのは個性豊かな少年たちが沢山いて、皆でいろいろ工夫してそこにある物で生活のための道具をつくっていく過程であった。モノのないところから人間が生きていくための何かをつくりだしていく、という話に妙に感動する。いうところのサバイバルの知恵というようなものであろうか。日頃の欲しいものはたいていたちまち手に入ってしまう便利この上ない都会生活をしていると、〃無〃から必死に何かをつくりだしていく、という行為がとにかく訳もなく新鮮に思えるのだろうか。

『十五少年漂流記』はフィクションだが『無人島に生きる十六人』(須川邦彦、講談社)という昭和二十七年発行の古い本があって、これは明治三十一年に龍睡《りゅうすい》丸という練習船(帆船)がミッドウェイ島近くのパール・エンド・ハーミーズ礁に難破、上陸した実話をベースにした物語である。乗組員は一六人の明治の気骨にあふれた大人であり、この無人島で見事なサバイバル生活をする。

いやしかしこの〃十六おじさん漂流記〃は十五少年に負けないいくらい面白い話で、特にこの本も生きていくための知恵と工夫が素晴らしい。

まず火をつくり、それを保ち、飲み水のための蒸留水をつくり、かいめんを利用して塩をつくり、海鳥をとらえ、海亀の牧場をつくり、卵を集め……と、次々に果敢に生きていく挑戦を続けていく。そうして感動的なまでに劇的に全員が生還するのだ。

あまりにもドラマチックで波瀾万丈にして面白すぎる話なので、もしかしたらこれは小説なのではあるまいか、と何度も解説のあたりを読みかえしたのだが、昭和十六年に『少年倶楽部』に連載された本当の体験記のようである。

戦前の、少々微妙な時期に発表されたわけであるから、そのすべてがここに書かれているように勇気と団結にみちた美談話ばかりではないのだろうが、しかしこういう話を読むとむかしの日本人はつくづくタフだったのだなあと思うのである。偶然手に入ったボロボロのハードカバーであるが、これはぼくの貴重な宝物本の一冊である。

「エンデュアランス号漂流」（E・シャクルトン、『白い大陸に賭ける人々』文藝春秋、所収）も断然面白い話で、一九一五年の南極が舞台。探検上陸のために南極へあと二五〇マイルのところで浮氷群に囲まれ船が破壊する。そこで乗組員全員ボートとソリで氷の上を移動し五〇〇マイル離れた南ジョージア島へむけて脱出するという話で、ヘタな冒険小説などよりよほど劇的でスリリングかつ感動的な実話だ。

島には上陸せずにただ文字通り漂流していくだけのノンフィクションはヘイエルダールの「コンティキ号」「葦舟ラー号」「ティグリス号」の実験漂流記の三部作をはじめ傑作が沢山あるが、無人島に上陸して、そして生還する話ではこの東西の二作が一番面白い、とぼくは思っている。

ヘイエルダールのバルサ材の筏《いかだ》を使ったり葦舟で挑んだりの実験的な漂流記に対抗しうる日本のものは『竹筏ヤム号漂流記』（毎日新聞社）だろう。

この実験漂流は、南方系日本人のルーツをたどり、その北方移住説の学術的追究が大きな目的で、古代人の海上移動手段は南方に豊富な竹ではなかったか、という仮説に基づいている。

柳田国男の「海上の道」は、中国大陸から海を渡ってきた人々がイネを持ちこみ、日本に稲作文化が根づいた、と説いているが、実際には沖縄地方の稲作は逆に北方からつたわってきたものとして認識され、柳田国男の語る稲作文化の北上論はいまは否定されてしまったようだ。

しかしイモが南方系の人々によってはこばれてきたのではないか、という「イネの道」ならぬ「イモの道」説が新たに語られるようになった。それを運んだ北上する海の道を、竹筏の航海で実証してみよう、というのがこの漂流実験のテーマだった。

ヤム号のヤムはヤム芋のヤムである。芋の道を実証する航海だからもちろん芋を積み込んでいるが、なかなかこれは日本人の口には合わないようで実用食とはならない。主食はインスタントラーメンや、ゴハンにいり卵をかけてかきこむ、というむなしいものになってしまったようだが、おかずの中心になる卵は、ヘイエルダールの「ラー二世号」の旅に同行した日本人隊員の一人が、ヘイエルダールからおしえられた生卵の保存方法を踏襲している。

大きな土の瓶に生卵を並べ、その上に石灰を入れてまた生卵を重ねこれを次々にくりかえして口までいっぱいにすると三〇〇個の生卵が収まってしまう。こうしておくとずっと生卵は腐らないそうだ。実験漂流記のこういう部分の記述がぼくにはもっとも興味深い。

不慮の事故でヨットが転覆し、救命筏《ライフラフト》にのがれてやむなく漂流する、というノンフィクションはけっこう沢山ある。それらの中で一番挑戦的かつ感動的に生きていく工夫が語られるのは『大西洋漂流七十六日間』（スティーヴン・キャラハン、早川書房）で、いやはやこれも息もつかせぬ面白さであった。

救命筏には、三リットルの水、合板製の櫂、火炎信号弾、レーダー反射板、太陽熱蒸留器、投げ縄、海図、分度器、鉛筆、懐中電灯、釣り道具などけっこういろいろな緊急用品が備えてある。主人公（小説ではないが）はこれらの道具と沈没寸前のヨットから辛うじて持ちこんだナイフや水中銃を使っていろいろ工夫しながら生きのびる。

筏にくっついてくる魚（主としてシイラ）を仕とめたり、流れついた海藻からエビやカニをむしり取ってたべたり、筏の空気の入ったチューブの中に浸入してくる水との絶えまないたたかいに苦闘したり、鉛筆で六分儀をつくって自分の位置を調べたりとまさに極限のサバイバルに挑む。

このキャラハンのヨットは、鯨と衝突して転覆してしまうのだが、海というのはけっこうこういう事故があるらしく、『荒海からの生還』（ドゥガル・ロバートソン、朝日新聞社）は家族ら六人の乗ったヨットが、シャチと衝突してひっくりかえされる。そこで全員小さな救命ボートに乗って漂流するのである。

　妻や娘を含むこの一家はへこたれずに、主にカメを生けどりしながら食いつないでいく。喉が渇くとカメの血をのみ時おり獲《と》れるサメやシイラもたべ、保存用にこれらの干し肉もつくっていく。漂流とはまことにもって水と食物を獲るためのたたかいなのだ、ということがこの本を読むとよくわかる。

　このたくましい漂流家族はやがて日本のマグロ漁船に救出されるのだが、この時の様子が表紙写真になっていて感動的である。漂流者六人の乗っているボートは、本当にこんなに小さいのでよく荒海を乗りこえてきたものだ、とあきれるくらい小さな、まあたとえていえば公園の手こぎボートくらいの大きさなのである。オールを利用したらしい小さな柱が立てられ、そこにカメの干し肉らしいものが沢山ぶらさがっている。その人たちに救いの手をのばしているマグロ漁船の日本人たちが見える。端の男は後姿でも日本人とわかる青い腹巻姿である。まさに〝生還〟の瞬間、という感動的な写真であった。しかし救出されたこの漂流家族は救命ボートもろとも、とてつもなく臭ったそうだ。

　日本人の漂流でまだ生々しい記憶のうちにあるのは『たった一人の生還』（佐野三治、新潮社）で、これはヨットレース中に転覆し、さっきのキャラハンの乗っていたのとほぼ同じ構造の救命筏《ライフラフト》に六人のクルーが乗って漂流、結局最後は著者しか生きのびることができなかった、という痛ましい「たか号」の事故の記録である。この著書には乞われてぼくが帯に推薦の文章を書いている。著者にも会ってじかに話を聞いた。いかにも海の男らしい好青年で、生還したことはよろこびであるが同時に苦悩でもある——というような複雑な表情をしていたのが印象的であった。

この生還のサバイバルは、狭いライフラフトに身動きとれないぐらいに六人の男が乗りこんでいるので、海から何か果敢に獲物を獲る、というような行動はとれず、ただひたすら生きていくことへの精神と肉体の耐久力を問われ続けていたようだ。喉の渇きのあまり、自分の小便を飲もうとするがどうしても飲めない場面が哀しくかつ怖い。

『ザ・サバイバル』（平島正夫、リヨン社）はまさに文字通りのタイトルだが、これは諸井清二氏というヨットマンが、一九九四年の冬に太平洋でシケにあい沈没こそまぬがれたが転覆したまま漂流する。ヨットはその後復元するが、破損がひどくて航行不能。水浸しの艇内で食えるものを捜しながらなんとか生き延びていく、という体験を著者が遭難者から聞き書きしたものである。

聞き書きした人の筆によるのかどうかわからないが、この遭難者はどうも全般に楽天家のようで、大変厳しい状況にいるのにあまり死というものを考えず常に次は何をたべるか、ということに生きていくテーマを見つけて日々をすごしていく。モノがない救命筏と、破壊されていてもヨットの中にいるということの差だろうか。この遭難者が語っているのか著者が述べているのかわからないけれど、転覆してもあっさり筏に逃げのびたら負けだ、というようなことを書いている。遭難の時の状況はそれぞれ条件が違うだろうから、一概には言えないのだろうが、「たか号」のことを言っているのかと思って読んでいて少々ドキリとした。

『氷海からの生還』（長尾三郎、講談社）は稚内の沖合底引漁船第七一一日東丸がいきなり沈没し、長さ五・三メートル、幅二・九メートル、高さ一・五メートル二〇人乗りの甲種膨張式救命筏になんとか乗りこむ。このゴム製の救命ボートに乗れたのは四人だけで他の一一人の乗組員は沈没船とともに死ぬ。

北海道の海である。流氷に閉じこめられそうになったり、凍傷の危機にさらされたりのひどい漂流を余儀なくされる。食料はボートの上を覆う天幕によくとまるカモメの足を、下からぎゅっと天幕ごしにつかんで捕まえてしまう、という原始的な方法をとっている。生のカモメ肉はまずかったようだ。しかしとにかく何かたべなければという人間の生きていくための力がそれをむさぼり食わせたのだろう。

この漂流は一六日間で救出されている。寒い海での生還は奇蹟的なことだといわれている。この一二四トンの船がほとんど一瞬のうちに沈没した原因は、その時の状況からみて「赤い鯨」ではないかと言われている。つまりソ連の潜水艦である。『流れる海』(小出康太郎、佼成出版社)はヨットでも筏でもなく、ダイビング中に流されてしまった男の話である。ぼくもダイビングをやるのでよくわかるが、海流というのはとてつもない力であっちこっちに流れている。上層と下層では流れる向きがまったく逆なんていうところもあるから油断ができない。だから通常はチームを組んで潜っていくのだが、この漂流者は自信家らしく仲間たちと水中銃で魚を突いているうちにどんどん一人だけになってしまったようだ。

浮上するとまわりに誰もおらず船もなく、結局いつの間にか黒潮にのって三日間、二三〇キロを流されていくのである。流れていく途中で四頭の鯨に遭遇する。そして鯨たちは漂流者に一時間半ほど伴走し、そのことによって、漂流者は黒潮の本流から外れて別のルートに流されていき、結果的に生還の糸口をつかんでいる。その後、流れてきたビーチサンダルの上にすがりついている小さなカニと出会う。

もうその頃は漂流三日目で、相当に生きる力を萎えさせつつあったのだが、自分と同じように必死にビーチサンダルにしがみついて生きていこうとしているカニに心の中の何かを励まされ、漂流者は生きぬくのである。

生きるための命

陸上での極限状態は戦争時に否応なしにそういう状態に追い込まれる、というケースが非常に多い。

『私は魔境に生きた』（島田覚夫、ヒューマンドキュメント社発行、星雲社発売）は十数年前に御茶の水の古本屋で偶然見つけ、なんとなくパラパラ読んでいるうちに俄然引き込まれた。四六判ハードカバー五四〇頁に及ぶ長編だが、ニューギニアのジャングルの奥地を舞台にしたこれこそ痛快冒険ドキュメンタリの傑作である。

東部ニューギニア戦線では多くの日本軍が隊系列からも指揮系統からも分断されて山奥へ追い込まれていった。同書は次々に戦友を失いながら、生き残った一七名の兵隊が密林の中に籠城することを決め、その後十年間共同のサバイバル生活を続ける。籠城を覚悟し、その状態に入ったのが昭和十九年六月十七日というから、実際にはそのジャングルでのサバイバル生活のほとんどは戦後の時代の中で行なわれていたのである。

この本は、前章の『活字のサーカス』でも紹介したが、素晴らしく面白いからと誰かに貸してそのまま行方不明になってしまった。

そうしてつい半年ほど前、あることをきっかけにこの出版社に昔つとめていた人と知りあい、たった一冊残っていたその本を貸してもらって改めて読みかえしたのである。最初に読んだとき記憶に色濃くあったのは、戦時下のジャングルの中における共同生活というのはまさにいかにして日々の食物を手に入れるか、ということのタタカイの連続である、ということであった。

読みかえしてみると、まさにそのとおり、いかにして生きていくか、ということはいかにして敵に囲まれたジャングルの中で食物を得ていくか、ということなのである。

木の実、きのこ、野生のバナナ、ビンロウジュの芯、蛙、コオロギ、イナゴ、バッタ、ネズミ、とかげ、木の寄生虫、草の球根、などなど。秘密の潜伏地の近くに甘藷や里芋、タピオカなどの農園もつくる。ぼくはこの本を読むまでタピオカというものを知らなかったが、この本の説明に「桑の木様の幹が伸び、地下に大きな芋ができる」と書いてある。このタピオカの芋を薄く切って炊き、苛（小さい芋）、乾パンを混ぜると、タピオカが砕けてどろどろになり、「あんかけ」状になってすこぶるゴチソーだったという。

蛇は「やまうなぎ」と称して数少ない肉食のゴチソーである。動物をとらえる話で圧巻は火喰鳥で、これは小銃で撃ち、苦労してつかまえるのだが、この火喰鳥、名称もすごいが相当な暴れ鳥らしく、爪に引っかけられたら人間の腹などひとたまりもなく引き裂かれてしまうという。体重は十七、八貫(六五キロ前後)もあった。

久しぶりに手に入った大量の肉に皆興奮し、肉や内臓を焼いてたべるのであるが、「ジーンと舌に滲み渡る味を噛みしめながら、いつまでも呑みこむのがおしい」と書いてあって、極限生活の中のうまさ——というものがしみじみつたわってくる。

彼らが一番困ったのは塩であった。籠城間もない頃は軍の支給物資の粉味噌、粉醬油などがあったのだがこれほどの長期間を保つわけはなく、醬油どころか塩の欠乏にきゅうきゅうとするのである。塩は海岸に出て昔ながらの塩田をこしらえて、という方法も考えたが、海岸線に出るのは敵の攻撃が予想されてできない相談だった。

かくして、ジャングル内の軍の食糧集積所(もう荒らされてほとんど何も残っていない)へしのびこみ、粉醬油の入っていたブリキ缶を煮だしてわずかに塩分らしきものを得たりするのである。ここでは食料確保のことだけを書いたが、用具をつくるために鍛冶屋に挑戦して鑢《やすり》や鋸《のこぎり》を作ったりジャングル版の乾燥器を作ったりと、当時の軍人=日本の男たちの力強い生命力とその底力に感銘を受ける。

『東北のロビンソン——山の神奇譚』(高橋喜平、創樹社)もながいこと捜し求めていた一冊であった。

東部ニューギニアのジャングルで十数名の男たちがサバイバル共同体をつくっていた頃、東北の山中で陸軍による敵前渡河の演習の最中に、一人の男が脱走する。この話はもちろん実在の人物の体験にもとづいて書かれているのだが、ストーリーに伏線があって、男が脱走するのは人並みはずれた巨根の持ち主で、それをネタになにかとからかわれたりいじめられたりするのに耐えられなくなり、死んだつもりで脱走するのである。渡河演習をしていた場所が主人公、熊造二等兵の割合よく知っている土地であり、歩いて自分の生家に行ける距離であった。子供の頃マタギの祖父によく連れていってもらった東北山中加賀岳のヤス穴（マタギがねぐらにする洞穴）に住みつく。そこへ行くまでに一度生家に寄り、自分を可愛がってくれた祖父と秘かに会い、山刀、釣針、テグス、ハンゴウ、シート、マッチ、塩、衣類などを持っていく。

そうしてヤス穴で一年以上の文字通り山の中のロビンソン・クルーソー的生活を送るのである。祖父におしえられマタギの体験があるので、山の中の暮らしは、とくに食生活はそんなに困らない。熊造は山中に豊富なキノコ、タケノコ、山菜のエビヤロ（オナウバユリ）、山ウド、カタクリ、フキノトウ、ヤマユリ、シドケ、シオデ、ウルイ、野うさぎ、蛇、イワナ、熊、カモシカなどを次々に手に入れ、逞しく生きていく。

この物語も食べるものをどう得ていくか、ということが常に大きなテーマで、そのための苦労や工夫などの連続は読んでいて切実で、とにかくのめりこむ。

とくに交尾中の何十四も群れてからみあっているマムシのかたまりに大石を投げつけて一撃のもとにやっつけてしまうくだりや、冬眠中の熊を粗末な武器だけで命がけで仕留める話など思わず手に汗を握る、というやつだ。

もちろん一年以上にもおよぶ東北山中の一人暮らしであるから生きていくためには他にもさまざまな苦心や挑戦が続く。冬になれば防寒衣類が必要になるが、熊造はとらえてきた獣の毛皮を使ってマタギ流のやりかたで器用に上下の防寒着から靴まで作ってしまうのだ。

海の漂流記や、無人島でのサバイバル生活にくらべて、山の中というのは食料その他じつに活用資源が豊富で、面白いことに読んでいてなんとはなしに豊かな気分が常にある。もちろんそれは主人公が山の中の生活技術に熟知している、という安心感に支えられているのだが、もうひとつ、深いいちめん緑の山地に、日本人はこころのどこかでなにかの拠りどころを常に抱いているからなのかもしれない、という感想をもつ。

この実録にはサブストーリーがあって、それはサブタイトルの「山の神奇譚」にかかわっている。著者の高橋喜平さんは『雪国動物記』『日本の雪と氷』『日本の雪崩』『雪国博物誌』など沢山の著書があり、ぼくはこれらの愛読者の一人である。この本のあとがきに、本来書名はこの「山の神奇譚」でいきたかったのだが、編集部その他の働きかけで「東北のロビンソン」になった、と記している。

主人公熊造の住んでいたヤス穴という洞穴は代々マタギが利用しているもので、その奥のほうには木彫りの山の神が祀《まつ》ってある。山の神は女神で、これは伝統的に女陰《ほと》が異常に大きく造作されているのだという。熊造のいたヤス穴にもこの巨大な女陰の山の神様がいて、熊造は新しい食料が見つかったりするたびにこの神様に報告しあつくあつくお礼を言うのだった。

なにか困ったことがおきた（たとえば山刀をなくしてしまった）ときなどこの山の神様が夢に出てきて、必ず助けてくれる。山の神様は熊造の孤独感を癒してくれる大切な存在でもあった。そしてあるとき、熊造はおそろしくリアルな実感をともなって、夢の中でこの山の女神とまぐわうのである。ここの場面がひどくかなしくて美しく、感動的である。著者が、「山の神奇譚」というタイトルに固執したのがよくわかる気がする。

東部ニューギニアの人達と同じように、この熊造も戦争が終わっているのを知らずに山の中の生活を続けている。

『ラオスからの生還』（ディーター・デングラー著、りくたー香子訳、大日本絵画）は同じ山の中といっても熱帯雨林の中なのでとてつもなく凄まじいサバイバル実話だ。ベトナム戦争で撃墜されたドイツ生まれの米軍パイロットがパテトラオ（共産ゲリラ）の捕虜となる。ジャングルの中の凄惨な捕虜生活五カ月の後に脱出し、生死を賭けた逃亡の末奇蹟的に救出されるまでの話で、ベトナム戦争で捕虜が脱出成功したのはこの書の著者がはじめてであったという。

捕虜の生活は映画「ディアハンター」の冒頭部分、川の中の檻に入れられて、ロシアンルーレットの手なぐさみにつきあわされる場面を彷彿とさせる。

捕虜としての日々はまさに地獄である。国際協定もなにもありはしないから、その劣悪をきわめる捕虜虐待で精神異常をきたす者も出てくる。そしてスリリングなチャンスを得て主人公（小説ではないが）は脱出する。この脱出は長い時間をかけて捕虜同士で計画したもので、武器を奪い数人の監視を殺し、映画そこのけのホンモノの迫力でついに幸運の五人がとりあえずの自由を得る。

数が多いと目立つので山中でタイ人三人とアメリカ人二人は別れる。この逃避行のサバイバルぶりがいやはや凄いのだ。

「厚い霧が低く垂れ込め、氷のように冷たい露となって草木に貼りつく。それが滴となってボタボタと小止みなく降りかかる。蛭《ひる》とミミズの天国のようなこの山。〔中略〕羽音をたてて蚊の大群が飛び回り、足下では蛭がうようよしている」

この逃避行も、いかに人目に触れず、そしていかにして食べ物を見つけるか、のたたかいになる。イグアナ、蛇、イチジク、トウモロコシ、サトウキビ、カメ、食えるものは何でも口にしていく。しかし常に体のまわりには蛭がつきまとう。

「夜目が覚めると隣のドゥェイン（一緒に脱走した仲間）を一目見て仰天した。全身真っ赤になっている。夜の間に彼の身に何が起こったのだろう。調べてみると、服の中といい髪の毛の中といい、蛭が数えきれぬほど吸いついている。どいつもこいつもたらふく血を吸って膨れ上がっている。潰すと夥しい血が出る。お前の背中もまるで生の挽き肉だぜ、とドゥェインが言う。肛門に入りかかっているやつさえいたらしいがドゥェインが木の枝で挿んで摘み出してくれた」

この相棒のドゥェインは救出間近の頃にベトコンに見つかって首を斬り落とされる。結局助かったのは著者一人。七〇キロだった体重は四〇キロに落ち二種類のマラリア、寄生虫や皮膚病に冒されて、衰弱しきっており、救出が一日遅れたら衰弱死していたところであったという。

『五秒間ほどの青空』（藤川景、三五館）もまた壮絶なサバイバルの書である。著者は一九四九年に大阪に生まれ早稲田大学文学部卒業後出版社に勤務し編集者として十数年のキャリアをもっている。一九八七年に転落事故をおこして頸椎《けいつい》を損傷し、全身麻痺となる。あるいきさつがあってぼくは事故後にこの著者の藤川氏と知りあいになった。首から下の運動機能をまったく失ってしまってからの闘病の記録を一九九三年に『上の空』（三五館）にまとめ、この本が二冊目になる。

前作は口に筆をくわえて書いたが、本書は光キーボードとパソコンを使って書かれている。しかし全編、生きていくためのサバイバルの書である。そのひとつひとつが本当に厳しい実情内情の連続なのに、氏は常にユーモアをたたえた文章でそのトライアンドエラーの記録を軽やかにつづっていく。

たとえば頸椎損傷の人が電動車椅子で外の道をほんの二〇〇メートル進むのも実は今の日本の貧弱な福祉行政の中では命がけなのである。家で本を読む、ということだけでもとてつもない労力と創意工夫の積み重ねが必要である。そもそもしばらくじっと座っているという、一般的にはこのなんでもないことが大変に難しい問題になる。

車椅子に座ってリクライニングの状態で楽に、というのは一般的な考えで、自分で自由に体の向きを変えられないと、背もたれに当たる肩胛骨《けんこうこつ》が突き刺すように痛んでくる。やがてテーブルの上にクッションや枕を重ねてそれにあごをのせる方法を思いつく。これだと背痛は楽になる。しかしこの方法をとって数日の後あごから血が出ているのに気づく。頭と上半身の重みだけでも相当な過重負担なのだ。ドーナツ型の円座（あごの先端はいいがこれも周囲に負担がかかって駄目）、無圧マット（華道で使う剣山を巨大化したようなもの）、子供用の浮輪、等々、いろいろなものを試す。結局そばがら枕の上にムートンを敷き、たたんだガーゼをのせる、という方法でなんとかおちついていく。

この座って前のめりの姿勢というのは楽であるが、やがてこれではあごの調子が悪くなってしまう。顎関節症や口内炎、歯の損傷とひどくなっていき、やがてあごではなくおでこを枕に当てる、という方法に傾いていく。しかしこれは眼球を圧迫し視力に悪影響を及ぼすことがわかる。そこでアメリカンフットボールのヘルメットをかぶったり野球のキャッチャーマスクをつけたりと、いろいろ工夫研究していくが、いまだにいい方法は見つからない。

ただすわってじっとしているというだけでも途方もない苦心と苦労の連続なのである。藤川さんは数年前に最愛の奥さんを亡くしている。この本ではそのことはほんの数行しか語られていない。ぼくは藤川さんほど精神の強い人を他に知らない。前作『上の空』とこの本のことを考えると目下の自分の悩みなどどの程度のものか、といつも思うのである。いろんなサバイバルものを紹介してきたが実は本書が最高最強のサバイバルの書なのである。藤川氏が十年がかりで書いたこの二冊の本はもっと多くの人に読んでもらいたいと切に思う。

最後にフィクションのサバイバルストーリーをひとつ。『月は地獄だ』(ジョン・W・キャンベル、早川書房)。SFである。一九五一年の著作だから、まだNASAの宇宙船が月に行く前である。物語は月の裏側に着陸し、居住ドームをつくって鉱石を発掘しはじめているころの設定になっている。これはその時代ある事故がおきて、二年以上地球に戻れなくなってしまった人々のサバイバルストーリーである。

彼らは光電池でエネルギーを得、石膏から酸素をつくりだし、水を作り、布や紙から食料をつくりだす。月に残留した人々はみなそれぞれ異なった専門分野の科学者であるから、この地球人の最先端の科学の力がサバイバルの原動力になる。よく理屈はわからないのだが最後にはどうも鉱物を分解加工して食料にしてしまうという途方もない話になっていく。古きよき時代のＳＦファンとしては「ウム、そんなこともできるだろう」とそのへんも結構すんなり納得してしまうのがスゴイ。

筏の上に寝ころんで

このあいだ最上川を数人の仲間たちと筏で下った。杉の間伐材を貰ってきて、自分たちで四畳半大のそれをこしらえ、一六キロほど川を流れ下った。

時おり海とか山とか川などにキャンプに行って焚火をする「焚火仲間」というような連中がいて、東京の酒場で川の話をしている時、突如筏の話題になったのだ。

そういえば子供の頃、自分の町の川を手製の筏で下ったなあ……という体験をもつ人が多く、あの頃の夢を再現、ということで、いい歳をしたおじさんたちが最上川筏作戦に参加したのだった。

カヌーで川を下ったこともあるが、カヌーにくらべて筏はおっそろしく操作性が悪い。それからまたでっかくて重いぶん、流れの早いところで障害物にぶつかってしまったりすると、もう動きがとれない。にっちもさっちもいかない、というやつだ。

唯一の利点はカヌーとちがってまあよっぽどのことがないかぎり転覆の心配がない、ということだろうか。

いや、考えてみるともっと大きな利点があった。流れている間中、じつにのんびりした気分になれる、ということである。

一応竹の竿や、木でつくった櫂のようなものを用意したのだが、ヘンに流れにさからって独自の方向に進もうなどと思うと、浅瀬にのりあげたり岩にぶつかったりと、たいていろくなことはない。そういうことがしだいにわかってきて、やがて流れるまま、流されるままに行こう、筏こそ人生のようなものだ……などという気分になってくる。だからそのうち何もしなくなる。ただもう静かにゆさゆさざわざわと筏の下を流れる水の音を聞きながら空や雲をぼんやり眺めていく、というのが筏下りの一番のヨロコビなのだな、ということがわかってくる。

流れに順応して静かに下る、という川との一体感というのが思った以上にここちいいのである。空を眺めながら、大昔の人がこんなふうにして川を下る旅を想う。そんなふうに素直に想える気持ちになってくるのが嬉しい。

その翌週、今度は瀬戸内海の無人島にキャンプに行った。まあいい歳をして子供のようなことばかりしていたのだが、このときは台風がやってきて、テントに一泊しただけで翌日は近くの有人島に避難しなければならなかった。はからずも民宿泊りとなり、翌日は台風が去って、一転晴れ上がった海を眺めながら何もすることがなくなってしまった。

まあこういう日もあっていいだろう、と近くの浮橋へ行ってのんびり本を読んだりはたまた空を眺めて、昔の人は休日といってもいまのようにゴルフもパチンコもカラオケもなかったから、こうして寝っころがっていろんなことを考えていたのだろうな、と再び筏の上での夢想状態に入りつつあった。するといきなりにわかな轟音がしてすっかり目がさめてしまった。

すぐ近くの河岸からジェットスキーがいくつも出ていくところだった。ジェットスキーというのは、エンジンの回転で水流を吹きだし、ものすごい早さで突っ走る水上オートバイのようなものである。

島の若者たちが、五、六台のジェットスキーを持ち込んで、その練習をはじめたようであった。まあ若い人には面白いことなのだろうけれど、とにかくこいつはけたたましく、そして必要以上にうるさい。

カヌーで川を下っているときも、激流域をすぎて中流下流になってくると、このジェットスキーの連中と出あうことがある。

そういうときもその連中が妙にしゃくにさわる。友人のカヌーイストは、川に一番似合わないのがジェットスキーだ、と言っていたがまったくそのとおりだと思う。

おまえらこういうほとんど流れのないようなところでやかましいエンジンの音を立てて好きなように走り回っているが、そのまま上流に上っていって、いまおれたちが下ってきたような激流をさかのぼってみろコノヤロー、安全なところでうるさい音をたてて騒ぎまくるなコノヤロー、という気分になってしまう。あの嫌悪感というものは独特のものだ。

ものは試し、なので、ある時このジェットスキーに乗ってみたことがある。静水ならばまことに安定してスピードが出るけれど、ちょっと流れがあるところで、無理なターンなどするとすぐにひっくりかえる。バイクと同じようにアクセルは手の握りの回転作動になっているから、ひっくりかえってヒトが海中にとばされると必然的に加速が止まってエンジンがストップし、ジェットスキー本体もそこらに漂っていることになる。もっともそのようなしくみにしておかないとジェットスキーだけどこかへ行ってしまうのだからエライことになる。これはスノーモービルも同じで、モノズキなぼくはスノーモービルで北海道の山へ登ったことがあるのだが、雪山を歩いて登る人からみたら、これほど腹のたつシロモノはない、と思えるすさまじい登攀パワーである。しかしけっこうそれ本体は重いのでひっくりかえることもあり、その時もエンジンは即座にストップするようになっている。

ジェットスキーもスノーモービルも陸上のバイクをそのまま水の上や雪の上に持ってきたのだな、ということは乗ってみるとよくわかる。ぼくは乗ったことはないが、マイクロプレーンというやつは空のバイクに近いらしい。そういえば水中スクーターというのもあった。アクアラングをつけて作動させるもので、これはオーストラリアでやったことがあるが、水中というのは少々こわい。ちょっとした宇宙遊泳の疑似体験みたいで、四辺が広大に限りなく広がっているところを限りあるエア（背中のタンクの中の）を気にしつつ動き回る――というのは心理的にけっこう圧迫がある。慣れれば便利なものなのだろうが、ぼくは水中では一人でタンクのエアをうまく利用しながら上昇も下降もしない（中生浮力という）浮遊感覚を楽しんでいるのが一番好きだ。

とにかくしかしニンゲンというのは地上から空中、水上、雪上、水中とよくまあこのようにあわただしくいろんなところを動き回る機械を発明するものだ。

残されたのは地中であるが、地中をモグラのように掘りすすむバイク的機械がなぜ発明されないのか、少し考えたことがある。

推論だが、答えは意外に簡単だった。たぶん地中に潜るのは機械装置としてものすごく大変なのだ。これはトンネルを掘り進むあの巨大な装置の写真などを見るとすぐ納得できる。それともうひとつ、これはそれよりももっと大きな理由であろうと思うが、地中を潜ってもほとんど面白くないだろうし、いかに勇敢にカッコよく潜っていってもそれを見て「キャーステキ！」などというギャラリーなど誰もいないということもけっこう関係しているような気がする。

それにしても大昔、川や海を筏で移動し、山をよっこらしょと足で登っていた人々にとって、ジェットスキーやバイクやスノーモービルなどが出てきてこんなことをしているなどとは思いもしなかったろう。

　歴史というのはいま現在も動いているわけだから、目下の我々の時代では思いもつかないものが、これからさらに科学文明が進んだ未来にはきっといろいろさまざまに登場しているのだろうな、それはどんなものなのだろうか、というようなことを一人で酒などのんでいるときバクゼンと考える。まあ考えたって、アルコールが雨ダレ状に落ちている空気頭の思考だから何の想像もつかないのだが、考えることの楽しさは味わえる。

　ぼくがむかし仲間たちと小さな筏をつくって遊んでいたころの夢の乗り物といったら水、陸、空を自在にいく乗り物だった。

　すなわち普段は自動車そのものの恰好でごくごくフツーに道を走っている。すると突然目の前に川があらわれる。橋もない。しかしそのままどんどん川の中に入っていってしまい、颯爽と向う岸にあがる。さらに広い一直線の道路があるとにわかに屋根の左右から折りたたみ式の翼を出してカナブンのようにいきなりブーンと飛んでいってしまう、という凄いやつだ。

　いま考えると、子供の頃に想い描いたこの夢の機械もその三機能のうちそれぞれ二機能ずつ一体化されたものはすでに実現されていた。何の雑誌で見たのか正確でないが

(たぶん小学館発行のおじさん少年雑誌『ラピタ』だ)空飛ぶ自動車はアメリカで作られ、実際に飛んでいる。しかし折りたたみのカナブン型の翼にはできず、自動車に翼をつけたようなものであったから、道を走っていて、どうもむこうが渋滞のようだから「ソレッ」といって飛び上がってしまうというウハウハ作戦には少々遠かったようだ。この翼付き自動車に一番近いのがいまのセスナなのであるという。

水陸両用自動車は戦争の時に開発された。

『たった二人の大西洋』(ベン・カーリン、講談社)という一九五七年発行の古い本があって、これは十年ぐらい前に早稲田の古本屋で偶然見つけたぼくのタカラモノ本の一冊なのだ。この本はひとくちでいうと軍用の水陸両用ジープで大西洋を渡ってしまう、というまことにもって痛快なずっこけ航海記である。

著者は太平洋戦争時にアメリカ空軍に所属する土木技師で、終戦時までインドにいた。その折はじめて水陸両用ジープを見て激しく心を動かされるのである。アメリカに帰り、同じものを捜したがなかなか見つからない。このジープはフォードが作ったのだが、戦争の実用にならないということで五〇〇〇台しか生産されず、そのほとんどはアメリカ国外に出されてしまっている、ということを知る。しかしいったんそいつにとりつかれてしまった著者は必死になって捜し回り、ついに二年後に競売にかけられているそれをやっと手に入れるのである。

口絵に、このジープが街の中を走っていく写真が出ているが、まさに下半身は車輪のあるボートで、上半身がジープである。水中にある写真はそうでもないが、陸に上がるとなんだか妙におかしくてひと目で笑えてしまうシロモノで、さっきの空飛ぶ自動車と同じく、どうもこういう兼用物体というのは両機能を主張しようとすればするほど不恰好な見てくれになってしまうものらしい。

で、この水陸両用ジープは、著者の恋人とともに大西洋を横断してロンドンに到着、その後ヨーロッパの各地を巡り、中東をへて陸路インドへ渡り、東南アジアを走り、フィリピンからまた海に入って、台湾、沖縄を経由し、一九五六年七月に鹿児島に上陸している。

まあとにかく元気なおじさんがいたものである。

この本にはアフリカまでの旅が書かれているが、主な話は大西洋の航海記で、もともとポンコツ寸前のものを修理してどうにか乗りこなしているから常にトラブルの連続で、読んでいる側としてはそのへんのあたふたぶりや対応作戦の顚末がとにかく面白い。沢山の燃料はドラムカンに入れてワイヤーでいくつも数珠つなぎにして引っぱって走っている。ひどい嵐が来なかったから成功しているが、こういうアメリカ人というのは勇敢なのか無謀なバカなのかよくわからない。だからこそ面白いのだけれど……。

水陸両用、というのでは、現代はホバークラフトが完全なそのための実用乗物になっている。おぼろな記憶ばかりで申しわけないのだが、アマゾンのパンタナルでカヌーの上に自動車のエンジンを積み、それでプロペラを回して広大な湿地帯を突っ走ったヨーロッパ人がいて、それをヒントに改造されていったという話を読んだことがある。『ホバークラフト・トータルガイド』（三野正洋、パワー社）を読むと、初期の頃のホバークラフトはそんなものだったらしい。

つまり平底の船の上にプロペラをつけ、いきおいにまかせて（かどうかはわからないが）水の上も地面の上も突っ走ってしまう、という強引なスタイルである。

ホバークラフトはひとつのエンジンで空気を船体から下に吹きだし、もうひとつのエンジンで船上のプロペラを回して推進する、という単純な構造である。この船体の下に吹きだす空気を効率よく利用するのに、船体のまわりに空気をためておくためのカーテンを張りめぐらせた、という〝発明〟はかなり最近のことらしい。

まわりに張りめぐらすヒラヒラのカーテンのようなものをskirtといい、これは女性のはくスカートと同じ意味なのだという。そういわれて思いだし「ふーむ」と納得したのは、ホバークラフトを見たときのことだ。

九州の大分に行くと、空港から大分市内に入るためのホバークラフト便がある。空港と大分市内は別府湾をはさんで向い側にあり、陸上ルートもあるのだが、ホバークラフトでまっすぐ突っ切るほうがずっと早く着く。

バスよりも大きいちょっとした遊覧船ぐらいの立派なホバークラフトで、これがなかなか迫力があってカッコいい。全体に巨大なゴムボートの上に船がのっているような形をしているが、この世の乗り物のどれともちがうのが、全体に張りめぐらされた、のれんのような、タレ幕のような、つまりはまあそのスカートであった。

はじめてそれを見たとき、はて面妖な乗り物であるが、あのヒラヒラの中はいったいどうなっているのか、ということが大変気になり、めくりあげたくてしかたがなかった。なるほどスカートとはよく言ったものである。

この大型ホバークラフトに乗客はまず陸上から乗る。すでに後部の巨大なプロペラはぶわーんぶわーんと飛行機並の音をたて、いまやおそしとその発進指令を待っている。これがまた強引で猛々しく、しかし少々不安げで、なかなか魅力的なのだ。

乗船(でいいのかな)するとやがて陸の上をぶわぶわと、けれども体感的にはきわめてなめらかに滑走(まさしく)し、すぐに躊躇なく海の上に突進していく。あとは海上を自動車なみのスピードで突っ走っていくのである。

「大分空港やるじゃないか!」

と思ったものだ。やがてこのホバークラフトは新しい交通機関になっていくかもしれないな、とも思った。

しかしこの記憶はもう随分まえのことだから、あれから十年以上たっている筈なのだが、その後他の公共輸送機関でホバークラフトに乗ったことはないから、つまりはそんなに発展しなかったということなのだろうか。

さっきのホバークラフトの本を読むと、いま日本では一〜四人乗用程度の小型ホバークラフトが流行っているようで、一九九〇年のあたりで日本には約千台の小型ホバークラフトがあり、主に個人のあそびや競技（レースのようなもの）用に使われているらしい。

ぼくがこの本を買ったのも自分でホバークラフトを走らせてみたい、と思ったからで、それはその気になれば自動車に乗りたいと思ってそのための手段を踏めば可能なのと同じようなものらしい、とわかった。小型船舶の四級免許が必要で、あとは自由である。ただし公道を走ることはできないので、ある日思いたって自宅からこの個人用水陸両用ボートに乗って海だの山だのに向かうことはできない。そこのところが少々残念である。

人間の興味というのは面白いもので、ホバークラフトのことを心の隅におきながら眺めていたのだろう、あるとき書店の本棚で『水面飛行機の開発』（安東茂典、パンリサーチ出版局）という本がパッと目にとびこんできた。サブタイトルに「アジア太平洋圏時代の輸送機」とあり、口絵をパラパラ見ていたら、これはすなわち水面スレスレを飛ぶ新しいシステムによる船のような飛行機の開発を提唱する本である、ということがわかった。

水面飛行機とはどういうものであるか。簡単にいうと文字通り水面すれすれに飛ぶ二〇〇～六〇〇人は収容可能な大型飛行機であり、時速二五〇～四〇〇キロで、約一〇〇〇キロの航続距離が可能。

水面すれすれに飛ぶことによって翼下面と地（水）面の間に空気を詰め込む（地面効果という）ので揚力が安定し、かつ強化されるのでエネルギー効率が高い。低空を飛ぶので安全性が高く、飛行場を必要としないから路線開発の投資負担が少ない、というような数々のメリットがある。そしてすでにアメリカとロシアが共同で乗客二〇〇〇人を乗せ、時速九〇〇キロで飛ぶ水面飛行機をカスピ海で開発する計画を立てている、というのである。

その実験機（カスプA）の写真も載っており、機首部に八つのジェットエンジンを着けて、なかなかの雄姿である。

読んでいくうちに、ここで語られている水面飛行機がホバークラフトを発想の源にしている、ということがわかった。同時にホバークラフトは一九五九年にクリストファー・コッカレルというイギリス人がホバークラフトSR－N1をつくったと書いてあり、ひとつの疑問がとけた。本というのは有難いものである。

ロシアではすでに、ホバークラフトと水中翼船を進化させたボルガ2という、まさしく水陸両用機を実用化させており、アメリカのロッキード社やダグラス社もさまざまなスタイルの水面飛行機を研究中であるという。

科学やメカニックに弱いので、この本の技術的な部分の記述はぼくにはあまりにも難しくてほとんどわからないところが多かったが、研究されている機体の図などを見ているだけでも何だか気分がコーフンし、子供の頃に夢みた陸海空の超怪物乗物への想いが激しくよみがえってくるようで嬉しかった。

（それからしばらく後、このカスピ海におけるロシアの水面飛行機の実用化計画は中途で断念された――という記事を読んだ。）

貧困発想ノート

ぼくは純文学系や中間小説系の雑誌に、私小説およびSFという極端にジャンルの違う小説を書いている。小説を読んだり書いたりするのなら限りなく本当の話か、とてつもなく嘘の話がいいなあ、と思っているからだ。

SFを書くとき勝負のキメ手はその多くが〝発想〟に関係してくる。いかに「SF」という何でもアリの場ですさまじい嘘の世界をこしらえることができるか――、というのが大いなる挑戦テーマとなる。

しかし悲しいことに、それはモロに才能とセンスとが関係してくるからぼくは締め切りを前に常にモダエ苦しむことになる。わが空気頭が死ぬ気でひりだしたアイデアなど、まあほとんど百パーセントとっくの昔にすぐれた先達によって描きつくされているからだ。

ヨソの人の書いた本を読んでいても「おお!」とか「むむ」などと唸るような発想や設定に出会うたびつくづくくやしい思いをする。改めて悲しい気持ちになる。

とりわけ作家の端くれとして、ああそうなんだ！　コレがあったんだと、ジダンダ踏んで悔しがったのは、SFではないが、スティーブン・キングの『ミザリー』（文藝春秋）であった。作家である主人公がある冬の日に雪の道で交通事故を起こし、偶然その作家のファンの女性に救出される。しかも有り難いことにその女性は看護婦なのであった。しかし……というところでこのストーリーがいきなりあばれだす。

映画にもなったからこのあとの展開を御存知の方も多いだろう。たぶんに偏執狂的な熱烈ファンというのは有り難いのとコワイのと紙一重なもの——ということを改めて知らされる。この小説で作家が読むと特に恐ろしい場面は、書き上げたばかりの、コピーをとっていない原稿をそっくり燃やされてしまうところであろう。

主人公が両足を折られていて、立てず歩けずという設定がいかにもニクイ。

同じキングの『ジェラルドのゲーム』（文藝春秋）も発想はシンプルだ。倦怠期に入りつつある弁護士の夫とその妻がある週末、湖の側の別荘に行き、そこでSMプレイをする。妻の両手に手錠をはめ、ベッドのポールに両手を広げた恰好でくくりつけ、いざコトを始めよう、というときに夫は脳溢血（らしい）で倒れてしまうのだ。さあどうする、というところから話は始まる。これは当然脱出生還へのサバイバルストーリーとなっていく。

薬を飲もうとして、置いてあったベッドの近くの棚の上の水のはいったグラスを、いかにして手錠のままの自分の手のものにするか、ということだけでも原稿用紙にして五〇枚分くらいの枚数を費やして語られる。でもそれだけの枚数を息を呑むようにして読んでしまうのだ。読みながら主人公の気分と一体化して喉が渇いてしまうほどだ。こういうのを作家の力業というのだろうなあ。

この小説はSM夫婦を題材にしながら、SMのことはほとんど語られていない。SMの知識がなくても書けるのだ。つまり力ずくの奥の深い発想があれば、どんなものでもがんがんいけるのだ。

こういうしくみを知るのは大きなはげみにもなる。

そこでこのスポンジ頭作家（ぼくのことです）は小説になりそうな日常のなかのちょっとした異常について考えはじめる。『ミザリー』のモチーフで考えたのは、「つきまとうハエ」だ。ある日、ハエが一匹部屋に入ってきてぶんぶん飛び回る。うるさくてしょうがないので捕まえて殺そうとするが、これがしぶといやつでなかなか捕まらない。飛び回っていると目標が定まらず叩けないので、どこかに着地するのをじっと待っていると、これがこっちの待ち伏せを見抜いているようにそういう時になると全然着地しない。あきらめて机の上に視線を戻した途端、ぴたっと飛び回る音は止まり、どこかに着地した。ようし今だ！　と思って静かにそおっと様子を窺い、必死の秘密捜索の末にやっと本棚の隅にそいつを見つけた途端プイと飛んでしまう。また同じことの繰り返しである。しだいにヒステリックになっていき、やがていよいよ本気になっていくがどうしてもそのハエを叩くことが出来ない。

——ここでこの先の展開がぼくの中でふたつにわかれた。

①＝そのハエを叩くために奮戦し、机の上から本棚から窓のガラスから小鳥のカゴからあちこちのものがぐしゃぐしゃになり、そういう事態にさせてしまったそいつへの憎しみがさらに募り、ついに部屋の中が滅茶苦茶になり、闘争道具はエスカレートして、しまいには家そのものが壊れてしまう。

②＝どうしても捕まらないが、①ほどハチャメチャにはならず、その日は諦めてたとえば耳栓などして無視することにして仕事を続ける。しかし翌日もまた同じような状態になっていく。三日目も同じ。そのハエはそれぞれ別のヤツだと思っていたのだが、どれも同じヤツらしい、と思うようになっていく。ある日、捕まえられないまでも白いスプレーをかけて印を付ける。翌日やっぱり同じヤツだということがわかる。

——という二系統があって、おしまいはどちらも同じで次のようになる。

——その日、寝不足と苛立ちでふらふらになって外に出てきた男の頭の上にそのハエが静かに小さな円を描いている。

と、まあこの程度だ。やはり『ミザリー』とは雲泥の差で情けなくなってくるのである。

だいぶ以前のものだが、部屋中に濃密スープのように蚊が充満していて、そいつと朝までタタカウ男の話を書いたことがあった。モロにヒッチコックの「鳥」がお手本で、これもつくづく情けないウスバカ亜流そのものなのだが、しかしそういう脆弱な基本発想ベースの問題は別に置いておいて、つくりだしたその蚊だらけの部屋のディテールと男の奮闘具合を書いているのは楽しかった。主人公は電気掃除機で吸い込んだらどうかと夜中にそれを振り回したりするのだが、その感覚をリアルに表現するために、書いているぼくが実際に電気掃除機を振り回したり、押し入れの布団の間に逃げ込んでみたりと、真夜中に主人公と同じことをやった。まともな人がもしその有様を見たら、絶対にやつはついにオカシクなったな、と思ったであろう。

筒井康隆さんは、クソを食う話を書いたとき、実際に皿の上に自分の糞を置いてナイフとフォークを使って食べる真似をして研究した、と何かの本で読んだ記憶がある。奥さんがそれを見て「完全にいってしまった」と思ったそうだ。

しかしやってみてわかったのだが、書きたいと思ったことを実際にやってみると、頭のなかで思い浮かべるのではとても気がつかなかったような事柄にいくつも気づき、そのことによってディテール描写が俄然違ってくる、ということは確かにある。

随分昔に書いた小説だが、「ブンガク的工事現場」という短編はブルドーザーやパワーショベルが格闘技場のようなところで闘う話だ。この時は幸い知り合いの工務店に頼んで工事現場で実際にいくつかの機械に乗せてもらった。無理やり頼んでブルドーザーのバケットを空中高く上げ、フルパワーで走ってもらったが、自分が乗っていても外から見ていても物凄い迫力で、激しく血が騒いだ。カブト虫のタタカイのように、二台のブルドーザーがバケットを振りかざしてガンガンぶつかったりしたら、変態格闘技ショーとしてなにがしかの入場料を取れるのではないか、と思ったほどだ。

シンプルな発想だけれど、話が大きすぎていくら思考を集中させても、とてもイマジネーションに結びつかなくてクラクラしたのは「フェッセンデンの宇宙」（エドモンド・ハミルトン、早川書房）という短編で、これはいわゆるマッドサイエンティストが、部屋の中に宇宙を創ってしまう話だ。盆栽のようなスケールで生きている銀河宇宙がそこにもやもや動いていて、それを顕微鏡のようなもので超拡大して見ていると、やがてひときわ明るい恒星の近くを回る豆粒のような星にナニヤラあやしい動きがある。それをよく観察すると火山があちこちで噴火している。ひとしきりその騒動が過ぎると、今度は恐竜が動き回っているのが見える。恐竜はどんどんいろんな新種が誕生しては滅びやがて類人猿が出てきて人間となり、瞬く間に集落ができ、町ができて都市ができ、飛行機のようなものが飛び交い、戦争が始まって終わりまた別の戦争が起こり終わり、高層ビルが林立し……というめまぐるしい変化が続いていく。そうしてある日、フェッセンデンというその科学者は、誤ってつまずき、その宇宙をひっくり返して滅茶苦茶にしてしまうのだ。

もうかなり前に読んだものなので細部の話はうろ覚えで、たぶん記憶違いがいっぱいあると思うけれど、大まかにはそんなところだった。

この短編を息を呑むようにして読んだ記憶がある。小説ってすごいなあ、とつくづく思ったものである。

子供のころ、アリの巣に水を注いだりして、彼らの王国を滅茶苦茶にしたことがある。アリの国をそうしていたぶりながら、自分は神様であり悪魔なんだからな、どうだ文句あっか！　と思っていたのを同時に思い出した。


モノカキになって間もないころ、小説の依頼が来るとうれしくてなんでも引き受けていた時代がある。枚数が決められているものが多く、今ではあまりはやらないが、ショートショートという五〜八枚ぐらいのいわゆる掌編がけっこうあった。これはまさしくつまりワンアイデアの勝負である。

ある雑誌で、ぼくは人間がアリンコのように地中を進んでいく話を書いた。ある男がシャベルで土を掘りつつ、独り言を呟きながらとにかく掘り進んでいく。掘っている場所は墓地の下だ。実はその男は、そうして夜中に穴を掘っていって、裏切った恋人を驚かそうとしている。その恋人は今、少し先の墓石の前で新しい男といちゃついている。穴をその二人の真下に掘っていって、そうして地面から手を出して突然「エイヤッ」と二人の足をがっちり握ってしまうのだ。そういう一途な目的でひたすら穴を掘っていく。――などという話で、タイトルは「うふうふ」という。穴を掘る男が二人の足を握ったとき、二人が驚き絶叫しているさまを思い浮かべては「うふうふ」と笑ってしまうからである。

アリの国から発想が動いていって、そんな話を書いてしまった。貧困きわまりないアイデアだが、しかし作者のぼくはこの果てしないバカ的シチュエーションがけっこう気に入っているのである。

京都大学の山中康裕教授にお会いしたとき、モノゴトは何でもとにかくムコウ側の問題があって、そのことを考えてみる必要がある、という話を分かりやすく伺った。例として花粉症である。ほんのひと昔前、このような病気はあまり聞かなかった。少なくともぼくの子供時代いや青年時代にいたるまで、そのようなあやしい症例は聞かなかった。どうして最近になってこういう病気がでてきたのか――。これを向こう側の問題として考えよ、と山中教授は言うのである。つまり杉の花粉側の問題だ。ここ数十年、人類はひたすらに山を取り壊してきた。木を切り、森を切り開き、どんどん植物の領域を侵してきた。このままでは全滅だ、と植物たちは考えはじめている。たとえば杉である。種族としての危機を感じ、生き残るために以前よりも大量の花粉を吐き出しはじめているのではないか。

「おおなるほど！」

ぼくは聞きながら目からウロコがバラバラ落ちていくのを感じていた。そうか、向こう側の問題なのだ。

この章の冒頭で、ぼくはガリバーとゴジラのことについて書いた。主としてガリバーやゴジラの出す糞のことについて勝手に心配して書いた。これをもう少し踏み込んで、彼らが日常生活で考えていることについて、こっちも考えてみよう、と思ったのだ。

そこで早速ある純文学誌に「爪と咆哮」というタイトルで、ゴジラふうの怪物が海から陸にあがってくるまでの内面思考について書いた。そこではぼくは試みにその怪物に四つの内面思考があると仮定し、それを書いた。この伝でいくとガリバーの悩みや、生まれいずる苦悩にまで迫っていけるかもしれない。或いは月光仮面が危機に瀕している人を助けにいかんとする時、もっとも効果的な（絶体絶命の直前でも直後でもない）まさしくぴたり！ のタイミングで現れるために待機しているときの精神状態について言及していけるかもしれない。

先に貧困発想した「つきまとうハエ」の話だが、あれをハエ側から書けないだろうか。ハエの思考に接近していくためにはハエの研究を徹底し、ハエの習慣から始まってハエの怒りや哀しみやヨロコビを知る必要がある。そのためにどうしたらいいのだろう。ハエがハエ叩きでピシャリとやられる時の気持ちというのはどういうものか。ある程度基本的なハエ側の情報を摑めないと、そう簡単にハエ側の立場になっていけないのがもどかしい。

『エヴァが目ざめるとき』（ピーター・ディッキンソン、徳間書店）も発想はシンプルだが、ディテールと展開がリアルで一気にその世界に取り込まれる。

一三歳の賢く綺麗な少女が事故に遇い、体は死ぬが頭脳だけは損傷がない。近未来の先端医療はその少女の〝記憶〟をそっくりチンパンジーに移植してしまうのだ。

人間の記憶と思考を持ったチンパンジーとして再生した少女の物語は、親の立場、娘の立場、そしてヒトの記憶と思考に脳を占領されたチンパンジーの立場まで、さまざまな〝向こう側〟の問題を提起してくれる。しばしば本を置いて深い思考に入りたくなる、そんな物語である。ストーリーは冒頭、タイトルのように、主人公の少女エヴァが目ざめるところから始まる。母が目の前にいる。主人公は自分の存在は記憶だけで、体がチンパンジーになっていることをまだ知らない。無理にやさしくやわらかく顔を取り繕う母親。数日して、しだいに自分がチンパンジーになっている、ということに少女は気づいていくのだが、その過程で少女が本質的にとても賢い子供であることがわかってくる。母親のほうがなかなかその現実に対応しきれずにいる。少女は時として「自分の体を返してくれ！」と絶叫しそうになるが、しかし逞しく賢く順応し、そして感動的な展開に入っていく。

時代は近未来となっているが、押し寄せてくるマスコミの精神的暴力が相変らずで凄まじい。

以前、あるSF専門誌にぼくは、動物の思考発達と、動物が喋るようになっていくための可能性のようなものを、単なる思いつき発想だけで書いたことがある。実際『ココ、お話しよう』（F・パターソン、E・リンデン、どうぶつ社）のようにかなり知能の高いゴリラを訓練することによって、人間とのコミュニケーションは「大人と小学生ぐらい」の高度な段階まで進めることができるそうだ。

SFではこれが全体に加速度的に進み、犬がピザ配達していたり、カンガルーが探偵をしていたりする『銃、ときどき音楽』（ジョナサン・レセム、早川書房）なんていうのまであって、人間と動物が自由に話ができると、まったく新しい社会が出来上がってくる、ということを知り「うーむ」と唸ったものだ。

いやはや小説はやっぱり素晴らしい、と思っているところに『花粉戦争』（ジェフ・ヌーン、早川書房）を見つけた。これも近未来の話。人間に追い込まれた植物が、人間に向かって逆襲してくる話だ。京大の山中教授に発想のきっかけをもらって「よおし！」などと思っているところにまたもや素早く先にヤラレテしまった。締め切りを前にして相変らずなんのストーリーも思いつかない呆然作家のこっち側の問題も考えてもらいたい。

苛々する本

女性の行動でよくわからないことのひとつは、電車の中で化粧する心理である。昔々はそんな風景はほとんど見なかったように思う。いまはたまにしか電車に乗らないのだが、乗るたびに結構目撃するから、もうアレは完全に日常風景のものとなってしまっているのだろうな、とわかる。

それにしても電車の中の見知らぬ他人の視線の中でやおらニセの眉を描き、口紅を塗るために口を突きだし、アイシャドウのために目をでんぐりかえし——などということがよくできるものだ。

そういう時代になっている、といわれてしまえばそれまでだが、少し前はやらなかったのにどうして今は平気なのだろう、という疑問はやっぱり残る。

その他の多くの人々は電車の中で全身の力を抜いてぐっすり寝入っている。うつむいている人が多いが、中には堂々と顔を上にむけ、その寝《ね》呆《ほう》け顔をあらわにしている人もいる。男も女も。

電車の中でこうして自分の寝呆け顔を不特定多数の人にさらしている人を見ると、外国人はびっくりするそうである。あられもなく寝顔をさらしてしまうということについてはもちろん、通勤電車の中であれほど深く身も心も投げだしたように寝入ってしまっている、ということに対してもびっくりするそうである。

日本は欧米の先進国にくらべて、サラリーマンの住居と職場の距離が非常に遠く、そしてサラリーマンはみんなくたびれている、という事情がとりあえずあるだろう。

それからまだまだこの国の治安がたいへんよろしい、ということも関係あるだろう。ニューヨークの地下鉄などは寝入ったら最後、身ぐるみはがされてしまう恐怖があるからみんな力をこめてパチッと目をあいている（――と、いうよりも欧米人は外にでるととにかくとりあえず周囲の人々の視線を意識し、全身を緊張させている、という行動様式があるらしいが、それはさておき）。

そういう意味でぐっすり眠れる通勤電車の走っている国というのはとりあえず「よい国」であるのかもしれない。

しかしもうひとつ、あまりエバれないと思う理由のひとつに社会性の問題があるような気がする。不特定多数の中の一人（自分）、という問題である。

女の人が電車の中で平気で自分の顔づくりにはげめるのは、他の人の目をまったく意識していないか、そもそもそれをはばかる感情をもっていないか――のどちらかだろう。

「まわりを見ない」「まわりが見えない」という行動にはかなりの幼児性を感じるのだが、しかしそれは目下の日本人に共通していることなのかもしれない。

『うるさい日本の私』（中島義道、洋泉社）セクション（一）言葉の氾濫と空転——の冒頭に次のような採集文が出てくる。

「エスカレーターをご利用のお客さまは、手すりをしっかりにぎって足もとの黄色い線の内側にお乗りください。小さなお子さまをお連れのお客さまは、かならず手をひいて真ん中にお乗せくださいませ。ゴム靴をお履きのお子さまはとくに滑りやすいので、気をつけてあげてくださいませ。大きなお荷物をおもちの方、お足もとがあぶのうございますので、手すりをしっかりにぎって足もとにお気をつけください。よい子のみなさん、じょうずにエスカレーターに乗っていますか。逆の方向に降りたりすることは危険ですから絶対にやめましょう。エスカレーターから降りるときは、ステップの継ぎ目に足をはさまれないよう注意して降りましょう」

これは京都観光デパートの入口、京都駅ビル正面のエスカレーター放送である。このエスカレーターは二階に昇るだけの五メートルほどの長さのもので、この放送を全部聞くためには何度もくりかえして利用しなければならない、と著者は書いている。

江の島海岸では朝から晩まで次のような案内放送が大音声で流されている。

一、ブイの内側で泳ぎましょう。
二、準備体操をしてから泳ぎましょう。
三、睡眠不足や酒気を帯びて泳ぐのはやめましょう。
四、荷物は盗難に備えて、海の家にあずけましょう。
五、ゴミは片づけましょう。
六、潮が満ちてきましたので、荷物を波に流されないように気をつけましょう。
七、砂が熱くなってきましたので、小さな子どもがやけどをしないように、保護者の方は注意しましょう。
八、置き引きに注意しましょう。
九、お弁当をもってきた人は、食中毒に注意しましょう。

こういう日本の日常の音から話が語られていくこの本は、実のところ相当に苛々する本でもある。出版された当初から読みたいと思っていたのだが、読むとこれは絶対に苛々するだろうな、と見当はついていた。そして漸く勇気を出して読んだのだが、想像以上に苛々した。

しかしこの本は重厚かつ貴重な怨嗟《えんさ》と示唆に富んだ日本人論でもあり、読みすすむにつれて、日本人であることがしだいに厭になり腹立たしくなってくる。日本人は世界一、騒音に鈍感な人種である、とはこれまでも折に触れて聞かされてきたが、この本を読むとそのことのどうにもならない日本的システムが見えてくる。

このことがわかるにつれて苛々度はさらに増してくる。

電車やバスの中、あるいは美術館やデパート、銀行、役所の中などありとあらゆる集団の場で遭遇するばかげて親切過剰なけたたましい拡声器騒音とのタタカイが前半で語られ、それは僕自身も日頃から考えていたことそのものなので、苦悩に満ちた奮闘に拍手し、ともに憤る。そして疲労し、肩をおとす。とりわけ後半の哲学者である著者の「なぜこうなのか」の説明が鋭いので虚しい絶望感に襲われる。しかし多くの人に読んでもらいたい本である。——読みながらそういうことを強く感じた。

どうしてこんなに苛々するのか——ということには、ふたつの理由があるように思う。ひとつはこの本に書いてあるそのまま。無意味であまりにも幼稚な騒音社会に対する苛立ちである。どうしてこんなマヌケな構図になっているのか、ということに対する苛立たしさ——。

もうひとつは、どうしてまわりの人々は苛々していないのか、ということに対する苛々——である。

むかしサラリーマンをしていた頃、通勤の地下鉄は霞ヶ関を通る路線だった。車内アナウンスはいつも「間もなく霞ヶ関駅です」「お出口は左側です」「お降りの方は押しあわないように」「網棚に忘れ物をしないように」「ドアに手を引き込まれないように」「順序よくお降りください」とくりかえして言っていた。

　これを聞かされながら、みんなどうしてこの「ああしろ」「こうしろ」の頭の上からのうるさい声に苛立たず、羊のように言われるままにしているのだろうと、不思議に思ったものだ。そのことでさらに苛々した。だってそうではないか、霞ヶ関といったら官庁や大企業が多く、いわば日本のエリートサラリーマンが数多く降りていく駅である。その有能サラリーマンが朝から地下鉄のドアに手をはさまれていてどうすんだ。

　いまになって思うと、この車内アナウンスは、ほとんどの人が聞いていても聞いていなかったのだ。おそらくさっき引用した海岸のアナウンスもデパートのエスカレーター放送もほとんどの人がまともに聞いていやしないのだ。しかし見回すと、いや耳を澄ますといや澄まさずとも、日本はこの手のなんら実効力を持たない騒音でみちあふれている。

『うるさい日本の私』の著者は、日本人というのは実は無意味な騒音が大好きで、それを生活のよりどころにしているところがある、音声付だと安心できる民族になっているのだと説いている。

『かくれた次元』（エドワード・ホール、みすず書房）に、個体距離と社会距離のことがでている。ドイツ人は扉を二重にし、ドアの開閉に非常にこだわる。外界からの自分の望まない音を遮断するとともに、開閉をきちんとして個人の生活圏を正確に守ろうとする。それに対して日本人は襖ひとつで視界が閉ざされることで（たとえ隣から音が聞こえていようとも）プライベートな生活圏ができていると思い込むことが出来る民族である――というようなことが書いてある。

聞こえていても聞こえない、見えていても見えない、というのはもしかすると高度な自己抑制から生まれている――のかもしれないとも思うのだが果たしてどうなのだろう。

さっきの、電車の中で化粧する女、についてだが、これを「女特有の図々しさ」ということで解釈するのは簡単だが、もうひとつ仮面化意識のひそかな現れ、とする説は少々強引であろうか。

電車の中で苛立たしい近隣騒音の代表はウォークマンに代表されるヘッドフォンからのカシャカシャした漏出音と携帯電話だろうが、これらの音が耳ざわりで「ああいやだな」と思うものの、まわりの人はみんな顔色ひとつ変えていない。そのひとたちには何も聞こえていないようで、いつもそれが不思議だった。たまに電車に乗ると、多くの人々がまったく感情を内側に閉ざしてしまい、時としてみんな〝無表情という表情〟の仮面をかぶっているように思えることがある。これは年齢的なへだたりはなく、老いからも若きからも共通して感じることだ。

ヨーロッパの公園のベンチなどでじっとしている老人からも仮面的表情を感じたりす

るが、それには年齢的歴史的なところからくる冷たい沈黙のようなものも感じる。

しかし日本人のそれは、このところ急速にすすんでいる複雑で煩わしい相互干渉から逃れようとする、たとえていえば擬態進化の一過程と考えることもできないか。表情を凍結して集団の中にまぎれこむことによってひとつの生存の道をさぐる昆虫的な方便――とも感じるのだ。

もしかすると現代の女性にとって「化粧する」ということは「服を着る」もしくは「仮面をかぶる」ということに等しいくらいのものになっているから、ああして電車の中で平気で顔をつくれるのか……、と思ったのは『ひ弱な男とフワフワした女の国日本』（マークス寿子、草思社）を読んだときであった。

著者は長くイギリスに住んで、日本とヨーロッパを往き来している人だが、この本で指摘されるひとつひとつに、まさしく目下の心配な日本人がいっぱい出てくる。

たとえば、ながらくぼくは欧米のご婦人はみんな厚化粧と思っていたが、この本を読むとむしろ日本人の方がずっと厚化粧らしい。

むしろヨーロッパの若い女性はほとんど化粧をしていないそうだ。しかしたとえばイギリスの女性は四〇歳をすぎるとたんに肌がダメになってくる。肌が汚くなったり、シミができたり、しわだらけになったりすると、それをカバーしようと濃い化粧をするようになる。唇も口紅なしでは一本の線のようになって意地悪そうに見えるので口紅をつける。しかし日本人はヨーロッパの女性がうらやましがるほどいくつになっても肌がきれいである。若い人など化粧が不要と感じてよいほど美しいのに、みな競って化粧する。しかもその時代のスターやアイドルに似せた化粧をみんなで必死にやっている。

「日本の女性の厚化粧は、このところ毎年ひどくなってきている。日本国内にいて日本の女の人の顔だけ見ているとあまり気づかないかもしれないが、イギリスに行くと、イギリスの女性がいかに化粧をしていないかということにびっくりする。逆にイギリスに何年かいて、日本に帰ってくると、日本の女性がいかにていねいに化粧しているかに驚く」(同書)

それにしても、これもじつに苛々する本で、その苛々はさきの『うるさい日本の私』の時感じた苛々と同質のものだ。

とにかく全体を通して日本と日本人の幼稚性がいたるところであらわにされる。それはもう読んでいてつらいくらいである。どっちにしてもこのままでいくとこの国はどうも大変なことになりそうだということが濃縮されてわかってくる。こうしてはいられない、と思う。しかしだからといって、どうしていいかわからない。それがさらにもうひとつ苛立つところでもある。

科学はキライだ

期待したい次の世紀の最大のニュースは、やっぱりどう考えても未知との遭遇であろう。つまりまあ宇宙からの訪問者とのファーストコンタクトでありますね。

来世紀はどうやら火星への有人宇宙船の飛行がおこなわれるらしいが、願わくばこの火星あたりで、ヨソの星からやってきた宇宙人とバッタリ遭遇などということになってほしい。

そういうのは、たとえていえば、ずっと大昔、まだ日本が外国の人々とほとんど触れ合っていなかった頃、九州のはじっこのほうの島とか、北海道のどこかのとんがった岬のあたりで、外国人と接近遭遇するのと似たような構造になるのではあるまいか。

『幕末の小笠原』（田中弘之、中公新書）を読むと、四国のみかん船が漂着したり、イギリスの軍艦がやってきたり、スペインの探検調査船がきたり、アメリカの捕鯨船がきたり、とけっこう賑やかにいろんな国の人々が当時の小笠原諸島に上陸している。

しかしかれらは、小笠原諸島の沢山の島々のどこかに、永い年月のそれぞれいろんな時期に、いたって気まぐれに、つまりはまあ唐突にやってきているだけであるから、上陸して永く住まないかぎり、それらがハチあわせすることはなかった。

だから、それこそ人類登場五百万年の歴史のなかで、まったくのひょいとしたつかのま（五百万年からみたら一瞬の閃光とすら認識されないくらいの）瞬間的時間、火星に降り立ったとしたって、それがなんぼのものか！ というのが宇宙常識というものなんだろう。

しかしまあ人情として折角あんな遠い火星までいくんだから、かえりがけにちょいとしたお土産でも持たせてくれまいか……、という気分はあるではないか。

どっちにしたって地球でじっとしているよりは宇宙まで出ていったほうが、ヨソの世界のナニカと出会う可能性は高い筈なのだから……。

宇宙というと、ここしばらくはNASAのスペースシャトルの話題がもっぱらであったが、よく数字をながめてみると、宇宙宇宙というけれど、あのスペースシャトルが周回しているあたりはそんなたいした宇宙ではないように思うのだ。

スペースシャトルの周回軌道は平均三〇〇キロ（これまで六二〇キロから一六〇キロまでの高低の範囲があった）であるから、これはよく考えてみるとそんなに驚くほどの高度ではない。

たとえば我々がごく普通に乗っているジャンボ機などでも、すぐに機長が「ただいまの高度は一万メートルです」などと得意げにいうではないか。あの高度と較べてみると、あのあたりからちょいと上の、たかだか三〇倍程度のところを飛んでいるのである。どうってこと（あるか）……。

いや、いちばんはじめに人工衛星からの写真を見たとき、正直なはなし、ぼくは驚いたのである。それはなんて地球の地表にちかいところを飛んでいるのだい？という驚きであった。これはまあ言うまでもなく百パーセントぼくの科学的無知からきているイチャモンでしかないのだが、でも人情としてそういうの、あるじゃあないか。

とりあえず、あれだけの大装置で空高く飛んでいくのである。もうちょっとわしらのいるところの、ずっとずっと上のほうを飛んでいるのかと思っていた。

人工衛星からの写真を見ると、飛行機の上から見た風景とそんなにとてつもなく違ってはいないような気がした。だいいち地球の丸い姿が見えない。地球の部分しか見えないじゃあないか。

このことは当の宇宙飛行士も言っていて、『宇宙飛行士が答えた500の質問』（R・マイク・ミュレイン著、金子浩訳、三田出版会）に次のようなたとえがでている。

「スペースシャトルはそんなに高いところを飛んでいるわけではない。こんなふうに考えてみればそれを実感することができる。たとえば、直径三〇センチのボールが地球として、スペースシャトルの高度三二〇キロの軌道をその比率で縮小すると、その球体からたった七ミリしか離れていない。さらに大きめの（直径九センチくらいの）オレンジを地球だとすると、その軌道は高さ三ミリにしかならない。つまりオレンジの皮の厚さだ」

という訳で、いまスペースシャトルが飛んでいる宇宙というのは、たとえば火星を小笠原諸島とすると、せいぜい江の島ぐらいの位置だろうか。うーむ、しかしそんなことを軽はずみに言ってしまっていいのだろうか。江の島が気を悪くしないだろうか。少々心配になって計算すると、おおやっぱり江の島なんてとんでもないのであった。

地球―火星の距離を東京―小笠原父島におきかえて、そこにスペースシャトルの周回する高度をあてはめてみるとなんてこった、その位置は東京都心から四・一メートルであった。海にまで到達しないのである。

縮小対比して、ものの大きさとか位置の関係などを考える、というのはぼくのような天性および生粋の数字オンチには、時として目からウロコがばらばらおちていくくらいにわかりやすいものになったりして、たいへんに面白い。

たとえば太陽に東京へちょっとおいでいただく。太陽を東京ドーム（直径約二〇〇メートル）として各惑星のスケールと位置関係をみると、地球は川崎の少し先のあたりにうかんでいる。大きさは二メートルだからまあ運動会の大玉転がしリレーのそうとうでっかいやつがぐるぐるまわっている、というようなところだろうか。木星は熱海のへんを二一メートルの大きさでぐるぐるまわっているからこいつはどうも不気味に目立っている。

その木星よりひと回りちいさい土星が静岡の焼津あたりにいる。こいつは大きな輪をつけているぶん木星より派手である。太陽系の一番外側の冥王星は東海道線を越えて山陽本線にはいり、福山の手前あたりを二〇センチの球体で地味に浮かんでいる。

ところで懸案のファーストコンタクトであるけれど、太陽系に知的生命、つまりまあ地球人に挨拶できるくらいの隣人はどうも居そうにないようだから、遭遇すべき「未知」の宇宙人はこの太陽とは別の恒星系からやってくると考えるべきらしい。

ではこの隣人たちがとりあえず居そうな隣の恒星は、今やった東京の真ん中に二〇〇メートルの微小スケールで太陽をおいたとき、どのあたりにいるのだろうか？

我々の太陽系にもっとも近い恒星はいまのところケンタウルス座のアルファ星といわれている。光度0等（なかなか明るい）であるからわが太陽と同等で大きさも太陽に近い。その惑星のどれかにいかにもだれか居そうではないか。

地球からそこまでの距離は四・三光年である。さっき東京にきてもらった東京ドームサイズの太陽でこの距離を等縮すると、このお隣の恒星は東京から約六〇〇万キロのところにある。ありゃりゃりゃりゃ、簡単に日本を飛び出てしまった。そりゃあそうだろうなあ。よく数字をみてみると、地球の赤道直径が一万二七五五キロであるから、この六〇〇万キロというのはどっちにしたって地球から飛び出していってしまう。

さっきの、地球でいうもっとも馴染みの深い「宇宙」であるスペースシャトルの軌道をはるかに越えてしまう。あろうことか、もっともっとずっと先のホントの衛星「月」が、地球から約三八万四〇〇〇キロのところにあるから、その約一五倍のところまでいってしまっているのである。

しかしこうなると現実の宇宙の尺度とまじってしまってややこしくなり、ちょっと困る。くりかえすがこれはあくまでも東京に東京ドームサイズの太陽があり、川崎のあたりに直径二メートルぐらいの地球がまわっているという超ミニチュア宇宙におけるアルファ・ケンタウルスの位置なのである。

ぼくは眠れない夜などよく『絵で見る比較の世界』（ダイアグラムグループ編、草思社）をひっぱりだして眺めているのだが、それこそ、それを見ると呆然としてかえって眠れなくなってしまう頁があり、要注意なのだ。それは「太陽と星」という項目で、ここでは現在知られている恒星を比較している。この宇宙には、大きさが月の半分ぐらいしかない（！）ものから、地球の一万倍ぐらいの大きさの恒星がなんと一〇億もある、と書いてあるのだ。

そうして、いまわかっている恒星のなかで一番大きいIRS5は、太陽の一万六〇〇倍あって直径は一四八億キロもある。

地球から冥王星までの距離は五七億六五五〇万キロであるから、おお、なんてこった、そこには太陽系がそっくりならんでもまだこの恒星IRS5ひとつの中から抜け出せない、ということなのである。ということは、わしらの太陽を東京ドームの大きさにした場合、そいつはなんと本州と九州がすっぽり入るほどのスケールになる。そんな太陽に照らされている世界というのはどんな世界なのだ！　考えていると、眠れなくなる。

そのIRS5が太陽として輝く世界にもおそらく当然、惑星がならんでいるのだろう。そのくらいの規模になると、もう我々銀河系の田舎宇宙（銀河系は宇宙の端のほうにある小さなシミのようなものにすぎない――同書より）からいったら想像レベルを越えた、とてつもない宇宙世界なのだろう。大都会宇宙とでもいったらいいのだろうか。

このあいだ行った吐噶喇《とから》列島のある島は、人口一〇〇人ちょっとの本当に静かな島であったけれど、それでもきちんとそれなりにひとつの規律社会をかたちづくり、ときおりちょいとしたいさかい事もあるようだったが、まあまあ平和にやっていた。思うに宇宙の真ん中へんというのは、そんな島で暮らしていた少年がいきなりニューヨークのど真ん中にいってしまうくらいの環境格差になるんではあるまいか。

この十年のSFの最高傑作といわれている（ぼくもそう思う）『ハイペリオン』（ダン・シモンズ、早川書房）は、二十八世紀の地球および宇宙を舞台にした物語だが、ここにはそういう田舎辺境惑星としての地球がごくごく当然という恰好で出てくる。読んでいてああそうなんだろうなあ、全宇宙における地球の文明レベルなんてこんなものなんだろうな、と妙に素直に納得してしまうのだ。

さてまあところでさっきのその、とてつもないバカデカ恒星であるが、このIRS5のまわりを回っている惑星というのも相当大きなスケールになっているのに違いない。惑星の数だって、この銀河系の水星から冥王星までのたった九つなんてしけた寂しいレベルじゃなくて、どおーんと五十いくつもあって、タイプもいろいろで、派手なのから地味でおとなしいのや、ちょっと勝気だけれど涙もろいのまで（なんの話をしているのだ）いやその、これだけ惑星を持っていれば知的生命の含有率だって相当なものになる、と考えて妥当ではないかと思うのである。そうして宇宙関連の本をいろいろ読んでいると、はるか宇宙の中央部分にはこんな巨大恒星がうじゃうじゃいるらしい。

巨大太陽のもとに回っている惑星が同じ比率で巨大なものになっているとしたら、そこにいる生物も巨大なものになっているのだろうか？

で、まあ乱暴な話、やがていつか、遠いいつか、はるか遠くのそういう中央銀座じゃなかった中央銀河の巨大な惑星の、巨大な知的生命体があるとき地球にやってきて、それがまだ人類がなんとか生きている頃であったとしたら素晴らしい。巨大惑星の巨大宇宙人がやってきたら我々はつまりリリパット人になってしまうではないか。
スイフトの四行詩につぎのような一節がある。

博物学者の観る目には
ノミにはノミにつくノミがある。
そのノミにつくノミがあり、
どこまでいってもきりがない。

しかし現代の多くの科学者はごくごく初歩的な思考の組み立てで、ブロブディングナグ（ガリバー旅行記の巨人国）は存在しない、ということを説明できてしまう。同時に、前にも紹介したSFの古典「フェッセンデンの宇宙」（顕微鏡的微小知的生命の世界）も科学的には絶対存在不可、と明言されてしまった。
これは悔しい。ありえないと知りつつ、このあいだとある中間小説誌に、ある日わが自宅の机の上に突然カナブンぐらいの宇宙船が降りてきてぼくと戦う、という小説を書いてしまった。とりあえずまあ時折SFも書く小説家であるから、その非科学性の逃げ道として、その主人公は、小さな小さな生物体を幻視してしまうという、アルコール中毒症状のひとつ振顫譫妄《しんせんせんもう》小動物幻視症の可能性あり、という逃げ道をつくっておいた。タイトルは「机上の戦闘」。しかし、このウスバカ小説は、書いている当人としては結構たのしんだ。

いまは科学がどんどん進んでいて、空想科学小説なんぞどんどんとおり越してしまっているから、ぼくのように発作的夢想のなかに生きているモノカキにはだんだんつらい世の中になっている。ある一定の物理的法則のなかで生きていると、小説的夢想にも法則のエリアがある、ということを認識せざるをえなくなることがあるからだ。

たとえばあるとき、地球に突如として凄まじい地殻変動がおき、地球人口の九割ぐらいが死んでしまうくらいの、地球終末的造山現象がおこり、エベレスト（八八四八メートル）が五倍ぐらいの高さに突き出てしまう。さあどうなるか——という小説を書こうかと思った。しかしそのとき、ふと大人の良識てえものがはたらいた。

だいたい、あの山というものの高さはどうやっていまのものになっていったのだろうか？

で、その方面の本を読んでいったら、山というものはとてつもなく重い。その重さをささえるためには大体その山の高さと同じくらいの厚さの地殻というものが必要になっているらしい。でもってエベレストの下の地殻の厚さというとまさしくエベレストの高さといい勝負なのだ。その下はもう流動的なマントルであるから、ぼくがいい気になって地上四万五〇〇〇メートルの新エベレストなどをこしらえたとたん、そのとてつもない重量とその圧力によって超巨大山はずぶずぶと地球の中にめり込んでいってしまうのである。

惑星にとっての山の高さは、その惑星の重力も大きく関係してくる。太陽系の惑星のなかで、今のところ我々の知り得るもっとも高い山は火星のオリンピック・モンス山で、高さおよそ二万四一四〇メートル。これは丁度エベレストの二・七倍の高さであり、同時にこれは火星の重力が、地球のおよそ二・七分の一であることと対応しているのである。

この山に関する記述は『君がホットドッグになったら』（ロバート・エーリック著、家泰弘訳、三田出版会）にでていた話である。

この本はモノをスケールでみていくということについて、おそろしく刺激的な内容であった。

ガリバー型宇宙人がどうもいそうにないということはこの本を読んでもじわじわとあきらかで、そのへんはどうも面白くないのだが、読めば読むほど少しずつ賢くなっていくようで、ついつい深入りしてしまう。

生物の巨大化も重力と密接に関係している、というのはなんとなく分かっていたが、この本はその理由をぼくのような空気頭にも理解できるくらいに面白おかしく説いてくれるのである。

陸上生物は大きくなればなるほどその自重をささえるために足を太くしなければならない。プロポーションをそのままにしてとことんまで巨大化していくと足をどんどん太くしていかなければならず、やがて全部の足がくっついてしまって、もうそうなったらころがったほうが早い、という情けないことになっていくのである。

ロジャー・ゼラズニィのSFに核戦争で地球が滅茶苦茶になり、とくに放射能による突然変異がすすみ、いろいろ訳の分からない生物がうろつき回っている、というわりとぼくの好きなシチュエーションの話がある。そこに長さ一キロぐらいのまあとりあえず長すぎる蛇がでてくる。

しかし、地球上で生息する蛇がどんなに大きくてもアナコンダやアミメニシキヘビのようにせいぜい長さ一〇メートルぐらいにしか大きくなれないのは理由がある。

「蛇があまりに長くなってしまうことは危険である。長さ一キロの蛇を考えてみよう。典型的な値として毎秒一〇メートルの速さで伝わる神経刺激信号は、この生物の端から端まで到達するのに一〇〇秒かかってしまう。尻尾が齧られても、なにがおきたか脳が知るまでに一〇〇秒かかり、それにたいして何か行動を起こすのにまた一〇〇秒かかるようでは、尻尾が齧られるのを防ぐことはできないだろう」

ワハハハ、というような話なのだった。

おなじこの本のなかに、隣の銀河までの距離のことがでている。わかってはいるのだが、いま我々がみているアンドロメダの光は我々の祖先である猿人が、地上をうろついていた二三〇万年前に発せられたものなのである、と改めていわれてしまうと、宇宙人とのコンタクトへの夢もくそも、はるか五万光年のかなたに飛んで消えていってしまうのである。

やっぱり科学はキライだ。

フォークの問題

突然ですが本日スイカの正しい食い方を発見したので発表します。

フォークとナイフでいただくと大変具合がよろしい。それも高級フランス料理を食べる時のように、きちんと背すじをのばし、胸に白いナプキンをくりつけて顔つきはやや気むずかしげに……。

「なにおそんなバカな……」

「てやんでえ」

と、にわかにいきりたつ江戸盛夏縁側派の人も多いだろう。

しかし伝統や風情はこの際少しヨコに置いておいて、疑いつつもやってみるとこれが誠に食べやすい。

スイカはこの場合大きく円弧型に、月齢でいえば新月から一〇日目くらいたった時の形状だ。大ぶりの皿の上に置いて片わらにアラ塩の入った小皿。外に風鈴、足元に夏マケのぐったり猫一匹。

まずフォークでタネをほじくるのがまことに能率的で小気味よい。右手のナイフで口に入りやすい形に素早くブロックに切り、種をおとしたあとのフォークの先で小皿の中の塩を少々。口の中に入った種をペッペッと吐いてそこらに散らばせることもなく、実に優雅にウックシク、夏のこの巨大な味をいただくことができるのである。

「てやんでえ、おらあ縁側のあぐらの片膝立てて、種ごとがぶりとかぶりついて、種はそこらにあくまでもペッペッぺッだあ」

とますます怒る人もいるだろうがまあもう少し聞いていただきたい。

スイカの果肉（というのかね）をナイフで切っていく切り味がとてもよくて、日頃不慣れなナイフとフォークづかいが思いがけない程かろやかにかしゃかしゃと運んでいるのに我ながらおどろくのだ。「ナイフとフォークもけっこういいやつだったんだなあ」と思うのである。

海外への旅行が多いわりにはどうもぼくはこのナイフとフォークの食事が苦手で、一流レストランなどというところへ行くと、そこでの食べ方にいつも緊張してしまう。どこかいつも動作がぎこちないように思う。

これはしようがない。フォークとナイフを持って食うカニ食い型民族ではなく、片手に箸を持ってたくみな指の動きで獲物をさばく箸文化で育ったのだから、うまくできなくて当然なのである。

そうは思いつつも、外国のレストランなどでフト隣のテーブルを見ると、見知らぬ人々とはいえあくまでもわが同胞とわかる言語で談笑し、テーブルの上のものを摂取している日本人集団の、やはりどう見てもことごとくさまになっていないそのナイフとフォークの使い方がいまだに気になる。目の角度、丸まった背のまがり具合。ちょこまかした会話のアクション。

どうもいたるところわしらの箸文化は世界のテーブルに上がると果てしなくローカルっぽい。

しかし、そんなふうに思うのはあまりに世界文化史の認識不足にすぎず、箸の文化というのはフォークやナイフの文化よりはるかに深い歴史をもった広域普遍の先達であったのだ、ということに気づかされるのである。

ではその分かりやすい箸対フォークの実力能力比較。

《フォークとナイフ、および助っ人としてスプーンを加えたフォーク軍団の場合》

①料理によってナイフやフォークを変える計画立案的システム主義。専門的。技能分担分離型。

②ナイフは牙、フォークは爪を連想させ、これは野獣が獲物を襲うのと同じ原始性をそのまま残している。

③洗うのが面倒。持ち運び不便。使い捨てし難い。

《箸の場合》

①それひとつで（いちぜんで）つかむ、はさむ、支える、運ぶ、むしる、ほぐす、はがす、切る、裂く、刺す、のせる、押さえる、分ける、つっつく、かきまわす、と実に八面六臂融通無碍にして自由闊達、変幻自在。

②ナイフの野獣性に対して小鳥のついばみに似た優雅さを持つ。

③洗うのも簡単、持ち運び自在、割り箸など使い捨ても可。

——と、いうようにとりあえず表面的なものだけを単純に比較しただけでも箸というのはこんなにも優れていたのである。

「わるかった……」と言わざるを得ない。

普遍性が強いということは食器としての機能の進化が究極のところまで到達しているからである。ここに至って、

「どうだまいったかフランス料理め」

と、言ってもよいのだが、しかし箸は日本独特のものではなく、もともとは中国から入ってきたものだ。まあそのあたりのことはおおむね察しはついていた。

料理の歴史に関する本を読んでいると、その歴史の波を、料理技術の進化、発想の巨大さ等、すべての面において中国が世界最強であるから、そこから発達した食器が究極のものに至っている、というのは不思議ではない。

西欧のナイフ、フォーク式の食器は、手食のための〝選り分け〟用として登場したものであった。そもそも「西洋人もほんの二、三百年前迄は手づかみでモノを食べる〝手食〟の人々であった」ということを知ったのがフォークと箸に大きな興味をもったそもそもなのである。

食の歴史博物誌的な本を読むと、この西洋人の手食の様子がいろいろ出てくるので面白い。

「中世フランスの有名なシャルルマーニュ大帝の食卓は組立て式の長い樫の厚板で、表面に一定の間隔でくぼみがつけられていた。このくぼみが個人用の皿ないし、鉢の役目をし、大皿に盛った料理を両手でとって一旦そこにおき、ついで両手を使って食べていたのである」(『「食」の歴史人類学』山内昶、人文書院)

この頃の食事風景というのはどうも想像以上に汚かったようだ。テーブルの表面は油でベトベトになり、人々は食べ残しをかまわず床に捨てていたので、床もヌルヌルのベチョベチョ。食べる人は自分の服の袖で汚れた手をふいていたらしい。おおいやだ。

その後、テーブルクロスがあらわれたが、人々は「よしきた」とばかりこのテーブルクロスで手をふき、洟《はな》までかんだりしたらしい。おおいやだ。

西洋のこの手食の習慣は十八世紀になるまで続いていた。

「熱い料理を食べるときは、人知れずいろいろな工夫をめぐらした。ギリシャのフィロクセノスという食通は、浴場に行くたびに、自分の右手を長時間、湯に漬け、熱湯で何度もうがいをするのを習慣としていた。手とのどが熱い料理に耐えられるよう日々、訓練に励んでいたわけである」(『食悦奇譚』塚田孝雄、時事通信社)

フォークやナイフは、こうした熱い食べ物を切ったりわけたりしていくためにまず考えられたのだろう。

いくつかの文献によると、フォークの原形は槍であるが、人間の五本の指としているのもある。ナイフの原形が刀であるのはわかるが、フォークはまあ両方がうまくまざってあのような形になっていったのだろう。

食べ残した骨などを床にかまわず捨てていた、というのは中国も同じだったようだ。その名ごりはいまだにあって、中国人が円卓で食事をしたあと、それぞれのテーブルの上に、口から吐いた骨やその他の食べ残しが山になっている。客が帰って、給仕が皿や鉢を片づけたあと、テーブルの上にそうした残りもののゴミ山が迫力を持って等間隔に並んでいるのを何度か見たことがある。

日本人は西洋料理の中でもことのほかフランス料理が好きで、何か人生の一大事的ゴチソーということになると、たとえば多くの結婚披露宴の料理がそうであるように、このフランスふうの料理になる。

しかしその〈日本人とフランス料理〉の組み合わせをみていていつも不思議に思うのは、ライスを食べるときにライスをフォークの背にのせて食う人が大多数を占めていることである。

フォークの背というのは曲がっていて、もともとモノをのせにくい場所であるのだが、なぜあのようなところに苦労してペタペタとめしをのせなければならないのか……。

近頃では外国でもライスを食べることが多くなったから西洋人がナイフとフォークでライスを食っているのをよく見かけるが、あのフォークの背中のせスタイルで食っているところなんて見たことがない。

どうもあれは日本人だけのフランス料理のライスの食い方であるらしい。

とすると、あのような面倒な食い方をいつごろ誰がひろめたのか、という新たなフォーク疑惑が浮かび上がってくる。

異国の料理なんぞどんな食い方で食ってもいいと思うので、あれが正式な作法と思われてしまっているのだったら少々みっともない話ではないか。

わざわざのせにくいフォークの背にめしをのせるのはどうしても精密作業になり、ナイフとフォークを持つと背中が前のめりに丸くなり、頭がカメのように突き出てくる。そうしてペタペタと左官屋のようにめしをフォークになすりつけている姿を、たとえば八人円卓テーブルで同時に行なわれているところを想像するのは少々つらい。

我ら農耕民族派にとってナイフとフォークの野獣派食文化はまだ未知未開なる遠いエイリアン的彼方にあるものと思っていいようだ。

穴あき冷蔵庫の悪意

七月から八月にかけて日本中を旅行していた。ホントにまったく毎日が旅だった。すべて仕事がらみの旅なので、ホテルに泊る。毎日ちがう町のちがうホテルに泊る。こういう経験も珍しいだろうなあ、と思いつつ、そういう旅をしていた。

ざっと数えてみたらこの二ヵ月で三二都市、二八のホテルに泊った。いやはや日本にはいろんなホテルがあるものだ、ということがわかった。いまなら発作的ホテル評論家を名のってもいいだろう。さあホテルのことならなんでも聞きなさい。

わかったことのひとつに、外国のホテルに較べて日本のホテルで際立っているのはルームサービスの不徹底ぶりである。一流ホテルの条件は、たとえばいつでもコーヒーがのめることにある、と海外生活のながい友人に聞いたことがあるが、日本はこれが駄目だ。

二十四時間ルームサービス対応のホテルなんて本当に限られたところしかない。ほとんどが時間限定なのだ。

こんなことがあった。ある地方のホテルに夜一〇時に着いた。二時間ほどクルマで移動してきたので食事はまだである。しかしホテルのレストランは九時でおしまいになっており、ルームサービスはなし。外は雨であった。おまけにそのホテルは繁華街から離れた高台にある。今さら知らない町の外に出ていくのも面倒なので、結局冷蔵庫の中にあったカキのタネ、バターピーナツ、イカのくんせいの三種類がちょびっとずつ入っている「珍味セット」なるものをポリポリ食い、缶ビールのんで小便して寝ちまった。つくづくわびしい旅の宿であった。

しかしこれでそのホテルはその町一番のホテルなのである。グランドなどという名がついている。「ケッ、夜の一〇時に何も食わせるものもつくれずにぬわーにがグランドでい！」と思いましたね。だいたい地方のホテルでグランドとかニューがつくのにろくなものがない。こうなると何を見ても腹が立つもので、テーブルの上のカキのタネ、ピーナツ、イカクンにも八ツあたりだ。どうしてこれが「珍味」なのだ。みんなごくごく平凡にアタリマエのカワキモノじゃないか。珍味とは、イトマキエイのサエズリに鹿の鼻先スライス、イカのキンタマ煮ぐらいをいうのだ。

なんていつまでもブツブツいったりしてどうにもカッコ悪い。

ホテルの冷蔵庫の中のビールやジュースなどの値段が不当に高すぎるのも腹立たしい。大阪に新しくできた高層高級ホテルの缶ビールは一缶八〇〇円であった。二缶のんだら一六〇〇円である。トーゼンだが三缶で二四〇〇円だ。これほどヒトをバカにしている缶ビールは他にあるまい。

〝冷蔵庫問題〟でいうと、地方のホテルに多いのだが、朝カギがかかってしまうのがある。これは冷蔵庫の中に穴があいていてそこにビールやジュースなどが入っており、抜きとると自動的に「ビール一本」「まむしドリンク二本！」などと記録計算されるスタイルのものだ。フロントあたりで操作しているようなのだが、昨夜までパタパタ自由に開閉できていたのに、朝は頑として開かない。これがよくわからない。前の晩に酒をのんで酔っ払って眠ることが多いから、朝はじつに圧倒的に喉が渇いている。そういうときこそ冷たい水やウーロン茶などをぐびぐびやりたいのだが、しかしとにかくぜーったいに開かないのだ。これは相当にハラが立ちますね。

まああれはおそらく朝方でいったんお勘定をシメてしまうためなのだろう。

しかしこれほど自分本位でサービス感覚の欠如したやり方は、ないように思うのだ。こういうかにもセコイ日本のホテルの考え方からすると南米のホテルなどはまったくおおらかでフトコロが大きい。のんだものの数など基本的にアバウトで、払っても払わなくてもいいようなホテルがいくらでもある。ホテル側としてはそんなコマカイものよりも大もとのところでぐわっと儲けていればそれでいい、という考えがあるのだろう。あるいはこまかく計算するのが面倒くさいかのどちらかだ。

日本でも富山にそういうホテルがあった。駅前のかなり高級なホテルである。富山もこの夏は暑かったから、昼頃チェックインして、まずはともかくビールをのもう、と冷蔵庫を開けた。珍しくそこは罎ビールが入っていた。くわっとのんで、少し原稿仕事。それから外へ出て、あとはおきまりのヨッパライコースを歩んでホテルに戻ってきて、寝る前にトマトジュースをのんでどっと即死眠りについた。

朝方ミネラルウォーターをのんで、そうしてまあ身仕度もして、チェックアウトのために冷蔵庫の伝票に記入しようと思った。ところがどこを捜しても伝票がないのだ。

「アレレ、どうなっているのだろう！」

とさらにあっちこっち捜していると、冷蔵庫の上にパネルがあって、そこには「冷蔵庫の中のものは無料です」というようなことが書いてあった。

「おう……」と思いましたね。なんというフトッパラであろう。こんなホテルははじめてである。もしかしたらここの経営者は南米の人じゃあるまいか、と思ったくらいだ。

そういえば最初冷蔵庫を開けたとき、いやに内容物が少ないなっ？……とは思ったのである。断片的な記憶だが、ビール中罎三〜四本、コーラ二本、ジュースやお茶の缶類七〜八本、といったところだったろう。しかし数多く日本のホテルに泊ってきてこんなおおらかな冷蔵庫と出会ったのははじめてであった。

大阪の老舗ロイヤルホテルはミネラルウォーター二本がいつも無料サービスになっている。大阪は水がまずいからこれは気がきいている、と思う。

しかし、インドあたりのホテルは、ミネラルウォーターといいつつ、そこらの水が入っている場合もあるから、ヨソの国では注意したほうがいいのもたしかである。

東北のある駅前ホテルのことだ。朝方、シャワーで頭を洗った。そのあと、ヘアードライヤーを貸してほしいとフロントに頼んだら、取りにきてくれ、という。まさか濡れたアタマで靴はいてロビーまでいく気にならず、タオルごしごしでなんとか出発までに乾かしたけれど、こういうホテルにもベルボーイがいるのである。ではかれらの仕事は一体何なのだ、と思った。このホテルの対応はその他すべてにわたたって横柄であった。

富山のあのホテルへぜひ見学に行ってほしいものだ。

トイレのフタのところに「消毒済」という紙の帯が貼りつけられていると、いかにも消毒済のような気がするのは一種の善意的錯覚があるような気がする。というのはせんだって泊った博多の大手ホテルは使い捨ての紙の帯ではなくて、プラスチックに「消毒済」と書いたボードを立てていた。これはつまり何もしてもしなくてもずっとそこに立てられているのであり、よく考えるとこれはちょっとズルイと思った。ビミョーな気分の問題である。

地方のホテルに行くと、この洋式トイレにいまだに「小便器大便器の使い方」という説明パネルが貼ってあって、要するに使い方の図解が出ている。地方から都会にはじめて出てきてはじめて洋式便器に出会った、という人もまだいるというからこれも必要なのだろう。風呂の使い方がわからず、便器の置いてあるところでお湯をあびて、そこらを水びたしにしてしまう人というのもけっこういまだにいるらしい。

ウランバートルのバヤンゴルホテルのユニットバスは、風呂に入って立ちあがるときに使うパイプの握りにいつもタオルが二本かけられている。シャワーを使うとこれは必ずびしゃびしゃになってしまう位置なので、いつもそれを片づけてシャワーをあびる。これはホテルの人が間違えているのだ。

グアムのヒルトンホテルで備えつけの電気ポットのお湯でお茶をのんだら、おかしなお茶の味なのだ。ヘンだなあと思ってポットのフタをあけたら、お湯の表面がなんとなくアブラぎっている。さらによく見ると、中にいくつか小さなものが浮遊している。明るいところで見ると、どうもインスタントラーメンの切れっぱしのようであった。見回すとそのホテルはカップヌードルを夜食用(もちろん有料)として部屋に置いている。前に泊ったやつがこの電気ポットでカップヌードルを煮たらしい。部屋係がそれを洗わずに水を入れてしまったのだろう。しばらく気分が悪かった。

こういうずさんな例にくらべると、日本のホテルはまだ十分きちんとしているといえるのだろう。

アーサー・ヘイリーの小説が好きなのだが、この人の著作の中でぼくが一番面白かったのは『ホテル』（新潮文庫）だ。ホテルには実にさまざまな人々がさまざまな用事と事情でやってくるからここにはいや応なしにドラマが沢山ある。アーサー・ヘイリーのようなストーリーテラーにはもっとも人間ドラマを書きやすい舞台だろう。

ホテルのひとつの部屋がそこに泊った人々のことをずっと語っていくというホテルの部屋のモノローグ小説もむかし考えたことがあったが、ホテルの部屋というのはそこに泊る人同士の触れあいがまったくないので連続性がきわめて薄く、書いてもあまりスリリングなものにならないと気づいてやめた。

ホテルで自殺や他殺などの不幸があるとそのホテルのどこかにオハライの札なんぞがひそかに貼られている、という話を聞いたことがある。壁にかかっている絵の裏にひっそりと……という話を聞いて、ココハ……と思うようなところのそうした絵などをひっくりかえしてみたことがあるが、幸か不幸かまだそのようなアヤシイものとは出会っていない。

ニンゲンというものは……。

ここんとこずっと落語を聞いている。もう三年くらい。どこへ行くんでもなるたけクルマを運転していくようにして、それでもってクルマでテープを聞いている。主に古典で、もう二〇〇本ぐらい聞いただろうか。

いろんな名人のを聞いているけれど、やっぱり結局最後は志ん生にいってしまう。いまは三一書房が出したテープと速記録が一体になった『これが志ん生だ！』の全一一巻全集で、いやはや実に堪能の世界だ。

だけど、だからといってここで落語の話を書こうというのではなくて、書こうと思ったことの前触れにちょっと落語の、とりわけ志ん生のよく口にする常套句を書きたかった。それは何かというと、

「えー、ニンゲンというものは……」

というやつなのだ。沢山ある志ん生の落語の語り出しの中で、とりわけこのフレーズが多い。これがはじまると条件反射的にうれしくなる。

ニンゲン——というもの、という語り出しはなにかニンゲンの心を引きつけるものがある。

「えー、ニンゲンというものは……」

とはじまると、

「ハアーなんでしょうか」

と、つい居ずまいを正してお話をお聞きしたくなる。

だから今日はわがバカ文もそれを真似して「えー、ニンゲンというものは……」からはじまるのである。いやはやただそれだけのことで、こんなに前フリに行数をついやしてしまった。ニンゲンというものは、何かとつぜん思いこむとどうもしようもない。

話は「一目惚れ」についてなのである。このあいだ読んでいた本に、人間の頭脳の思考というものは二進法で成りたっていると書いてあった。二進法——つまりコンピュータと同じですな。落語の話から入ったので落語口調で書きたくなってどうもコマル。でもってこの二進法による思考とはどんなものかというと、コンピュータでいえば1と0。別の表現ですれば、＋（プラス）か－（マイナス）、黒か白というようなことになる。

ニンゲンというものはそういう単純なしくみで毎日いろいろあっちこっちを見ているらしい。一かゼロ、プラスかマイナスかの二進法で見る風景や人間というものはどんなものか。これはつまり早い話、どうやら「好きか」「嫌いか」でモノを見ているらしいのである。

たとえば誰かといきなり向かいあったとする。

その人が体重一〇〇キロ以上あって巨大なパンツをはき、鼻筋通って目もとはキリリ、髪はオールバックでポマードべたり。口にツマヨージくわえてシーハーシーハやっていたとする。

そういう人に相対した人が、たとえば太った人は嫌いだがデカパンには日頃から愛しさを感じており、鼻筋通って目もとキリリの顔に大満足。ただしポマードべたりのオールバックはだめ……。しかしツマヨージのシーハーシーハは好みにもよるけど……などという感想をもったとする。

その人の頭の中の二進法思考は、この好みや嫌いなものの判定を、瞬時のうちに一かゼロ、プラスかマイナスでやってのけてしまうらしい。

その結果がまあたとえば、好きだと思う気分が六、嫌いだと思う気分が四であった場合、初対面の瞬間に、目の前のその人に「好意」を抱く、という。

逆ならば、なんとはなしの嫌悪感を感じる。できるだけすみやかにそこからたち去りたい、と思うわけである。

この「好きか」「嫌いか」の判定の基準はたぶんにその人のニンゲンとしての遺伝子

や人生にかかわっているらしく、たとえばヘビなどを見ると、やっぱり手足がまったくなくて、まぶたが開閉せず、先端が枝わかれした舌などをチョロチョロするものはどうもあまりにもニンゲンとかけはなれているものだから、多くのニンゲンは、さしたる根拠もなしにとりあえず「嫌いだ」と判定してしまうようなのである。

ところでおどろくべきは、この一かゼロか、好きか嫌いかを判定する項目を、ニンゲンはざっと五億の単位で持っているのだという。

どうもうまくいえないが、別の表現でするとニンゲンというものは相手を見た瞬間、①背の高さ、②太り具合、③髪の色、④目の色、⑤眉の位置、⑥しわのより具合、⑦目の動き、⑧におい、などなどの好嫌の判定項目をざっと五億の単位で瞬時に見きわめ、瞬時に一かゼロか、プラスかマイナスか、好きか嫌いか――に積算してしまう、という訳なのである。その五億の項目はおそらく本人が意識していないもののほうが多いのだろう。いやはや凄いではないか。

そして、この五億の判定項目のうちプラス側、つまり「好き」と思う項目が限りなく五億に近ければ近いほど「一目惚れ」化していく、という訳なのだ。

同時にまたその逆もあるだろう。出会ったとたん「ギャッ」と叫んで三万八〇〇〇キロをひたすら逃げて逃げまくる、というような嫌悪感をもつヒトもいたりするだろう。が、まあしかしそのどちらもそうそうめったにはいない筈だ。

ニンゲンというものを考える上で非常に面白かった本に『かくれた次元』（エドワード・T・ホール著、日高敏隆・佐藤信行訳、みすず書房）がある。

これは人間を中心として、広く動物までをとらえたその行動の意味について語っていて、読んでゆくとニンゲンの日頃の何げない行動の理由がいろいろわかって面白い。

たとえば、多くの動物にはそれが出会った時の距離の問題がある。

野生の動物は人間あるいはその他の敵が近づいても、ある一定の距離になるまで逃げずにいる。ヘーディガーはこの種間スペーシング機構に対して逃走距離という語を用いた。原則として、動物の大きさとその逃走距離との間には、正の相関がある。動物が大きいほど、敵との間に置くべき距離が大きい。アンテロープ（レイヨウ）は、侵入者が五〇〇ヤードのところまでくると逃げだす。他方、カモメの逃走距離は約六フィートである。

ニンゲンにも距離の問題があって、それは人種によって大いに異なっている。この本ではアメリカ人、イギリス人、フランス人、ドイツ人、アラブ人、日本人のケースをさまざまな角度からとりあげていて面白い。

ヒトとヒトが向きあうとき、西欧人は二〜三メートルの距離がもっとも平和安定の距離だが、アラブ人は相手の息の匂いをかげる距離までつめ寄ったところが適正距離という。しかも中近東の人はあのどちらかというと大変にしつこい顔で相手の目をじっと見る。そうして息の匂いをかぎつつ話をするというのだから日本人などついついあとずさってしまうだろう。

「男と女を夫婦にしようとするとき、男の仲人は娘のにおいを嗅いでくるように頼まれることがある。「香ばしく」ないと破談になる。アラブ人はにおいと気だてとに関係があると思っている」（同書）

さっきの初対面における二進法の判断項目の中にアラブ人は匂いがかなりいくつも重要な項目として加わっているのだろう。

モンゴル人が挨拶をするとき抱きあって互いに相手の頬に接吻するようなしぐさをするので、それはロシアのやりかたが入ってきているのかと思っていたのだが、その後、誤りに気づいた。モンゴル人もそうやって相手の匂いをかいでいるのである。さすが動物が主役の国だけあると思ったものである。

ニンゲンの伝達手段の最も有効なものは声によるコトバであるけれど、この伝達コトバの大小も民族によっていろいろ異なっている。

欧米諸国の中でアメリカ人は一番声が大きいとされている。まわり中に聞こえるような大声を出してはばからない。イギリス人はとりあえず話すべき目の前の相手に聞こえる音量で話す。だからイギリス人からすると、アメリカ人は田舎者で柄が悪いと映るのだろう。

アメリカ人は自分の喋っている内容をヒトに聞かれても気にしない。それは自分たちが喋っていることに何もかくすようなことがない、ということをその大声で示している――というのだ。

フランス人は声の大きさよりも、話すときに相手の顔をまじまじと穴のあくほど見つめることに力点をおいている。とくに男は好ましい女性を見るとつくづくいつまでも眺めているのをよしとしているらしく、いかにもフランス人なのである。

しかし、声の大きさで世界一は中国人といわれている。これは話をするとよくわかる。とくに中国人の集団というのは気が遠くなるほどけたたましかったりする。そして日本人はこの中国人のデカ声につづいて第二位ぐらいの、やっぱりうるさい声の民族であるらしい。

ニンゲンというものは、初対面のヒトを、このように視て聴いて嗅いで、いろいろ判断する。

では他の動物、たとえばイヌやネコはどうなのだろうか。犬の散歩などして犬と犬が出会うと、オス同士だと吠えあい、オスとメスだと、相手をじっくり嗅ぎあう、という非常にわかりやすい態度をとってくれる。犬は人間にはおよそ想像もつかないくらい嗅覚が発達しているから、初対面の犬の好き嫌いを判断するのも、たぶん視覚より嗅覚によることのほうが大きいのだろう。

しかしぼくも電車の中などでくさいくさい男の香水などをつけている男をみると気持ちが悪くなって嚙みつきたくなることが多いから、その精神感覚の大もとはニンゲンというものより、イヌというもののほうに近いのかもしれない。

息苦しいヨロコビ

いま北海道のカクレ家にきている。ひと頃東京脱出を考えて海の見える山をひとつ買い、そのてっぺんに家をたてた。大きな空の下に広がっている北の海を眺め、人生や仕事のあらゆる厄介事などオホーツク海の彼方にみんなとんでいっちまえ……といいながら原稿仕事をしたりビールをのんだりしている。こんな気分のいい日々はない。どうせならビールをより最高の状態でうまくのみたいと思い、サウナをつくっておいた。たそがれるとサウナに入り、汗を大量に流す。流れていく汗を見ているとおのれの中のなにかさまざまにワルイモノがじわじわとみんな排出されていくようで、そういう気分もまたうれしい。

——ただしかしサウナに入っているとき、家庭用のサウナというのは電話ボックスの一・五倍くらいしかないので、少々息苦しい。一般的には、まあどうせ自分の家で一人で入るのだからそのくらいのスペースでも別にどうってことないのだろうが、しかしぼくには少々事情がある。

かなりの閉所恐怖症なのである。だから実をいうと自分の家にいるから入っていられるのだが、これがたとえば外の公衆浴場的サウナだったりしたら果たしておだやかに入っていられるかあまり自信はない。まあしかし一般的なサウナといったら小さくても三畳間ぐらいあるから電話ボックスサイズの営業サウナなどある筈はないが、まあたとえていえば、のはなし——である。

そんな小さなサウナの中に一人で入っていて外を見知らぬ人々が歩いている、という状態だったらまずは精神的に耐えられなくてすぐ出てきてしまうだろう。ただでさえサウナというのは息苦しい閉所である。それがもしナニモノカの手によって戸が閉じられてしまったりしたらどうしよう！　という潜在的恐怖心がある。

その思いがあって以前サウナに閉じこめられてしまう男の話を小説に書いた。書いていてすでに怖かった。

それで最近思うようになったのは、どうも閉所恐怖症というのは進行するものらしい、ということである。

それから、自分では閉所恐怖症的なるものをまったく感じないでいても、あるとき何かの体験によってそれのことに偶然気づき、以来まったく閉所がダメになっていく、というういわゆる〝発病〟的経緯があるらしい、ということをなんとなく近頃になって知った。

ＭＲＩという医療の検査方法があって、これは電磁波で体の中を輪切りにしてその様子を見るという装置を使うらしい。ぼくは見たことはないのだが、人間一人が入れる円筒形で、検査を受ける人はまずその中に入れられる。中は電気がつくらしいが、横たわって入っていくと、とにかく目の前十数センチのところに円筒の内側があって、そこに閉じ込められたまま三〇～四〇分ぐらいじっとしているらしい。

ぼくなどの高度な閉所恐怖症者はそういう話を聞いただけで早くも精神のバランスが崩れてくる。息がしだいに荒くなり、目玉がウロコ目になってひきつってくる。にわかにドアをあけて外に出たくなる。

で、また話のつづきだがその男は閉所恐怖症なるものに何のかかわりもないだろうと思っていたのだが、円筒形の中に入りこんで初めて思いがけない恐怖におそわれた。パニックをおこし、MRIの円筒の中で絶叫し、あばれまくった。最後に失神し、ひきつれやつれた状態で外に出された。以来その男は自分が閉所恐怖症であった、ということをはっきり認識し、時おりその日のことが悪夢でよみがえり、しばらくはノイローゼのようになってしまった、という。

ぼくなど高度な閉所恐怖症者は、そのMRIだかに入れられたら、二分ともたずに発狂死するのは間違いない。そういうゆるぎない自信がある。

しかし、そういうぼくも昔からそんなにひどい閉所恐怖症であったわけではなく、なんとなくそのケは感じてはいたものの、もう少しゆるやかであったのだ。

ぼくはダイビングをやるのだが、たとえば十年ほど前にはフルフェイスマスクで外国の海を潜っていた。

フルフェイスマスクというのは顔面の正面をお面のようなマスクですっぽり覆ってしまう、というシステムのもので、これの利点はマウスピースを口にくわえずにすむので、水中で自由に話ができる。もちろんマスクの中にマイクをしこんでのことで、ぼくはそれをテレビの水中ドキュメンタリのために使用したのだ。

その時は「お面」についているゴムやストラップを別の人がうしろに回してぎゅっと閉める。するとあとはもうお面の中に組み込まれたエアホースを通ってくる空気しか吸うことができず、外界からの遮蔽感というのは相当なものだ。

もともと閉所恐怖症の人にはダイビングは向かない、といわれているのだが、その頃は「いやだなあ」と思いながらなんとかそれをこなしていたのである。

しかし本格的な恐怖を感じたのは冬のオホーツク海の氷の下を潜ったときであった。この時も冬用のドライスーツとフルフェイスマスクという重装備であった。しかも氷の下に潜っていく、という二重の閉塞感がある。

わが〝発病〟はそのときであった。外界との二重の遮断の息苦しさにパニック寸前にまでなった。水中でパニックに襲われるとあぶない。精神の安定が一挙に乱れて、目下自分の置かれている状況への判断がまるでめちゃくちゃになり、たとえばその（精神的な）息苦しさに耐えきれず、最悪の場合は水中で自分でマスクをはずしてしまう場合もあるそうだ。普通のマウスピースをくわえるダイビングと違うフルフェイスマスクを水中ではずしてしまったらもうアウトである。どっとあたりの海水に顔面がかこまれて、物理的に息が吸えなくなる――どころかたぶんたちまち海水をのむ。上か下かの判断もつかなくなって手足をもがきながらじきに溺死していくだろう。

この〝発病〟のきざしをなんとか持ちこたえて水からあがったあと、ぼくは以来まったくフルフェイスマスクの潜水ができなくなってしまった。あまつさえ、近頃では通常のマウスピースの潜水さえやる気がおきない。

この症状はその後もすすんで、最近では他人がそのような恰好をしているのを見ているだけで息苦しくなってくる。

たとえば少し前にアメリカの「アポロ13」という映画を見た。宇宙飛行士を描いた映画であったが、宇宙飛行士たちがヘルメットを次々につけていく場面ではっきり気分が悪くなった。

「おれは絶対に宇宙に行かない！」

と思ったものだ。もっとも目下のこの人生的経緯では自分が宇宙へ行く機会はほとんどないだろうけれど、しかし何かの事情変転でそういうことになり、頼まれても大金を積まれても絶対行かないからな。

潜水艦というものもごめんこうむりたい。あんなものに乗ってよく水の中に入っていけるものだ。宇宙船も潜水艦も、いまのぼくのように極度に閉所恐怖症が進んでしまうと、しばし気持ちを集中し、自分がその中にいるような状況を考えただけで外へとびだし広い野山にむかってかけだしたくなる。

近頃は都会のホテルの一室がそろそろ駄目になってきている。都市ホテルの部屋は飛び降りを防ぐために窓が密閉されている場合が多い。あの状態がすでにもうヒクヒクものでぼくには苦しいのだ。

そのかわりよくしたもので、高度についての恐怖はあまりない。だからたとえば地上四五階建てのベランダ付のホテルの部屋かなんかがあってそのベランダの手すりは一五センチしかなくて（ありえないけど）も、ぼくはとりあえず平気である。なんならそのベランダで東京音頭を踊ってもいい。

恐怖症にはいろいろあって、閉所の逆の広場恐怖症、尖端恐怖症、多孔物恐怖症、女人恐怖症、対人恐怖症、自己現存恐怖症、不潔恐怖症、接触恐怖症、暗闇恐怖症、埋葬恐怖症なんてものまであるぞ。まあこういう恐怖症はおおかた併合性はないらしい。もっともこんなのをいくつももっていたら生きていくのがたいへんだ。

精神医学の本を読むとこれらの恐怖症は多くは意識の中に内包されていて、本人は自分の内なるところにひそんでいるそれをあまり気づかずにいることが多いそうだ。だからあのMRIの男もぼくも、そういう発病の現場にいかなかったら「なあーにがヘイショキョーフだ、狭い日本に住んでいて……」などとエラソーなことを言っていたのかもしれない。

体感実感的にいうとさっきも書いたように閉所恐怖症の人はイマジネーションだけでかなりいってしまう、というようなところがあって、たとえば本を読んでいて、いきなりそのような状況の場面にでくわすときのおののきといったらすごいものがある。そして人間というのはおかしなもので、そういうコワイもの知りたさ、というのはどこかにあって、「これは絶対アレだな……」と思うような本を見つけると心がおずおずしつつもしかし結局は買ってしまう。

『カスパー・ハウザー』（A・v・フォイエルバッハ、福村出版）という本は古本屋で見つけたものだが、サブタイトルに「地下牢の17年」とあり、これは、心のどこかでダメダメダメ近ヨルナ……といっているのを知りつつも、結局はハアハア息をはずませて買ってしまった。どこかこれは中、高校生が目覚めはじめたおのれのなにか内なる衝動に、ついついあやしげなおねーさんのハダカ姿の沢山出ている本などに手がのびてしまう世界と似ているような気もする。

『カスパー・ハウザー』は、生まれたときから真暗な土牢に閉じこめられた男の本当の話で、いやはやじつに怖かったが、一気に読んでしまった。

へくさむしおののき話

北のカクレ家へ十月に行ったときはびっくりした。家の中が虫の死骸だらけだった。みんな窓に向かって折り重なるようにして死にころがっている。うーんそんなことばがあるのかどうかわからないが、まさに「死にころがっている」という形容がふさわしい大惨状であった。虫は二種類あって両方とも体長六〜七ミリ。ひとつはタワシ型で足がぞわぞわとそのまわりについている。もうひとつはくさい臭いを出す通称「へっぴり虫」であった。タワシ型の虫のほうが多く七対三ぐらいの割合である。二階建ての家なのだが、一階と二階と地下室にそれぞれ千匹ぐらい〝死にころがって〟いる。これだけおびただしい数、いったいどこから入ってきたのだろう、という疑問がまずあった。新しい家だし、木造だが近代建築の技術としては最先端のつくり方をしていると聞いていた。北海道の家の建築技術は防寒への対処のため非常に気密性にすぐれている。

どこにそんな隙間があったのだろう、というナゾがまず大きかった。

疑問を抱きつつとにかく掃除しなければならない。一番手っとり早いのは電気掃除機でどわーんとそっくり吸い込んでしまうことであった。やってみるとこれがけっこう面白い。ものすごいイキオイでどんどん吸い込まれていく。コノヤロ、どーだどーだまいったか！　という具合である。

面倒なのは天井のトップライトの傘の中にまでしのびこんでいることで、脚立をたてていちいち器具をはずして吸い込まねばならない。きちんと掃除しないと電気をつけたときにその中で折り重なって死んでいる姿が影になってモロに見えてしまうから、これはいかにも気持ちが悪い。結局二時間ぐらいのコノヤロ的大掃除になってしまった。

ひと息ついてから北海道の知りあいに電話してその話をすると、よくわかっていて即座に、

「それはゾーリ虫なんだよね。陽あたりのいい草地にたっている家はみんなどこでもやられるんだわ。町の中の家でも入ってくるからね。でもゾーリ虫はただゾロゾロ動いてるだけでなあーんにも悪さしないからね」

と、きっすいの北海道弁で言った。もう一種類はやっぱりへっぴり虫で、正式にはカメムシという名であった。カメムシの方はつまんだだけでもとにかくくさーいのでゾーリ虫よりタチが悪い。

翌日は生きたゾーリ虫とカメムシが動き回っていた。夜の間にどこかの隙間から入ってきたらしい。まいるのはこのカメムシが空を飛べる、ということであった。虫の通常

的習性で光のあるところにとんでくるから、大きな光の下でたべる食事のときがオソロシイことになった。

カメムシの臭さときたらものすごい。たとえばチリ紙を四重折りぐらいにしてカメムシをつまむとするでしょう。つまんでゴミバコにすてるのはほんの三、四秒といった瞬間なのだが、もうやつのモーレツな臭気はチリ紙を通して手の指にしっかりくっついている。

このすごい臭気は石けんで洗ってもすぐには落ちない。

『へんな虫はすごい虫』(安富和男、講談社)というへんなすごい本があって、ここにカメムシのことが出ていた。

カメムシの悪臭のもとになる物質には「アルデヒド、エステル、酢酸、炭化水素が含まれているが、においの主成分はアルデヒド類のヘキサナールや(E)-2-ヘキセナールである」と書いてある。いきなり言われてもヘキセナールがどういうものかよくわからないのだが、全体の語感からしてどうもたいへんに臭くてよくないやつなんだろうな、というのはわかる。

アルデヒドは酒をのんだときに悪酔いの犯人となるアセトアルデヒドというのを知っている。そのアルデヒド一味であろうからますます「よくない」ということがわかる。

アルデヒドとはどんなものなのかしらべてみたいのだが、北の家には百科事典がないので、それ以上深く入っていけないのがもどかしい。

カメムシがなんでこんな臭気を出すのか知りたかったのだがその理由はわかった。まずは敵から襲われた時の「防御」で、アリなどは鼻がまがってたちまち逃げてしまうらしい。アリのまがった鼻というのを一度みてみたいものだ。

敵が接近したのを仲間に知らせる「警報フェロモン」としても使われるらしい。それから仲間を呼び集めるための「集合」の合図にも使われる。使いわけは臭気の濃度の加減だというからけっこう高度な作戦をとっているのである。

臭気を出すところは幼虫は背中。成虫になると胸部腹面の中脚の根もとになる、ということもわかった。

カメムシを小さなビンに入れて密閉しておくと、カメムシは自分自身の臭気にやられて死んでしまうこともある、と『昆虫ビオトープ』（杉山恵一、信山社出版）という本に書いてあった。すごいなあ。

カメムシは半翅目《はんし》で、昆虫分類ではセミ族と一緒らしい。この仲間は口が管のようになっているので有吻目《ゆうふん》とも呼ばれる。半翅というのは羽根が半分透きとおっていることなのだね。だからセミと親せきぐらいになるわけなのだ。

カメムシの仲間にサシガメというのがいてどうやらこのサシは「刺し」のようで実にもうそれだけで「ひどいやつ」らしいと見当がつくが、こいつは吸血性というからやっぱりなのだ。いちばんでっかいのにオオトビクロサシガメというのがいて、これは花の中に隠れていてそこにやってくる昆虫をつかまえてはチュウチュウ体液を吸ってしまう。人間の世界にも、新宿の歌舞伎町あたりにオスメス両方でよくこういうのがいるではないか。

このサシガメの仲間にナンキン虫がいる。人間の血を吸うアレである。でさらに水の中にも仲間がいてタガメというワルがいる。タガメは水棲昆虫の中でも七〜八センチにもなる巨大なやつで、虫のくせにカエルなんかもつかまえてかまわずあの管になった口をカエルの腹などに突き刺す。カエルは頭にきてあわてて「おい何をするやめろこのばかもんが」などとさわいで抵抗するのだがかまわずカエルの腹から体液をチュウチュウ吸ってしまう、という「かまわず型」の凶悪昆虫なのだ。

カメムシの背後にはこのようなワル仲間が大ぜいいるということを知ってその対決にはさらに気合が入った。

わが家にはびこっているカメムシは図鑑を見るとアオカメムシらしく、こいつが一番臭く、臭気の中には多少の毒性もあるらしい。

夕方の灯ともし頃になると食卓の上の灯りの下に集まってきてどうもこれは油断できない。

テーブルの上にはやつらにとってはちょっとした草むらかと間違えそうな野菜サラダ

などと載っている。カメムシ入りのサラダなど間違っても食いたくない。

カメムシを食ってしまった話が『沢の生活——半分主義の田舎暮らし』（秋元幸久、連合出版）に出ている。この著者はノルウェーのサーカスで働きアジア放浪の末、いまは茨城県の田舎でのんびり自由に暮らしている。

「ラーメンを食べると口の中でぐちゃっとするものがある。慌てて吐き出してよく見るとヘクサ虫（カメ虫）ではないか。それも二匹！（中略）胸がむかつくようないやったらしい臭い。——歯で噛み潰してしまったのだ」

著者は怒り狂い、家の中を歩き回る沢山のカメムシの撲滅作戦にのりだす。そして便所のトタン屋根をひっぱがし、そこでうごめく沢山のカメムシを見つけるのだ。目下は当方もやつらの臭いをよく知っているからこの描写のところではまさしく臭気がただよってくるような気がした。

生きているのを掃除機で吸いこむとあたりの空気がてきめんに臭くなる。電気掃除機というのはただゴミと一緒に空気を吸い込んでいるのではなくて、別のところから吸いこんだのと同じくらいの量のあつくなった空気を吐きだしている、ということをはじめて知った。そしてつまりこの空気がおそろしく臭いのだ。さっきの北海道に住む友人に聞くと、ガムテープで素早くバッと取ってしまうのがもっとも臭くないつかまえ方なのだという。

ガムテープにとらえられてしまったカメムシというのも気の毒なもので、とりあえずあとは百パーセント手足をもぞもぞさせてもだえ苦しみながら死んでいく。体液をチュウチュウ吸われて死んでいくのも嫌なものだろうが、この手足もぞもぞの死にかたもいやだろうなあ。がしかし仕方がない。いまは食うか食われるかのタタカイのさなかなのだ。

話はいきなりちがうが、読者からもらうファンレターの中に、香水がたっぷりふりかけられているのがあって、封を切るとプーンとそれが匂ってくるのが時おりあって、これは正直いって相当に迷惑なシロモノなのだ。吹きつける人は、それがいいと思っているのかもしれないが、女のあの甘ったるい匂いをいきなりフートーからかがされるというのはどーもつらい。第一香水だけかいで何がどうなるというのだ。

それで思いついたのだが、何かすごくしゃくにさわる奴にこのカメムシをたっぷりフートーに入れて送りつける、というそういう陰険なことがいつかできないだろうか——。

そのためには生きたカメムシを何百匹も封印して、そのモゾモゾ状態のまま送りたいから、カメムシの飼育ということを研究しないといけなくなるのだなあ。

日本の代表料理新御三家

日本人は鍋料理が好きだ。しかしこれだけいろんな種類の鍋料理があって、みんな大好きなのに、鍋についての体系的な資料および研究概説書というようなものがあまり見あたらないのはどうしてなのか。「鍋の文化史」とか「鍋の博物誌」とか「日本人と鍋」なんて本があってもいいではないか。実際に捜したのだがまるでないのである。

鍋のはじまりは何時頃のことであったのだろうか。『日本人は何を食べてきたのか』（神崎宣武、大月書店）によるとまず飛鳥、弥生の古代食に鍋はなかったようだ。安土、桃山時代にもいまのところ見あたらない。戦国合戦の頃になるとちょっとあやしい。雰囲気としてはありそうなのである。

戦におもむく途中「腹がへっては戦はできぬでござる」とかなんとかどっかで聞いたようなことを口ばしって、どこかの枯木を集めてきて焚火をおこし、そこらを走り回っていた猪かなんかを弓矢でつかまえてくると、別の誰かがそこらの畑から芋だの野菜だの引っこぬいてくる。別の誰かがそこらにころがっていた錆びた鉄兜を拾ってきてその中へそれらを一緒に入れて焼いてしまう、というまあ全面的にそこらから調達してきた野戦料理であるから当初はそれを「そこら焼き」と言ったというのはあきらかなウソだが、こういう料理の登場としてはいかにもありそうだ。

すきやきの起源は、農民がひと休みしていた折に腹が減ってしまったのでやはりそこらにあった鋤《すき》の上で肉を焼いて作った「すきやき」からきている――というのは有名な話だが本当だろうか。

語源というのは面白い。

『テンプラ史論』（遠山英志、青森県文芸協会出版部）という本がある。テンプラというよく考えるといかにも不思議なひびきをもつ料理にはかねがねその出生の秘密等に対して疑念を抱いてきたのだが、この本を読んでかなり鋭く納得させられた。

ではそのテンプラ語源のいくつかを。

①ポルトガル語で調理、塩、香辛料を意味する「テンペロ」（tempero）の訛ったもの。

②天主教（カトリック教の別称）では、天上の日の祭りを、ポルトガル語で「テンポラス」（têmporas）という。この日には魚肉料理を食べたことからテンポラスがしだいにテンプラに転じたとする説。

③スペイン語で寺を意味する「テンプロ」（templo）の語が転訛して。「テンプラ」はヨーロッパ人の教会（南蛮寺）での料理という。

④スペイン語の「テンプランサ」(templanza)から転じた。「テンプランサ」は飲食の節制とか節約の意味で、宣教師や貿易商人等スペイン人の台所で下働きをしていた日本人が、さきの天上の日の魚肉の食事の日にこの言葉をしきりに聞いて料理名と誤認した——という説。

『テンプラ史論』の著者はこの④がいちばんそれらしい、と語っている。この本にも紹介されているが、『日本人と西洋食』(村岡實、春秋社)に、ポルトガルやスペインの宣教師が台所で下働きの日本人に「テンペラル」「テンペロ」「テンペランテ」「テンペランサ」などという言葉をそれこそ耳にタコができるくらいしょっちゅう言っていたので、油料理のことを「テンプラ」と言うようになるのはごく自然のなりゆきだったろう、と書かれている。

考えてみるとそもそもこの「天麩羅」という日本文字ほどアテ字っぽいものはない。話は少し変わるが、日本料理の御三家というと「すし」に「すきやき」に「テンプラ」とよく言われるが、モノの本をいろいろ読むと、どうもこの御三家が本当に日本の料理の代表選手かというとだいぶアヤシイのである。

そのことを論じてある本をちょっと前に読んだのでいま少し捜してみたのだが、なにしろわが仕事場は五トンの本の山になっていて、すぐには見つからない。しょうがないのでウロ憶えのものを書くが、「すし」はどうも東南アジアがその発祥で、日本古来のものではないらしい。「テンプラ」もしかりである。唯一「すきやき」が、牛肉をあのように食べる料理は他の国の起源に見られず、これのみが純粋な日本産といっていいだろう、と語っているのである。

で、さっきの「すきやき」の話に大いそぎで戻るのだが、すきやきの原形は江戸時代の「猪鍋《ししなべ》」ではあるまいか、と、これはわたくしシーナが激考（造語である）するのである。いや、といいつつもさしたる根拠がある訳ではない。あるのはたったひとつ三笑亭可楽の落語「二番煎じ」である。「二番煎じ」は古典落語の名作で可楽のほかにもいろんな名人が語っているのだが、こればかりは可楽のあの鼻にツーンと抜ける江戸前口調でないといけない。

ここに「シシ鍋」が出てくる。噺の中で夜廻りを当番としてやらなければならなくなった町内の旦那衆が、寒さしのぎにと勝手に番屋に持ち寄った鍋や猪肉や葱や味噌で、こっそり「猪鍋」をつくって食う、という描写がじつに生き生きして旨そうなのである。この噂に聞く猪鍋の作りかたは、鍋にさっと猪の脂をしいて猪肉と葱を味噌味で焼く、という要するにすきやきの原点的なスタイルである。水やら何やら入れてすき煮にしないところが実に酒の肴に合いそうで空腹でこの噺を聞いているともういてもたってもいられなくなる。

明治になって牛肉が食べられるようになり、この鍋は牛肉が主役にとってかわり、豆腐や白たきなどが新たに加わって今日の恰好に発展していったのだろうと想像するのである。

江戸時代の田楽から発達した「おでん」ももともとは鍋の範疇にいたらしいが、いまの屋台のおでんを鍋とみるには少々無理があるだろうから、これはすでに別れて確立したすぐれて伝統的な日本料理であると考えたほうがいい。

すると日本料理の御三家は、「テンプラ」と「すし」をはずして「すきやき」にこの「おでん」を加えるべきだ、と革新的守旧派（ぼくのことですが）はにわかに声高に申しあげるのである。

ではもうひとつは何か、という問題になってくるのだが、おどろくべきことにここになんと「カレーライス」が加わるのである。

「何をいうのだ、カレーといったらインドではないか。インドといったらカレー、カレーといったらインド！　と昔から決まっていてそれは世界が認める常識なのだ。そのカレーを日本の代表料理などと言って国際問題になったらどうする気か！　ドン」などと机を叩いて怒る正しい人も多いだろう。しかし落ち着いてもう少し当方の話を聞いていただきたい。

このことを論ずるにはまたまたヒトの力を借りねばならない。

『カレーライスと日本人』（森枝卓士、講談社）を読んでいたら目からウロコが十五、六枚もばらばら落ちてしまってこまったのだが、この本はかねがねぼくが漠然と抱いていた居心地の悪い疑問を見事に解明してくれた。

結論をいうと、日本のカレーとインドのカレーはその思想もルーツもつくり方も味も、実際にはまったく別ものだったのである。

著者はこのことを問いつめるためにアジア全土のカレーを食っている国々を歩き回り、インドでは日本のカレーをつくり、インド人にそれをたべてもらう、という実践をふまえて、このことを語っている。かつてぼくもインドを歩き回り、カレーとインドのことについてつくづく考えた。そしてスリランカの家庭では日本から持っていったカレールウとコシヒカリを使って、スリランカカレーと一対一の勝負をしたことがあるのだが、その結果、日本のカレーはカレーであってもアジアで一般的にいうカレーでない、ということに気がついたのである。

ではインドを巨大なリーダーとするアジアのカレーと日本のカレーがどう違うか、ということについてはこの森枝氏の本を読んでもらったほうがいい。いや、ひとくちで語れないほどその差の奥が深いのである。

ここで少しブンガク的なことを言わせてもらうと、日本のカレーライスは夕やけの味なのである。うーむこのあたりの記述もなかなかじつに奥が深そうではないか。

子供の頃、まだ家の近所に原っぱというものがあって、あたりが暗くなるまで遊んでいた。

するとその原っぱに友だちのお母さんや、わがオニのオフクロなどが夕食だからもうウチへ帰りなさい！　と呼びにくるのであった。

そうしてフショーブショー「じゃあまた明日ねー」などといってかけ足で家にむかうのであるが、その道々、夕暮の時間の中にフワッとカレーのにおいが漂ってくる。わあ、いいなあ、カレーライスだ、どこのうちだろう、いいな！　とその一瞬全身をイブクロにしてさらにかけていくと、なんとそのカレーの匂いはわが家のものであった！　というときのヨロコビといったらなかった。生きていてよかった、とつくづく思ったものである。もっとも小学生だからまだたいして生きちゃあいないのであるが……。

これだけヒトの人生に深くかかわってくる料理を日本料理といわずに何と呼べばいいのか。反論できる人がいたら前に出てきなさい。

——そうだ。大事なことを忘れていた。日本料理新御三家を語る上で、さきほど「おでん」を挙げたが、しかし本当のところはそうではないのである。もう一方の強力なやつを忘れてはいけない。

「ラーメン」である。日本のラーメンもすでに中国のラーメンとはその思想も味も目的もまったく異なった別の人格、じゃなかった「ラーメン格」を構成している。そのことについてはまたいつか改めてじっくり語ろうではないか。

ケツ出しヘソ出しの動物学

わからないのが流行のファッションというやつで、これは昔からわからなかった。たとえばいま若い男の間ではズボンをとんでもなくズリ下げてはくのが流行しているようだ。パンツの柄まで見せてかろうじて尻の半分でズボンをひっかけて歩いているようなのをよく見る。男のパンツの柄など見たくないものだ。

若い女はヘソを出して歩いている。まあ男のパンツよりはいいかもしれないが、しかしヘソだけ見たってしようがない気もする。大体ヘソなんてのはもともとそんなにカッコいいものじゃないからなあ。パンツ見せたりヘソ見せたりと、どうしてこう見せたがるものが流行るのか。

さらにわからないのは、あれが若者の感覚でいうとどう「いい」のであるか、ということだ。ぼくにはどう見ても「いい」ようには見えない、むしろ「いくない」ように思える。カッコ悪いことをあえてする、恰好悪いもんにあえてなる、というのもいかにも青少年文化の尺度には大いにかないそうだ。そこのところは少しワカル。

次に、どうして同じ恰好をしたがるのか、というのがよくわからない。

たとえば毎年春になると長バカマをはいた女子大生が大量に出現する。数年前から卒業式とか謝恩会などに着てくる女子大生の流行りもののひとつになっているらしいが、あの一日か二日だけの同じ恰好の群れが、ぼくにはとてもカッコ悪いように見える。着ている恰好ではなくて、みんな同じ恰好をして喜々としているその幼児性がだ。

ぼくはあれを春のバカバカマと呼んでいるが、駅のホームなどを同じ恰好をした集団がどどどっとかけ足でやってきてどどどっと電車に乗りこんでくるところなど見ていると見ているだけでどうも恥ずかしい。なんだかわからないけれど恥ずかしい。

先日あるホテルで人を待っているとき、そのホテルで女子大生の謝恩会かなにかがあったらしく、ハカマ女が大ぜいいた。しかし、全員がハカマ姿ではなく、パーティドレスを着た一群や普通の着物姿の一群もいる。昔ふうの地味な女子大生スーツの娘もいる。まあ流行りのイキオイを得てもっとも多いのがこのハカマ姿で、次が着物やドレスのようだ。スーツ服姿は保守多党政権下の日本共産党的地味系少数派であった。

そうなのである。このとき気づいたのだが、ハカマはハカマ同士かたまっており、ドレスはドレスの輪、和服は和服のかたまりというふうにその服装によってはっきり群れを分けているのだ。

これはいったいどういうことなのであろうか。

この色とりどり華やかなハデハデ衣装の娘らが、同じ服装同士で群体をつくるさまは、たとえば珊瑚礁におけるいずれも色あざやかな小さな魚たちがそれぞれの群れをつくって、互いにこれ見よがしに群漂しているさまを彷彿とさせる。

スクーバダイビングの折に、こうした様子を見て、いつも不思議に思うのは、あの魚たちはどうして自分と同じ種のものを自分と同じと識別しうるのだろうか、という疑問であった。

陸上の、たとえば社会性昆虫などであったらば空気中へつたわっていく臭気もしくはフェロモンのようなものが関係しているのだろうな、といったあたりをある程度類推できる。

アリがあれだけおびただしい数の集団にそれこそたったの一匹も別の種類のアリが混ざっていないというのは驚くべきことであるが、これは同種同巣でそれぞれニオイが異なっているからであるという。アリのニオイの素は体表の炭化水素組成。ミツバチも同様に、同種のニオイをかぎわけて群体をつくるが、ここに別種の一匹でもまぎれ込むとすぐに殺されてしまう。

『ミツバチのたどったみち』(坂上昭一、新思索社)に面白い実験がでている。養蜂に多く利用されているヨーロッパミツバチとニホンミツバチについての実験である。以下はその部分の要約。

別種同士が混ざるとすぐ殺し合いになる二種のハチを、羽化したてのまだ群れのニオイのつかないうちにそれぞれ他種の群れに入れるとどうなるか。その結果ヨーロッパミツバチをニホンミツバチに混入させるのは簡単であったが、その逆にヨーロッパにニホンを入れるのはできない。羽化したばかりのニオイがほとんどついていないような幼バチもたちどころに見つけられて殺されてしまう。

「ニホンはいくらでもヨーロッパを受け入れる」（同書）というところを読んで実は少し笑ってしまった。

何かに似ているな、と思ったのである。グッチだエルメスだとヨーロッパの国々へ買い出しに出かける日本人観光客の群れだ。さる高級店は商売だからとしばらくそれを受け入れていたが、日本人のあまりのすさまじいアニマルぶりに辟易してついに「日本人客お断り」の方針をとることにした、と何かの記事で読んだのを思いだしたからだ。

意味も内容もちがうが、ヒトもハチもニホンはヨーロッパにはとにかくヨワイのである。

話が中途のままであった。

珊瑚の海のヒラヒラ魚のモンダイである。昆虫とちがってニオイのつたわらない水の中で、個体はどうやって同種の群れを識別できるのか。

カガミなど見ないし、自分の姿かたちがどんなであるのかまったくわからない一匹のサカナが、どうしてその群れを自分と同種と見わけることができるのか。考えてみたら、不思議である。『さかなの街』（ジャック・T・モイヤー、中村宏治共著、東海大学出版会）にこんな記述がある。

「〔魚の〕コミュニケーションには体の動きと体色が利用される。ノーベル賞を受賞した故コンラート・ローレンツ教授は、サンゴ礁魚類のきれいで目立った体色は、同じ種類であることを他の個体に示すための信号であるという仮説を提唱した」

――ということから同書では、魚たちのその動きをある観点から長期にわたって観察し、いくつもの事例を示している。

珊瑚の海のあのどぎついまでに派手なヒラヒラ魚体は同種であることをより認識しやすいためになされている、というのは正直なところ、ぼくには少々意外であった。あの派手さかげんにしてはあまりにも動機が地味で単純すぎる、と感じたのである。

一般的に見てくれの印象と当事者の個的事情は大きく異なる例が多い、というのは、たとえば銀座のクラブのヒラヒラドレスのお姉ちゃんなどの話を聞くとよくわかるのだが、生物界も同様のようだ。たとえば、珊瑚の海のあのハデハデヒラヒラの小魚の群泳ぶりに対して、黒潮を鋭く激しく回遊するマグロの群れなどを見ると、実に堂々として魚界の王道を行く、とつくづく感心していたのだが、動物学者W・D・ハミルトンが一九七一年に発表した「利己的な群れの幾何学」という論文を読み、生物の見てくれとその行動を観察するニンゲンの側には大いなる誤解があるようだ――ということを知った。

ハミルトンは、統制のとれた生物の集団のでき方を、「群れというのは外側にいる者ほど捕食者に狙われやすい。そこで外側の者は常にできるだけ内側に入りこもうとする。その結果密集した群れができあがる。強い協力関係に見えるような群体も、実は利己的な行動の結果にすぎない」とも書いている。

『行動生態学』（J・R・クレブス、N・B・デイビス共著、山岸哲訳、蒼樹書房）は「群れ生活の最も重要な二つの淘汰上の利益は、捕食者からの防御を増すことと、食物を見つけたり捕らえたりする可能性を増すことである。これらの利益の一方で、食物をめぐる競争とか捕食者に目立ちやすくなるといった群れ生活のコストがある。動物が生活している群れの大きさは、これらのコストと利益の妥協の結果を反映している」と書いている。

利益とコスト（もしくはリスク）という点で春のバカバカマ娘を考えるとどうなるのであろうか。

その前に、若い男がパンツが見えるくらいにズボンをずり下げて歩いたり、若い娘がヘソを出して歩く姿の利益とコストを考えてみると、利益は「他人に見られやすくなること」という人間的奇異性がまずあげられるのだろう。他人に見られる、目立つことが利益、というのは、ひろく生物界において人間だけの持つきわめて変った動物性向である。その意味においてカッコ悪さが意味をもってくる。目立つためにはカッコ悪さも利益の重要なアイテムなのである。

ケツだしヘソだしのコストは何か。うーむ、冬場にカゼをひきやすくなる、という程度であろうか。

さてハカマ娘の群棲化問題であるが、利益はよくわからない。同じ恰好をしたムスメ同士が集まったからといって男がより集まりやすくなるとは思えないし、群れをつくることによって個体がより目立つということもないように思う。

コストはいっぱいある。うるさい。騒々しい。やかましい。ああこれはコトバ違えどみんな同じ意味だったか。

菌類みな兄弟

「酩酊症」という病気があって、これは酒をのんでいないのに酔っぱらったような症状になるらしい。

酒好きなら、思わず身をのりだすような話だ。

日本人独得の病気らしい。めったにはないらしく、これまで三九例があるという。まあ奇病だろう。

原因ははっきりしていて、胃や腸に狭窄があると、そこに食べものがたまり、ある種の菌が作用してそのたまった食物を発酵させ、その場でアルコールにしてしまう。

この症状は食後三〇分から二時間ほどのあいだに出てきて、酒をのんだときと同じように顔が赤くなり、酒臭い息まで吐きだすそうだ。いいなあ、とも思うが、でも酒というのはその匂いや味、喉ごしの感覚、のむときの会話や雰囲気といったものを楽しむものでもあるから、こうしょっちゅう、めしを食うたびに自動的に酔っているというのも困るような気がする。事実、この病気の人は、酒が嫌いな人が多いらしい。おそらくこういう人は体質的にこの体内アルコール化の洗礼をずいぶん以前から何らかのかたちで受けていたのだろうから、体質的に知らぬうちに酒嫌いになっているのでもあろう。

この話は『人に棲みつくカビの話』(宮治誠、草思社)というどうもまことにコワイ題名の本に出ていた。

酩酊症をひきおこすある種の菌とはカビのことで正確にはカンジダ・アルビカンスというらしい。カンジダ膣炎という婦人病があるが、犯人はあれと同じという。

胃や腸の狭窄というのは、ねじれたり窪んだりして部分的に狭くなっているところ、というが、そのことで思いだしたのは佐渡金山のかくし酒のことであった。

重労働の佐渡金山だが、囚人たちは鉱山の穴の中で秘かに酒をつくっていたという。作りかたは、めしを嚙んで唾液とまぜ、穴の中の岩の窪みにそれを吐きだして、発酵させた。サル酒と同じである。

この岩の中の窪みを、人間の胃腸の狭窄から連想してしまったのだ。

人間の唾液はデンプンを分解する酵素プチアリンを含んでいるので、穀類や芋類などを嚙んで唾液によくまぜ、発酵させ、やがては酒に変えてしまうことができる。こういう酒を〈口嚙み酒〉という。

『酒づくりの民族誌』(山本紀夫・吉田集而編著、八坂書房)にアマゾンのクラライ川、ホサナサ川流域に居住するカネロス・キチュアの口嚙み酒のつくり方が紹介されている。

原料はキャッサバというトウダイグサ科の低木で、その芋を使う。これは円錐形の長さ五〇センチから一メートルの巨大なもので、まず水洗いして皮をはいでよく茹でる。茹であがったらタライに入れて杵で潰す。その潰す作業の折にキャッサバをつまんで口に入れ、よく噛む。

単に噛むのではなく「噛みためる」とこの本には書いてある。

「唇を閉じ、いくぶん頬をふくらませた状態で二十〜三十分ほど口をもぐもぐと動かし、その後、潰したキャッサバの上に吐き出す。吐き出されるのは白濁した大量の液体で、ドロドロになった半固形物というわけではない。どうやったら唾液をこれだけ口の中にためられるのか、あきれてしまうほどの量が吐きだされる」（同書）

この作業は、タライいっぱいのキャッサバの発酵が充分可能な量（発酵のスターター）に達するまで続けられる。

この口に含んで吐きだす仕事は必ず女性であるという。

なんとなく「よかった」と思う。シソーノーローのじいさんがぐちゃぐちゃやったのじゃあちょっとつらいなあ、と、まあ別にそれをのめ、と言われている訳じゃないけれど、ついそんなことを心配してしまった。

ところでさきの「酩酊症」だが、どうして人に棲みつくカンジダというカビが体内デンプンを発酵させることができるのかよくわからなかった。

そこで『カビの不思議』（椿啓介、筑摩書房）を見ると、第一章に「カビとキノコと酵母」というタイトルがあって、これを読むとおおよそのところが見えてきた。

要するにこのカビとキノコと酵母というのは兄弟のようなものらしい。

この三兄弟は「菌類」でくくられる。

菌類三兄弟である。

では菌類とは何か。これはわかっているようでよく考えたら実はちっともわかっていないのだった。

以前仲間と酒をのみながら「バイ菌と細菌はどうちがうのだ？」という話をしたことがある。友人の一人が「バイ菌というものは地面をじわじわ這ってくるもので、細菌は空をとんでくるものだ」と言っていた。おそらくウソだろうが、そう言われてみると、なんとなくそうかもしれないと思わせるモノがあった。

この本にも「細菌類とかんちがいする人もいるので、カビ、キノコ、酵母菌だけを真菌類とよぶことが多い」と書いてあり、細菌は空をとんでくるとは書いてないものの、なんとなく、別の連中なのだな、ということがわかってうれしかった。

ではバイ菌とはいったいなんなのだ、となるとこれもよくはわからない。きちんと学校の理科を勉強している人にはまったく信じがたいほど幼稚な疑問なのだろうが、本当にわからないことなのでどうかお許しねがいたい。

「一九世紀にはいるまでは、生物を動物と植物の二つに分けてとくに問題とはならなかった。小さなカビの知識も少なかったし、キノコは植物みたいなもの、と一括して下等植物、あるいは隠花植物という枠をつくってその中におしこめていた。ところが生物学の発展にともない、〔中略〕下等植物といっていた生物の知識もふえてきて、それまでの分け方がどうも具合悪くなってきた。いろいろと矛盾が出てきて、菌類を植物の中にとじこめておくわけにはいかなくなってきた」(『カビの不思議』)

もっと本格的にこの周辺の話を知りたい人はその本のそこからあとを読んでいただくとして、ここでひとつあきらかになったのは、十九世紀に入るまで菌類の存在は認められていなかったのだから菌類学というのは比較的新しいものらしい、ということである。と、なると菌類三兄弟のうちの酵母のことも十九世紀あたりまではよくわかっていなかった筈だ。

それでも酒はそれ以前から世界中に存在していたのだから昔の酒づくりというのはそ

の作製のメカニズムがよくわからないままになんとなくつくってなんとなくのんで酔っていた——ということになるのだろうか。

日本酒を発酵させるのは麹《こうじ》だが、麹の発見について『酒肴奇譚』(小泉武夫、中央公論社)に面白い話がでている。

ちょっと長いので抜粋していくとこうなる。

「奈良時代の『播磨国風土記』に「ある神社の大神の御粮《おもの》が沾《ぬ》れて黴《カビ》が生じたので、それで酒を醸した」という記述がある。「粮」は「主食なる食べ物」又は「租税として徴収する穀物」とあるから米のことで、神に奉ずるものだから蒸した米すなわち飯《いい》。「沾れる」は「濡れる」であるから「ある神社の神棚に御供えした飯が濡れて、そこにカビが生えたのでそれで酒を醸した」ということになる」

パチパチパチパチ！ ぼくは昔から小泉武夫先生(東京農大教授)のファンであり、先生の著書は全部読んでいるが、著書の随所にこういう知的面白的事象追跡記述があってうれしいのだ。

話はさらにつづく。

「当時の文献にはこのように飯米にカビが生えたものを、「加《か》無《む》太《た》知《ち》」または「加《か》牟《む》多《た》知《ち》」と記してあるが、この名は「カビ立ち」に由来したものである。すなわち飯にカビが立ったのでそれを「カビタチ」と呼び、それが時代の流れの中で「カムタチ」となり、さらに「カムチ」となり「カウチ」に変化し「カウヂ」を経て「コウジ」になった訳である。また麴の発明までは、口で嚙む方法で酒を造っていたので、それまでの「嚙む」という語源をそこに残したのであって、単なる偶然ではないだろう」

またもやパチパチパチ！　なのである。これで〝事件〟の全容はほぼ解決したような気がする。

しかし「まてよ」であった。まだぼくは「酵母」とはいったいなんであるのか、ということがよくわかっていない。で、また大いそぎで調べてみると、酵母というのは「糖分を含んだ液体で糖を分解してアルコール発酵を行なう」と書いてある。

では「発酵」とは何か。

『科学の事典』（岩波書店）にわかりやすい記述があった。

「魚やイモが腐るのも、ブドウ汁からブドウ酒ができるのも、微生物の働きによる。

微生物の働きで悪いにおいをもったり害になったりするようなものができるとき、すなわち私たちに都合の悪いものができるとき、その現象を「腐敗」という。ブドウ酒のように都合のよいものができるときには、「発酵」という

ふ、お、なるほど、と思うのである。

しかし、この程度の超ウワッツラ知識の人には、どこがどうすると「腐敗」の方向にいき、何がどうすると「発酵」の方向にいくのかさっぱりわからない。で、さらにいきあたりばったりにいろんな関連本を読んでいると、パスツールがフランスのリールの町で研究していたとき、テンサイを酒にしようとしていて偶然、乳酸菌を発見した——という話がでてきた、そうだ菌類兄弟には乳酸菌というのもいたのだ。

乳酸菌に日常的に触れていたのがモンゴルの旅であった。丁度そういう時期であったのだが、遊牧民を訪ねるとどこでもすぐに馬乳酒をふるまってくれた。かれらはゲル（中国ではパオ）の入り口のところに羊の革袋をつりさげ、そこにしぼりたての馬の乳に乳酸菌をいれておく。家人はゲルの出入りのたびにそこに突っ込まれているひしゃくを持って何十回も攪拌《かくはん》するのだ。そこにやってくる客も攪拌する。そうしてやがてみんなが喜ぶ馬乳酒ができあがる、という訳である。

その味はカルピスをたいへん酸っぱくしたのによく似ている。それもその筈で話に聞

くところ、カルピス商品化のヒントはこの遊牧民の馬乳酒にあったらしい。アルコールは一パーセント前後。その家ごとでできあがりのうまさや質の差があり、どこも「自分のところの馬乳酒」を自慢したがるから日本の手前味噌と似ているところがある。この酒は子供でも飲む。栄養があるから体にいいのだ。

菌にもいいやつと悪いやつがいる、と聞いてちょっとピンとこなかったが、この乳酸菌はみるからにいい奴で、三菌類のなかではやや別格、というふうに見た。

すさまじきくいもの

小笠原諸島の父島で久しぶりにニワトリの一群を眺めていた。外国へ行くとニワトリをよく見かけるが、日本はなさけないことに今では余程の田舎にでも行かないといわゆる地ドリのニワトリを見ることができなくなってしまった。

しかし改めてニワトリを眺めていて思ったのだが、かれらは実にひたすら地面をつついて何か食っている。とにかく食っている。三〇羽ほどいたが、一羽として地面つつきをしていないニワトリはいなかった。とにかく全員がイノチあるかぎり地面つついてます、というかんじだった。三〇羽もいるのだから一羽ぐらい何か別のことをしているのがいてもいいのじゃあるまいか、と思ったが、とにかくつついて食っている。

もっとも超然として「春であるなあ」などと空を眺めているニワトリがいたらかえってこわいけれど。

ニワトリは地面から何をさがして食っているのだろう。ニワトリの好物というとミミズというのが思いうかぶが、ニワトリにとってミミズというのはどれほどの「うまさ」

なのであろうか――。

考えてもわからないが、馬が草を食っているのを見ていると、なんだかうまそうだな、と思う。とくに早春のあおあおとした草のひとはむらをベリッボリなどと嚙みちぎってゴリゴリベリベリ口の奥ですりあわせて食っているのを見ていると「いいなあ」などと思ってしまう。馬もヒマさえあれば食っているが、ニワトリよりは馬の気持ちのほうがわかるような気がする。

やっぱり生のものを吞みこむ捕食の風景より、草を嚙み嚙みしている風景のほうがニンゲンの視覚には優しいのだろうか。

そういえば、蛇が蛇を吞みこんでいるところを見たことがあるが、あれはつくづくおぞましい。まずトモ食いに対する基本的な嫌悪感というものがあるのだろうが、ヘビのヘビ吞みこみは見てくれが一本につながってしまっていて、そこのところがどうも見るに耐えないいやらしさがある。

ハイエナやコンドルは死肉腐肉を食っている、というので嫌われがちだが、考えてみると殺傷なしの捕食であるし、腐肉を食ってくれているのだから、まったくごくろうさまなことなのである。

腐肉がどんな味がするのか、アフリカのサバンナで実際にそんな光景を見ながら考えたことがあるのだが、ヒトが納豆によろこぶように案外うまいのかもしれない。「この、すこうしフハイしかかって肉汁がどろっとしてぬめり、全体にまったりした風合いで、もうたまりませんですわ……」などとハイエナあたりは満足しているのかもしれない。同じ腐肉でも、ニンゲンの死体を食うというのでシイラなどは漁師が嫌う。たしかにそれはいやなかんじだ。

しかし、よく考えると、この地球上の生物で、人間ほど食に対してあられもなく貪欲で残酷で悪食をものともしない生き物はないような気がする。

それを知る知能がありながら残酷を残酷と思わない、というところが生物界全体から見たらまず相当にケシカラヌ存在の筈だ。

たとえば「どじょうの地獄鍋」などというものがある。

水を満たした鍋に生きたどじょうを一〇匹かそこら入れておいて、まん中に豆腐をまるごと一丁入れておく。それから鍋に火をつけてじわじわとあたためていく。お風呂じゃないからいい湯かげんなんてものはたちまち通りこしてどんどんあつくなっていく。どじょうはたまったものじゃない。あついあついてんで右往左往しているうちに、鍋のまん中にある豆腐に気がつく。まだ中まで熱がつたわっていなくてつめたいからその豆腐の中にどんどんもぐっていく。

かくして十数分後には、豆腐のどじょうテリーヌのようなものができあがる。これを包丁で切って、醤油をつけてたべるとなかなかオツなのだそうである。

しかしこれほどどじょうにとってコノヤロウな鍋はないだろう。ちくしょうどじょうのことをなんと思ってるんだ！　と怒っている筈である。もっとも人間は薄情だから「どじょうでしょ」と言うだけだろうけれど……。

けれど、どうもこの料理はウソらしい。何の本だか忘れてしまったが、ある物好きが実験したのである。どじょうは一匹も豆腐にもぐりこむことなく（たしか頭すら突っこむこともなく）あえなく全員討ち死という結果であったようだ。

そうだろうな、と思う。話がうますぎるからだ。しかしたとえそうならないとしても、そんなことを考えるニンゲンというのがおそろしいではないか。

「蛇の生炊きまぜゴハン」というのもあって、これはよく洗った蛇を、同じくよく研いで味つけし、水かげんを少し多めにした釜に入れる。このとき釜の蓋はまん中に穴のあけてある専用のを使う。穴は蛇の頭が漸く出るくらい。水かげんを少し多めに、というところがリアルでいいなあ。

でもって火をつける。どじょうの時と同じようにやがて熱くて苦しがって、蛇が蓋のその穴から頭を出す。しかし胴体は出られないので、やっぱり無念の熱死である。炊きあがってしかるのち、穴から出ている蛇の頭をつかんでエイヤッと引っぱると、釜の中の胴体はよく煮えてぐずぐずになっているから、身がほどけて骨だけが出てくる。あとはしゃもじで蛇肉とゴハンをよくかきまぜてできあがり、という訳だ。この料理もたぶんウソだろう。

しかしこんなことをアレコレ考える人間というのは、相当に悪意の捕食者であることがわかる。話はすこし変るが、台湾には「棺材板」という料理がある。なんだか実に食いたくないなあ、という文字が並んでいるが、これは揚げたパンの中身をくり抜き、その中に鶏肉や海老や野菜を詰め、薄めのパンで蓋をしてある。つまり全体が棺桶状態になっているわけだ。

中国には上水湯と下水湯というスープがある。上水は肉入り、下水は内臓のスープでどちらもうまいが、しかしこの料理名ももう少しなんとかならないのだろうか。

『中国の食卓』(筧久美子、筑摩書房)を読んでいたら、台北市内で「老鼠肉」と書いてある看板を見かけて、それは何かと聞いたら山ネズミの肉であるという。そのあと筆者は中国の山東省のレストランで、サソリとセミの空揚げに遭遇する、サソリは身の少ない乾燥エビの空揚げふうで、セミは不思議なくらい味らしい味がなかった、と書いている。なんとなくワカルナア、という気がする。

世にいう悪食は、やはり中華系が一番平然としていていつも凄い。

香港のレストランでメニューを見るときは「龍」と「虎」に注意しろ、と誰かに言われた。龍は蛇で、虎は猫のことだという。

実際に「龍虎鍋」というのがあるそうだ。「燉猪脳《タエズウナウ》」というのは豚の脳味噌を蒸した料理だがどうもあからさますぎる。

しかし今まで見たり聞いたりしたニンゲンの食べ物の中で一番凄いなあと思ったのは、イヌイットがアザラシの皮を剝いでいくとき、アザラシの皮と脂肪の間にすむ寄生虫がいるそうで、それが、剝がれていく皮と脂肪の間をもこもこ逃げていくのを指でつまんではそのまま食っていく、という話であった。

以前、オーストラリアのアボリジニが、生きたイモムシをうまそうに食べているのを見たことがあるが、この話はそれ以上の、まあなんというかある種の驚愕的感動がある。

ぼくが世の中でもっとも嫌だなあ、と思う生き物は「ゴカイ」および「イソメ」のたぐいである。あの全身にモゾモゾした小さなムカデ状の足（手もあるのか）を見ただけで気持ちが萎える。まさかニンゲンはあんなもの食うことはあるまい、と思っていたのだが、これも事実のほうが凄かった。

『中国の食文化』（周達生、創元社）に、広東でゴカイを食うと書いてある。ゴカイは中国名で「水百脚」というそうだ。なるほどなあ、とただただ頷くしかない。この水百脚料理は「炖禾虫」という。料理法はこうだ。「「禾虫」をよく洗い、タオルでその水分を吸収させ鍋に入れ、落花生油を加えて十分ほど放置させておく。それに鶏卵、叉焼（ヤキブタ）、油条（長い揚げパンのようなもの）、橄欖（カンラン）、陳皮（ミカンの皮を乾燥させたもの）の粉末、ニンニク、塩、化学調味料、黒砂糖、コショウ、ゴマ油を入れ、よくかきまぜる。その土鍋を蒸籠に入れ、中火で約一時間蒸してから、炉上に土鍋を移し、とろ火で水分を乾燥させ、落花生油を少し落とし、コショウとレモンの葉を細く糸切りにしたものをまぶすとできあがる」

なんだかわからないが実にいろんなものがまぜられてこれだけ手が込んでいる。ここまでやれば水百脚だろうがムカデだろうがナメクジだろうがみんなおいしくたべられそうな気もする。

怖さのすりこみ

子供の頃、広い庭のある家に住んでいた。母親が植物が好きで、父親はなぜか池にこだわっていた。だからその庭はいたるところにさまざまな種類の花や木が繁り、その下に小さな水路でつながったヒョータン型の池があった。あちこちにわざとそのようにしつらえたくねくね道があって、百坪ほどの庭は草木のおい繁る季節などはひとつの小さな植物世界をかたちづくっているのだった。池には和金が飼われていた。けっこう時代をへた池だったので、空気など循環させせなくても、池の生き物たちは勝手にけなげに生息し、あまつさえ産卵し、繁殖していた。あるときぼくは川からドジョウとザリガニを獲ってきてこの池に放った。すると数日後に生まれたばかりの小さな金魚が全部死んでしまった。最初は原因がわからなかったが、やがてそういう池の生き物の事情にくわしい人が話を聞いて池の中の様子を調べ、小さな金魚の全滅原因が、いつの間にかその池に生息していたドジョウやザリガニにある、ということをつきとめた。

どうしてそんなものが潜入したのだろうか、という詮議となり、ザリガニはともかく、ドジョウが自然にしのびこんでくるわけはないから、これはマコトのしわざだろう、とすぐ犯行はバレてしまったのだった。

父親は金魚の子供が沢山生まれることをたいそうよろこんでいたからぼくがこっぴどくおこられたのは言うまでもない。犯行を自供したあとぼくは、どうしてザリガニやドジョウが入ってきたために金魚の子供が死んでしまったのか、について子供ながらにいろいろ考えてみたのだが、いくら考えてもわからなかった。

中学の時にやはり川からナマズをつかまえてきた。その頃はもう父親は死んでいていなかったのだけれど、池の中に入れてまた金魚が死んでしまうとまずいから、庭の隅にガラスの水槽を置き、その中で飼った。

ナマズはいつも水槽の底のほうにじっとうずくまっていて、飼っていてもあまり面白いものではなかった。それでも水がなくなってしまうといけないので時おり水を足していたが、それもだんだん面倒になってしまった。

で、あるときだいぶたってから水槽のことを思いだし、水を足しにいくとナマズはもう死んでいた。

「ああ、やっぱりなあ……」と思ったが、それだけのことで、そのときなぜか死んだナマズをそのままにして水槽ごと放置してしまったのだ。

それから何日ぐらいたったろうか。遠い昔のことなので記憶は曖昧なのだが、もしかするとひと月ぐらいたっていたかもしれない。あるとき庭で遊んでいて、放置したままの水槽に気がついた。そうだ、ナマズが死んでそのままにしていたのだった……と急速にそのことを思いだし、ややオソルオソルながら水槽を眺めた。あれから水の補給はしていないが、時おりの雨が中の水を絶やさないようにしていたようだった。

しかし中の水は濁り、水槽の上のほうには青緑色の藻のようなものがびっしり繁殖していた。ナマズは二〇センチぐらいのものだったが、死んでそのまま放置していたのでおそらくぐずぐずに腐っているのだろう。骨だけになっているのかもしれないな、と思いながら、そのあたりに落ちていた小枝で中をかきまわしてみた。

その時、赤茶に濁った水の中に何か白くてひらべったくて小さな生きものがくねくねくねと思いがけないほどの素早さで動いていくのがみえた。よくみるとそいつは一匹だけでなく他にも何匹かいた。

ひどくおぞましい印象だった。

今まで見たこともない虫であった。

どうしていいか一瞬判断に迷った。あまりにもその印象がいやらしかったので、見たのをそっくり忘れてしまおうとも思った。けれど自分の家の庭の中であるから、そういう訳にもいかない。

意を決してそれをそのまま捨てることにした。中に何匹いるかわからないから捨てるときが気持ち悪い。近くに穴を掘り、そこに中身をそっくりあけた。

見まいとしたがどうしても目に入ってしまう。ひらべったいくねくね虫は十や二十の数ではなかった。百匹以上中にいた。おおなんてことだ、百匹以上なのだ。

以来ながいこと、このくねくね虫の姿を見ていない。

見たいとも思わないが、しかし、あれがいったい何であったのか、という疑問はそのまま残った。

その庭のまん中に梅檀《せんだん》と桃の木があった。梅檀は木の肌が柔らかくつるつるしていて、登るとその感触がまことにここちよかったが、折れやすいのがモンダイだった。

春になると桃の木の枝の股のところに小さな綿のようなものがくっつき、それがしだいに大きくなっていく。

やがて綿のようなものの中心部に何か生きもののカタマリのようなものが見えてくる。しばらくするとそれがもぞもぞと蠢《うごめ》いているのが見えてくる。いま書いていて「おお……」と思ったのだが、この蠢くという字はまさしく春の下に虫が二匹いるのだ。なんという単純。いや味わいのある日本の文字であろう。

桃の木の股の下の虫たちは実際には春の下に虫数百匹である。

何もせずに放っておくと、この木の股の綿の中の虫（「の」が多いのだ）どもはたえずもぞもぞ蠢きながら増殖していき、やがてびっくりするほど大きな蠢きのカタマリになる。毛虫がからみあっているのである。

――そのありさまが実におぞましく気持ちが悪かった。

放っておくと虫どもはやがてこの蠢きの巣から這い出て、桃の木はおろかそのあたりの葉をみんな食べてしまうので、この季節になると伯父がやってきてこの巣を焼き払う。長い棒の先に灯油をしみこませたボロ布を巻き、その火で焼くのである。炎が巣をひとなめすると綿の中の毛虫のカタマリが膨れあがるように激しくわらわら動きまわり、次々と地面に落ちていく。

そのありさまも見ていて実にキモチ悪かった。

キモチ悪いだけでなく、見ているだけでなんだかとてもカユかった。

虫たちがもっと小さく、さらに綿のカタマリのようにみえる巣もうんと小さい頃に焼けば、もう少しその気持ち悪さは軽減されるだろうにと思うのだが、伯父はたいてい虫の巣が大きくなる頃やっと顔を出すのである。

ぼくが子供の頃はまだ牛を飼っている農家があって、それは耕耘機がわりだった。だから町の道のところどころに牛の糞が落ちていた。

この糞が乾燥すると、糞と一緒になって排泄された、消化されていない藁だけが残る。

この残された藁がつくるめちゃくちゃな小さな穴あき状のカタマリがぼくにはなんだかキモチワルかった。球状乱雑多孔物体とでもいうのだろうか。

以来このようなものを見ると気持ちの底のほうがキャッと激しくフルエて苦しむ。

あの桃の木の股のもぞもぞ状のものへの恐怖感と少し似ている。

この両方の嫌悪の記憶が球状乱雑多孔物体恐怖症のようなものになっていったのかもしれない。

南の海にキクメイシという貝があって、これは表面がこまかい穴だらけになっていて、これを見るとこわくてしようがない。

すりこまれた恐怖心というのはけっこうしぶといようで、シャワーの散水装置や、丸い穴の沢山あいている排水孔などもじっと見ているのは苦手である。

レンコンなども体の調子の悪いときはけっこう精神によくない。

池の金魚の赤ちゃんが死んだのは、ドジョウやザリガニについている雑菌が原因だったのだろうとある程度大きくなってからわかったが、このことを今だに憶えているというのはあの時の印象が相当に強かった、ということでもある。

そうして例の水槽の中のおぞましいものに記憶の深淵が触れあっていく。

小さな狭い閉ざされた中に生き物を飼うのは嫌だ、という感覚は成長するにつれて増幅していった。

だからいま金魚鉢の中に飼われている金魚を見るのはかなりつらい。もっと大きな水槽も同じである。

活魚料理店などでハマチが泳ぎ回っているのを見て「おお、イキがよくてうまそうだ」などというヒトの気がしれない。大きさこそ少しちがうがあれは金魚鉢の金魚とたいして違わぬ閉塞空間の中のこころぼそい生命でしかないと思うからだ。

ずっと気になっていた死んだナマズの水槽の中の白くてくねくねしたおぞましいものが何であったか『五つの王国』（リン・マルグリスほか、日経サイエンス社）を見てやっとつきとめることができたような気がした。

ミドリムシ植物門のユーグレナ鞭毛虫――ではないかと思うのだ。

海水性と淡水性のものがおり、彫刻をしたようにはっきりした模様の薄い膜をもっていて自由に伸び縮みする。

植物と動物のどちらの性質もそなえていて光合成し、暗いところにいるときは白い、とその説明にある。写真を見るとまさしくあの強烈な記憶の中の形をしている。

おおそうだ、まさしくこいつがくねくねと動き回っていたのだ、とやや感動さえこめてしばらくの間しずかに眺め入ってしまった。

しかし少々不安なのは、そのかなり詳細をきわめた説明文の中にこの虫の大きさが書かれていないことである。

『活字博物誌』あとがき

なにやらたいそうな題名になってしまったが、日頃たいした脈絡もなしに、そして発作的に読み散らかしているいろんな本の読後連想式妄想型ヨタ話である。

一応前作『活字のサーカス』(岩波新書)の続編ということになるが、書いてあることは前作同様超個人的迷走読書ばなしであるから、岩波新書といってもこれを読んで「お利口」になるということはないので、どうぞそのあたり取り扱いにご注意ください。

次に、こういうことを書くと、とりあえず小説家を職業としている身では少々具合が悪いのだが、ぼくはあまり小説というものに興味がない。小説で読むとしたらSFが多く、いわゆる一般的な普通小説というものはほとんど興味がない。フィクションならば人間がどのくらい壮大な嘘をつけるか、ということに興味がある。その意味でSFという人間の思考の可能性に挑む文学世界がスリリングで楽しい。

読書の楽しみとして手にするのは圧倒的に自然科学ものが多い。人間が知りえた、取り敢えずの事実、ということにとても興味があるのだ。しかしぼくの場合、自然科学ものといってもいわゆるアカデミックな学術研究書というものではなく、かなり怪しいものも入っているので、どっちみちたいしたことはないのだ。どうもあとがきとしてはま